国家出版基金项目
NATIONAL PUBLICATION FOUNDATION

中国海上丝绸之路通史
第一辑
中国海洋文明发展史

U0102549

明清时期：
全球格局下的社会经济交流碰撞

陈支平 王子今 主编

苏惠苹 著

海峡出版发行集团 | 鹭江出版社
THE STRAITS PUBLISHING & DISTRIBUTING GROUP

2023年·厦门

图书在版编目(CIP)数据

　　明清时期:全球格局下的社会经济交流碰撞/陈支平,王子今主编;苏惠苹著.—厦门:鹭江出版社,2023.12
　　(中国海上丝绸之路通史)
　　ISBN 978-7-5459-1974-5

　　Ⅰ.①明… Ⅱ.①陈… ②王… ③苏… Ⅲ.①对外贸易—贸易史—中国—明清时代 Ⅳ.①F752.94

　　中国版本图书馆 CIP 数据核字(2022)第 231239 号

中国海上丝绸之路通史(第一辑)

MINGQING SHIQI QUANQIU GEJU XIA DE SHEHUI JINGJI JIAOLIU PENGZHUANG

明清时期:全球格局下的社会经济交流碰撞

陈支平　王子今　主编

苏惠苹　著

出版发行：鹭江出版社

地　　址：厦门市湖明路 22 号　　　　　　　　　邮政编码：361004

印　　刷：恒美印务(广州)有限公司

地　　址：广州南沙开发区环市大道南 334 号　　联系电话：020－84981812

开　　本：787mm×1092mm　1/16

插　　页：4

印　　张：19.5

字　　数：290 千字

版　　次：2023 年 12 月第 1 版　　　2023 年 12 月第 1 次印刷

书　　号：ISBN 978-7-5459-1974-5

定　　价：150.00 元

总　序

　　任何一种文明都是在与其他文明的交融对话中不断发展的。作为世界上最古老的几个文明之一，中华文明在历史长河中既扮演了文明传播者的角色，也不断从其他文明中汲取各种养分。在这种文明交往的世界体系中，中华文明既壮大发展了自身，也为世界文明的进步作出了重大贡献。

　　长期以来，学界对中国社会文明史的研究，主要侧重传统农业社会发展史方向，对中国海洋发展史的关注度则相对薄弱。这一方面是因为中国自古以来就是一个"以农立国"的国度，历代社会的经济基础及意识形态，基本上围绕"农业"展开；另一方面是因为历代统治者为了政权的巩固与社会的稳定，往往把从事海上活动的人群视为对既有社会形态的威胁，经常实施诸如禁止出海活动的法令。在这些因素的作用下，中国的海洋文明发展史以及由此开拓出的海上丝绸之路的历史与文化，必然受到历代政府与士大夫们的漠视，甚至备受打击。

　　中国是一个临海国家，从北到南，大陆海岸线长度约一万八千千米。事实上，在这样的地理优势之下，我们的先民很早就开始从事海洋活动。这种活动除了延续至今的海洋捕捞、海洋养殖之外，还不断通过国家、社会的不同领域与层面向外延伸，寻求与外界的联系和发展。可以说，中国海洋文明存在于"海—陆"一体的结构中。中国既是一个大

陆国家，又是一个海洋国家，中华文明具有陆地文明与海洋文明双重性格。中华文明以农业文明为主体，同时包容游牧文明和海洋文明，形成多元一体的文明共同体。中华民族拥有源远流长、辉煌灿烂的海洋文化和勇于探索、崇尚和谐的海洋精神。没有古代中国的海洋文明，也就谈不上近代中国海权的旁落；没有古代中国的海洋文明，也就没有当代中国海权的复兴。我们不能因为中国在近代落伍和被欺凌、被打压，就否认中国传统海洋文明的辉煌。①

中国的先民正是在长达数千年的不断探索、实践之下，才让中国的海洋文明发展史在世界文明史上留下光辉的篇章。

一、对中国海洋发展的回顾

中国先民在上古时期进行的海洋活动，应该是沿着海岸线进行海洋捕猎和滩涂养殖活动。在不断与大海搏击与互相适应的过程中，逐渐形成了辉煌灿烂的海洋文化和勇于探索、崇尚和谐的海洋精神。中华海洋文明是中华原生文明的重要组成部分，与中华农业文明几乎同时发生。在汉武帝平定南越以前，东夷、百越等海洋族群创造的海洋文明仍是一个独立的系统。

早期中华海洋文明的逐渐形成，伴随着海上活动区域的日益扩大。有学者指出，中国历史文献中的百越族群，与人类学研究的南岛语族属于同一范畴，两者存在亲缘关系。百越族群逐岛漂流航行的活动范围，是从东海、南海几经辗转到达波利尼西亚等南太平洋诸岛，百越族群是大航海时代以前人类最大规模的海上移民。东夷、百越被纳入以华夏文明（即内陆文明、农业文明、大河文明）为主导的王朝统治体系后，海洋文明逐渐被进入沿海地区的汉族移民承继、涵化，和汉化的百越后裔

---

① 杨国桢、王鹏举：《中国传统海洋文明与海上丝绸之路的内涵》，《厦门大学学报（哲学社会科学版）》2015 年第 4 期。

一道，铸造了中华文明的海洋特性，拉开了海上丝绸之路的帷幕。[①] 由于中国沿海传统渔业和养殖业在中国历代社会经济中所占份额较小，因此，中国的海洋文明发展历史，主要体现在向海外发展并且与海外各地相互连接的海上丝绸之路上。

从现有的资料看，中华民族海洋先民与世界其他民族的交流，早在公元前 10 世纪时就已产生。由于地处亚欧大陆，东临大海，中国在早期的对外交流中，率先开辟西通西域、东出大海的两条主要通道，中华文明与世界文明交往基本格局的雏形自此形成。

《山海经》中提到"闽在海中"，这是一种传说。但是"闽在海中"的传说，是数千年来中国南方民族与东亚民族长期交往的历史记忆。"闽"是福建地区的简称。福建地区处于陆地，何谓"海中"？这一传说实际上说明了我国东南沿海地区面向大海以及宝岛台湾在东南海洋中的特殊地理位置，乃至中国东南沿海地区与南洋各地包括南岛语族居民长期交融的文化互动关系。这种关系无疑就是后来海上丝绸之路的先声。

中国北方有"箕子入朝鲜"的记述，称公元前 1066 年，周武王灭商，命召公释放箕子，箕子率 5000 人前往朝鲜。公元前 3 世纪末，朝鲜历史上第一次记载了"箕氏侯国"。《史记》记载，箕子在周武王伐纣后，带着商代的礼仪和制度到了朝鲜半岛北部，被那里的人民推举为国君，并得到周朝的承认，史称"箕子朝鲜"。现代谱系学的研究成果证实，现今许多朝鲜人和韩国人的祖先来自华夏地区。

春秋战国时期有"徐福东渡日本"的记载。徐福东渡，一直被公认为华夏民族及其文化传入日本的重要历史事件。《史记·淮南衡山列传》记载了徐福东渡事件，后又有徐福在日本平原、广泽为王之说。徐福东渡日本，促成了一代"弥生文化"的诞生，并为日本带去了文字、农耕和医药技术。据统计，日本的徐福遗迹有 50 多处。

春秋战国时期文献多数缺失，至今留存的文献记载十分有限，但是从上述传说和记述中，我们可以了解到中国古代先民并没有辜负大海的恩

① 杨国桢：《海洋丝绸之路与海洋文化研究》，载李庆新主编《海洋史研究（第七辑）》，社会科学文献出版社，2015。

赐。在当时生产力低下、航海技术相当原始的情况下，他们仍不断地尝试循着大海，向东面和东南面拓展，谋求与海外民族的联系与合作。

汉唐时期是中国历史上的强盛时期，社会生产力得到长足的进步，交通工具特别是航海技术有了空前的提升，中外文化交流也进入稳步发展阶段。强盛的国力和丰富多彩的文化，吸引着东亚各国前来学习，唐代的政治文化制度对东方邻国的政治文化体制产生了直接的影响。可以说，汉唐时期中国闻名于世的陆上丝绸之路和海上丝绸之路已经形成，中国海洋发展史进入了一个崭新的阶段。

公元前 138 年，张骞出使西域，这是丝绸之路开通的先声。东汉永元九年（97），西域都护班超派遣甘英出使大秦，扩大华夏文化对西域的影响，也丰富了汉人对西域的认识。陆上丝绸之路开辟以后，中国的丝织技术随丝织品输入西方，促进了中外文化交流和贸易往来，加强了西汉与西域地区的联系。

与此同时，自中国沿海起始的海路，西达印度、波斯，南及东南亚诸国，北通朝鲜、日本。公元前 2 世纪到公元前 1 世纪，西汉王朝的使节已在南海航行。中国古籍《汉书·地理志》最早提到的中西海路交通的路线是："自日南（今越南中部）障塞、徐闻（今广东徐闻）、合浦（今广西合浦）船行可五月，有都元国；又船行可四月，有邑卢没国；又船行可二十余日，有谌离国；步行可十余日，有夫甘都卢国。自夫甘都卢国船行可二月余，有黄支国……平帝元始中，王莽辅政，欲耀威德，厚遗黄支王，令遣使献生犀牛。自黄支船行可八月，到皮宗；船行可二月，到日南、象林界云。黄支之南，有已程不国，汉之译使自此还矣。"①《汉书·地理志》所记载之海上交通路线，实为早期的海上丝绸之路，当时海船载运的"杂缯"，即各种丝绸。到 2 世纪 60 年代，罗马帝国与东汉通过海上丝绸之路发生联系。三国时期的吴国曾派遣朱应、康泰出使南海，促进了中国与南海诸国的联系。5 世纪，中国著名旅行家法显由陆上丝绸之路前往印度，回国时取道海上丝绸之路，经师子国（今斯里兰卡）、耶婆提（今印度尼西亚苏门答腊岛一带）回国。此时，

① 《汉书》，中华书局，1962，第 1671 页。

海上交通已相当频繁，中国与东南亚地区、印度洋地区已有广泛联系，特别是来自中国与印度的僧人为弘扬佛法，交往更为密切。这一时期，中国与阿拉伯半岛、波斯湾地区之间也有一定规模的海上交流活动。

唐朝是海上丝绸之路的大发展时期。隋唐五代时期，与中国通商的国家有赤土、丹丹、盘盘、真腊、婆利等。中唐之后，西北地区丝绸之路阻塞，华北地区经济衰落，华南地区经济日益发展，海上交通开始兴盛。这一时期，海上丝绸之路的繁荣程度远远超过了陆上丝绸之路。与中国通商的国家有拂菻、大食、波斯、天竺、师子国、丹丹、盘盘、三佛齐。航路是以泉州或广州为起点，经过海南岛、环王国、门毒国、古笪国、龙牙门、罗越国、室利佛逝、诃陵国、个罗国、哥谷罗国、胜邓洲、婆露国、师子国、南天竺、婆罗门国、信度河、提罗卢和国、乌剌国、大食国、末罗国、三兰国。同时，唐代即有唐人移民海外。其中，唐代林氏始祖渡海至韩国，繁衍至今约有 120 万人。2001 年，韩国林氏到泉州惠安彭城村寻根谒祖，传为佳话。

中国宝岛台湾以其雄踞东南海中的地理位置，在中国海洋文明发展史及对外交通的海上丝绸之路中扮演着无可替代的角色。最新考古发掘资料证实，以台北地区十三行文化遗址为代表，在距今 1800 年至 400 年之间，台湾是联结中国大陆与海外的一个重要中转站。这里出土的文物，既有来自大陆的青铜器物，也有来自南亚地区甚至更远区域的玻璃器皿。这些出土文物充分说明，我国东南地区及台湾地区在唐宋时期就已经成为我国海上丝绸之路的重要港口与据点。

隋唐时期我国海洋文明发展的一个重要标志，是中国文化向周边国家传播。隋唐时期是我国专制集权发展的鼎盛时期，政治、经济、文化均较为发达，与邻近诸国往来频繁，互相影响，对我国及邻近各国的经济、文化发展，具有积极的推进意义。唐贞观十七年（643），李义表、王玄策出使印度，天竺迦摩缕波国童子王要求将《道德经》翻译成梵文。他们归国后，唐太宗命玄奘等完成翻译，王玄策在第二次出使印度时，即将翻译好的《道德经》赠送给童子王，并赠送了老子像。这是迄今为止最早的有文字可考的关于《道德经》传入印度的记述。不仅如此，侨居中国的波斯人、阿拉伯人亦受中国文化的熏陶。当时的长安可

谓亚洲各国留学生聚集的地方，也是世界文化传播中心。

汉字作为世界上使用人数最多的文字，对日本、朝鲜、韩国、越南、哈萨克斯坦等亚洲诸国均产生过深远且重大的影响。日本民族虽有古老的文化，但其本族文字则较晚出现。长期以来，日本人民以汉字作为传播思想、表达情感的载体，称汉字为"真名"。公元5世纪初，日本出现借用汉字的标音文字——"假名"。公元8世纪时，以汉字标记读音的日本文字已较为固定，其标志是《万叶集》的编定。日本文字的最终创制由吉备真备和弘法大师（空海）完成。他们两人均曾长期留居中国唐朝，对汉字有很深的研究。前者根据标音汉字楷体偏旁创造了日文"片假名"，后者采用汉字草书创造日文"平假名"。尽管自公元10世纪起，假名文字开始在日本盛行，但汉字的使用却并未因此废止。时至今天，已在世界上占据重要地位的日本文字仍保留着1000多个简体汉字。

朝鲜文字称谚文。它的创制和应用是古代朝鲜文化的一项重要成就。实际上，中古时期的朝鲜亦如日本，没有自己的文字，使用的是汉字。新罗统一后稍有改观，时人薛聪曾创造"吏读"，即用汉字表示朝鲜语的助词和助动词，辅助阅读汉文书籍。终因言文各异，"吏读"无法普及。李朝初期，世宗在宫中设谚文局，令郑麟趾、成三问等人制定谚文。他们依中国音韵，研究朝鲜语音，创造出11个母音字母和17个子音字母，并于1443年编成"训民正音"公布使用，朝鲜从此有了自己的文字。

公元10世纪以前，越南是中国的郡县。秦、汉、隋、唐均曾在此设官统辖，故越南受中国文化的影响较深。越南独立后，无论是上层人士的交往，还是学校教育、文学作品创作，均以汉字为工具。直至13世纪，越南才有本国文字——字喃。字喃是以汉字为基础，用形声、假借、会意等方法创制的表达越南语音的新字。15世纪时，字喃通行越南全国，完全取代了汉字。

不仅文字，唐代的政治制度同样对东亚各国产生了不小的影响。科举制度和三省六部制是中国古代政治制度的重要组成部分，也是支持官僚政治高度发展的两大杠杆。科举制度和三省六部制萌芽于汉代，建立于隋唐，不仅影响了东亚世界政治制度的发展，还促进了西方文官制度的建立。在唐代，有不少来自朝鲜、安南（今越南）、大食（今阿拉伯）等国的留学人员参加中国的科举考试，其中尤以朝鲜人为多。公元9世纪初，朝鲜半岛还处于百济、新罗、高句丽并立的三国时代，新罗的留唐学生十分向往中国的科举制度，并且来中国参加科举考试。821年，新罗学生金云卿首次在唐朝科举中登第。截至唐亡的907年，新罗学生在唐登第者有58人。五代时期，新罗学生及第者又有32人。958年，高丽实施科举制度。日本也于8世纪时引进中国的科举制，建立贡举制。唐会昌五年（845），唐王朝允许安南同福建、黔府、桂府、岭南等地一样，每年选送进士7人、明经10人到礼部，同全国各地的乡贡、生徒一起参加科举考试。科举制度虽然最早产生于中国，但其声望及影响并非仅囿于中国。从其诞生之日起，历朝历代就有不少外国学子到中国学习和参加科举考试，绝大多数人学有所成，像桥梁一样促进了国与国之间在文化、教育等方面的交流，为增进中国人民与其他各国人民的友谊作出了不可磨灭的贡献。他们的历史功绩永载中国海洋文明发展史及中外文化交流史史册。

新罗受唐文化影响最深。当时入唐求学的新罗学子很多，仅840年一年，从唐朝回国的新罗留学生就有100余人。他们学成归国后，协助新罗统治者仿效唐朝的政治制度，建立起从中央到地方的行政组织。8世纪中叶，新罗仿效唐朝改革了行政组织，在中央设执事省（相当于唐朝的中书省），在地方设州、郡、县、乡。日本也是与唐朝有密切来往的东亚国家之一。仅在唐朝一代，日本就派遣了12批遣唐使团到中国学习，次数之多，规模之大，时间之久，学习内容之丰富，可谓空前，推动了中日文化交流的第一次高潮。通过与中国的不断交往，日本在政治、经济、军事、文化、生产技术以至生活风尚等方面都受到中国的深刻影响。其中，影响最大的是646年日本的大化改新。日本在这次革新中充分借鉴了唐朝经验，建立了以天皇为中心的中央集权国家，官吏任免权收归中央。这次改革还仿效唐朝的三省六部制，在中央设立相应机构，各司其职，置八省百官。从649年"冠位十九阶"的制定到701年《大宝律令》、718年《养老律令》的先后制定，全新的封建官僚体制取

代了贵族官僚体制（现在日本的中央部级还称作"省"）。同一时期，安南所推行的文教制度和选拔人才政策也与隋唐几乎相同。世界五大法系之一——"中华法系"的代表《唐律疏议》，对越南法制史有重大影响。中国政治制度对东亚、南亚国家的影响一直延续到宋明时期。

佛教传入中国，经过中国文化的滋养，再传入东亚各国，对东亚各国的宗教文化产生了深刻影响。鉴真先后6次东渡到达日本，留居日本10年，辛勤不懈地传播唐朝多方面的文化成就。唐代前期和中期以后，新罗留学生研习当时盛行的天台宗、法相宗、律宗、华严宗、密宗和禅宗。

唐朝时期，中国的典籍源源不断地传入东亚各国，形成了一个高潮。日本飞鸟、奈良时代甚至出现了当时举世罕见的汉书抄写事业。日本贵族是最早掌握汉字和汉文化的社会阶层。日本平安时代（794—1192）是贵族文化占主流的时代。这一时代的贵族，包括皇室在内，均以中国文明为榜样，嗜爱汉籍，对唐诗推崇备至。平安时代初期，嵯峨天皇敕令编撰了《凌云集》和《文华秀丽集》两部汉诗集，开启其后三百年间日本汉文化发达之先河。

唐代国学等汉籍传入东亚各国，形成了一条通畅的"书籍之路"。早期"书籍之路"航线从中国江南始发，经朝鲜半岛，再至日本列岛，这是与东亚海上丝绸之路相辅相成的文化传承之路，构建了东亚文化交流的新模式。

宋元时期中国海洋文明发展史在更广阔的范围展开。一方面，在传统"朝贡贸易"的刺激下，民间从事私人海上贸易的情况不断出现；另一方面，理学成为中国儒学的新形态，很快成为东亚各国的道德文化范本。中国禅宗的兴盛也深深地影响着周边各国。中国的"四大发明"进一步影响世界，中国与东南亚各国的往来日渐密切，与非洲的联系也日益紧密。

宋元时期，儒学向亚洲国家传播，对东亚及东南亚产生深远的影响。对东亚的影响主要是朱子学和文庙制度的东传。四书五经等儒家经典的思想和智慧传到朝鲜、日本和越南，这些教化中国民众的核心精神也深深影响着东亚各国。在朝鲜，高丽王朝的安珦于1290年将《朱子全书》抄回国内后，白颐正、禹倬等人开始不遗余力地在朝鲜发扬程朱理学。他们的后学李齐贤、李穑、郑梦周、郑道传等人，成了推动朝鲜朱子学发展的中流砥柱。日本的朱子学传播伴随着佛教的交流。日本僧人俊芿曾带回朱熹的《四书章句集注》等著作，日本僧人圆尔辩圆曾持朱熹的《大学或问》《中庸或问》《论语精义》《孟子精义》等著作回国。同时，宋朝僧人道隆禅师曾赴日以儒僧身份宣传理学，元朝僧人一宁禅师赴日宣传宋学，培养了一大批禅儒兼通的禅僧，如虎关师炼、中岩圆月、义堂周信等。15世纪末朱子学在日本形成三大学派：萨南学派、海南学派和博士公卿派。在越南，陈圣宗于绍隆十五年（1272）下诏求贤才，能讲四书五经之义者，入侍帷幄。于是，越南出现了一批积极传播朱子学的先驱，如朱文安、黎文休、陈时见、段汝谐、张汉超、黎括等。黎朝建立后，仍然大力提倡朱子学，将朱子学确立为正统的国家哲学。

宋元时期，除了朝鲜、日本、越南等经过海路与中国交往，并且产生文化影响力之外，东南亚各国也同中国产生了直接的联系。例如泰国，宋朝曾于1103年派人到罗斛国，1115年罗斛国的使者正式来到中国，罗斛国与中国建立友好关系。罗斛先后五次（分别于1289年、1291年、1296年、1297年和1299年）派遣使者出访元朝。1238年，泰族首领马哈柴柴查纳亲王后裔坤邦克郎刀创建了以素可泰为中心的素可泰王国（《元史》中称"暹罗"），历史上称作素可泰王朝。宋元时期，泰国医生使用的药物中，30％为中药。他们也采用中医望、闻、问、切的诊治方法。中国的针灸术也流行于泰国。再如缅甸。缅甸蒲甘国1106年第一次遣使由海路入宋，于1136年第二次遣使由陆路经大理国入宋。纵观整个元代，缅甸至少13次遣使至元朝，元朝向缅甸遣使约6次。1394年，明朝在阿瓦设缅中宣慰司，与阿瓦王朝关系密切。再如柬埔寨。真腊是7—16世纪柬埔寨的国名。公元616年2月24日，真腊国遣使贡方物。苏利耶跋摩二世在位时（1113—1150），曾两次遣使来中国访问。真腊国分别于1116年、1120年、1129年遣使入宋，宋朝廷将"检校司徒"称号赐予真腊国王。1200年，真腊遣使入宋赠送驯象等礼品。宋宁宗以厚礼回赠，并表示真腊"海道远涉，后勿再入贡"。1295年，元成宗

（铁穆耳）派遣使团访问真腊，周达观随行。回国后，他写下了《真腊风土记》。唐宋时期中国与老挝的交往在史书中几乎没有记载。元朝曾在云南边外设老丫、老告两个军民总管府。1400 年至 1613 年间，中、老两国互相遣使达 43 次，其中澜沧王国遣使入明 34 次，明朝向澜沧王国派遣使节共 9 次，并在澜沧王国设"军民宣慰使司"。960 年，占城国悉利胡大霞里檀遣使李遮帝入宋朝贡。982 年，摩逸国（今菲律宾群岛一带）载货至广州海岸。1003 年、1004 年、1007 年，蒲端王其陵遣使来华"贡方物"。1011 年，蒲端王悉离芭大遐至遣使入宋"贡方物"。1372 年，吕宋（位于菲律宾北部）遣使来贡。1003 年，三佛齐王思离朱罗无尼佛麻调华遣使入宋。宋元时期，随着中国海洋文明及海上丝绸之路的发展，中国与东南亚各国建立了比较稳定的联系。

15 世纪初叶，郑和船队开始了史诗般的航行；16 世纪之后，中国沿海贸易商人也拼搏于东西洋的广阔海域。世界东西方文明在这一时期产生了直接的碰撞与交流。中国文化在面对初步全球化格局的挑战时，演绎了许多可歌可泣的历史篇章；中华文明在新的碰撞交流中，将自身的影响力扩大到全球。中国海洋文明发展的历史又向前迈进一步。

中国明代前期郑和下西洋，体现了中国古代航海技术的最高水平。自永乐三年（1405）开始，一支由 200 余艘"巨舶"、27000 余人组成的庞大舰队在郑和的带领下踏上了海上征程。在近 30 年的航行中，郑和船队完成了人类史无前例的壮举：先后 7 次跨越三大洋，遍历世界 30 多个国家。这支当时世界上最强大的海上舰队的足迹，东达琉球、菲律宾和马鲁古海，西至莫桑比克海峡和南非沿海的广大地区，定期往返，到达越南、马来西亚、斯里兰卡、印度、沙特阿拉伯等 30 多个国家和地区，最远曾达非洲东部、红海、麦加，并有可能到过澳大利亚、新西兰和美洲。1904 年，郑和下西洋 500 年后，梁启超在《新民丛报》发表《祖国大航海家郑和传》，请国人记住这位"伟大的航海家"，说"郑君之初航海，当哥伦布发现亚美利加以前六十余年，当维哥达嘉马发现印度新航路以前七十余年"。而郑和与带给美洲、非洲血腥殖民主义的西欧航海家最大的不同，则是其宣扬"宣德化而柔远人"的和平贸易理念。这支秉持明太祖"不征"祖训的强大海军，不仅身负建立朝贡贸易的重任，也扮演了维持海洋秩序，使"海道清宁"的角色。在感慨这支强大的海军因明朝廷内外交困不得不中止使命，中国失去在 15 世纪开始联结世界市场的机会之余，我们还应思考郑和与他史诗般的跨洋航行留给我们的启示：是不是只有牺牲人性与和平的殖民主义才是"全球化"的唯一可行路径？我们的海洋、我们的世界，能否建立起一个以"仁爱""和平"的理念联结在一起的政治秩序？

　　15 世纪中叶，肩负中国官方政治使命的郑和航行虽然画上了句号，但以中国为核心的东亚海洋贸易网络的勃兴与发展却从未停止。郑和船队对东亚、南亚海域的巡航，为中国历代沿海居民打开了通向大洋的窗口，而明朝海禁政策导致朝贡贸易的衰落，更刺激了民间海外贸易的大发展，最终迫使明朝廷做出"隆庆开关"的决定，民间私人海外贸易获得了合法的地位。东南沿海各地民间海外贸易进入了一个新时期。此时，中国沿海海商的足迹几乎遍及东亚和东南亚各国，其中日本、吕宋（今菲律宾）、暹罗（今泰国）、满剌加（今马六甲）等地为当时转口贸易的重要据点。他们把内地的各种商品，如生丝、丝织品、瓷器、白糖、果品、鹿皮及各种日用珍玩运销海外，换取大量白银及香料。由于当时欧洲商人已经染指东南亚各国及我国沿海地区，这一时期的海外贸易活动实际上也是一场东西方争夺东南亚贸易权的竞争。16 世纪至 17 世纪上半叶，以闽粤商人为主的中国商人集团在与西方商人的竞争和抗衡中始终占有一定的优势，成为世界市场中非常活跃的贸易主体。随着国内外商品市场的发展，作为交换媒介的货币也发生了重要变化，自唐、五代以来一直流行于民间的白银，随着海外贸易中大量白银货币的入超，最终取代了明朝的法定钞币，成为通行的主要货币。

　　繁盛的海外贸易对增加明朝廷的财政收入具有无可替代的重要作用。实际上，明朝已经成为当时的世界金融中心。明代后期及清代前期，中国与世界已经紧密地联系在一起。中国商人奔走于东西洋之间，促进了中国与亚洲各国的经济和文化交流。公元 15 世纪之后，来自欧洲的商人及传教士群体，纷纷来到亚洲，更是与中国的商人发生了直接的交往。

　　万历时期，即 16 世纪末、17 世纪初，欧洲陷入经济萧条，大西洋

贸易衰退，以转贩中国商品为主的太平洋贸易发展为世界市场中最活跃的部分。中国商品大量进入世界市场，在一定程度上缓和了世界市场贵金属相对过剩与生活必需品严重短缺的不平衡状态；因嗜好中国精美商品而掀起的"中国热"，刺激和影响了欧洲工业生产技艺的革新，促进了经济的发展。中国商品为 17 世纪西方资本主义的兴起作出了不可磨灭的贡献。

16 至 18 世纪，"中国热"风靡西方世界，欧洲人沉浸在对东方文明古国心驰神往的迷恋之中。思想家们开始思索西方与东方、欧洲与中国之间的深层次交流。欧洲的启蒙运动思想家们正是在这样一种氛围中，援引儒家思想，赞美中国。中国悠久的历史和发达的文明令欧洲人欣羡不已。为欧洲带来有关中国的信息从而引发热潮的人，主要是 16—18 世纪持续不断地来到中国的耶稣会士。由于此时的陆上丝绸之路已经衰败，从陆路来到中国，交通相当不便，于是海上交通便成为 15 世纪以后西方人来到中国的主要通道。换言之，中国的海洋文明发展史，在 15 世纪以后开始逐渐向世界各地延伸。

明末清初时期，中西之间的文化交流达到了前所未有的深度与广度，呈现出第三次高峰。在此时期，来华天主教传教士，尤其是耶稣会士，充当了重要的文化交流桥梁。一方面，在传播天主教教义的动机的驱使下，西方传教士译介了大量的西方科学文化知识，使明清时期的中国知识界对"西学"有了初步的了解和认识；另一方面，通过定期撰写书信报告、翻译中国典籍等方式，传教士也将中国悠久灿烂的文化及中国现状介绍到欧洲，致使 17—18 世纪的欧洲"中国热"经久不衰。可以说，这一时期中西文化的接触和交流，对东西方社会的发展和进步都产生了重要的影响。这个时期中国文化比较系统地传入欧洲，对 18 世纪欧洲社会文化转型和正在兴起的启蒙运动产生了重大影响。18 世纪中叶，启蒙运动在欧洲兴起。启蒙思想家在继承古希腊、古罗马以来西方理性主义精神遗产，尤其是近代实证论、经验论的同时，也把眼光投向了中国，他们发现了在 2000 年前（公元前 5 世纪时）就已清晰地阐述了他们想说的话的伟大哲人——孔子。在耶稣会士从中国带回的各种知识中，没有哪一样像孔子的思想那样引发欧洲知识界的热烈研究与讨论，而与之相关联的，对中国的理性主义、文官制度、科举制度和法律的探讨，更是直接成为欧洲启蒙运动的重要灵感。许多著名的启蒙思想家，对孔子及中华学说赞扬不已。如伏尔泰从儒学的"人道""仁爱"思想和儒家道德规范的可实践性看到了他所寻求的理想社会的道德理论和道德经验。莱布尼茨惊呼："东方的中国，竟然使我们觉醒了！"孟德斯鸠从中国的儒学中看到了伦理政治对君主立宪的必要性。百科全书派的代表人物曾经赞扬中国是世界上唯一把政治和伦理道德相结合的国家。

18世纪以来，西方的工业革命确立了资本主义制度的坚固基础，殖民化的欲望日益增强。传统的中华古国，在西方列强坚船利炮的冲击下，陷入了深重的危机。然而，富有包容性和创新性的中国海洋文化，在逆境中不断寻求变革之路，探索着文化的新生与重构。以鸦片战争为标志，在西方现代文明的冲击之下，中华文明遭遇空前危机，其主体性地位不断被质疑，中华文明向海外扩展的内在动力也大为减弱。然而，中华文化内在的包容性与创新性，激发了一代又一代的中国人，特别是知识分子群体。中国的仁人志士从未停止对中华民族复兴之路的探索。他们勇于直面危机，努力探索，求新求变，从而推动中华文化的自我调整和现代化嬗变。中华文明面对的是"三千年未有之大变局"，中国长期的文化优势和文化优越感被西方殖民主义的强势文化不断消解。因此，伴随着西方历次的殖民战争，许多中国人在阵痛之后开始了文化自觉和文化反思。这种文化自觉和文化反思最集中的表现即对西方先进科学技术和社会科学理论的引进传播，最终孕育了20世纪初的新文化运动，这成为中国近代名副其实的启蒙运动。

无论是林则徐、魏源等人的"师夷长技以制夷"，还是洋务派人士的"师夷长技以自强"；无论是维新派人士的"立宪救国"，还是资产阶级革命派的"民主共和"；无论是以"民主"和"科学"为旗帜的新文化运动，还是以马克思主义为旗帜的中国共产党领导的新民主主义革命，无不体现出中国传统文化勇于面对逆境的韧劲。当然，逆境中的复兴之路，是十分艰辛、曲折的。仁人志士在不断的探索及实践中，最终找到"只有社会主义才能救中国"的伟大真理。

近代中国文化在中外文化交流中虽然身处逆境，但是其顽强的生命

力，使这一时期中华文明的海外交流和传播从未间断，并且呈现出某些新的传播特征。从对外经济往来的层面说，西方的经济入侵，固然使中国传统经济受到了很大的冲击，但是善于求新求变的中国民众，特别是沿海一带的商民们，忍辱负重，敢于向西方学习，尝试改变传统的生产格局，发展工农业实业经济，拓展海外贸易，取得了良好的成效，从而为中国现当代社会经济的转型与发展奠定了不可忽视的基础。

从文化层面看，20世纪初中国遭受的巨大浩劫，牵动东西方文明交流向更深入的方向走去。中国知识分子在吸收西方近代知识智慧的同时，深刻地反思中国传统文化的精髓与糟粕，继而为国家和民族的命运奋起反抗。在中学西传的过程中，以在传统海商聚居地出生的辜鸿铭、林语堂为代表的晚清知识分子的贡献很大。这一时期，中国古典文明的现代意义虽然在国内受到质疑和批判，但是在西方社会依然被广泛关注。中国传统的儒家经典、古典诗歌、明清小说在这一时期仍被大量译介到西方。许多汉学家如葛兰言、高本汉等对此都有专业的研究。

在近代中外文化交流中，海外华侨群体也作出了杰出贡献，如创办华文报刊、华文学校等，提倡华文教育。华文教育无形中扩大了中文社会的影响力，促进了中国文化与南洋本土文化的交流，同时也使南洋居民在一定程度上认识和了解了博大精深的中华文化。

随着明清时期特别是近代以来中国民间群众移民海外数量的增加，这一时期中国文化的对外传播形成了某些值得注意的新特征，这就是遍布世界各地的"唐人街"的形成与传播。近代中国文化在中外文化交流中虽然处于逆境，但中国商民在海外的发展从来没有停止，中国文化的海外交流和传播一直没有间断，中国的一些文化习惯，如中国茶文化传到西方之后，依然表现出强大的影响力，成为西方的一种流行文化。而华侨华人对世界各地经济发展的贡献，更是世界各国人民有目共睹的。

近代以来，中国人民的艰辛探索终于迎来了中华人民共和国的诞生。新中国成立之后，殖民主义文化被彻底抛弃，中华文明及其深厚的海洋文化发展潜力得到全面的复苏与拓展，中国与世界各地的经济交往以前所未有之势蓬勃发展，中华文化在中西文化交流中展现出前所未有的自觉和自信。特别是改革开放以来，随着中国综合国力和国际话语权的不断提升，中华文明及海洋事业在国际事务与中西文化交流中，表现出强大的拓展动力和趋势。中华海洋文化及中国海上丝绸之路，再次焕发出独特魅力，不断地延伸创新，影响世界，成为中国走向世界的最强音。

纵观中国海洋文明发展的历史过程，以及中华海洋文化与世界文化的交流历史，既有畅行的通途，也有布满艰辛的曲折之路。无论是唐宋时期由朝贡体系促成的政治制度、礼仪制度、文字文学、宗教信仰等的向外传播，还是宋明以来中国沿海商民的私人海上贸易和华侨移民，都对世界文明的进步与世界经济的发展作出了重要贡献。即使是在以往被人们忽视的科学技术领域，英国著名汉学家李约瑟（Joseph Needham）在其著作《中国科学技术史》一书中，对中国古代科学技术为世界所作的贡献作出了很高的评价。当然，近代以来，中华文明以及中国海洋文明的发展，备受压抑，历尽磨难，但始终葆有顽强的生命力、特有的文化魅力和世界影响力。当改革开放的春风吹遍神州大地的时候，中华文化更是在频繁的交流中不断丰富发展，体现出越来越鲜明的包容性格和进取精神。这一历史发展过程也充分证明，中华文明作为世界文明花坛中的一朵奇葩，必将在今后的历程中更加绚丽多彩。在全球化日益显著的今天，我们有责任也有义务让包括中国海洋文明在内的中华文明在继承中不断发扬光大，为整个世界文明的发展与和谐共存贡献力量。

二、对中国历代政府海洋政策的反思

中国历代政府所推行的海洋政策，无疑对各个时期海洋事业的发展与迟滞，产生了极为重要的作用。众所周知，欧洲中世纪以来，西方各国争相向海外发展势力，在全世界包括东方各地争夺势力范围。在这一系列的海外扩张过程中，国家的海洋政策起到了至关重要的推进作用。西方国家一直是海商、海盗寻求海外势力范围的坚强后盾。然而，中国历代政府的海洋政策与此截然不同。秦汉以来，中国历代政府关于海洋事务的政策基调，基本上围绕所谓的朝贡体系展开。到了近代，中国积贫积弱，朝贡体系因而备受海内外政治家与学者的非议乃至蔑视。

　　秦汉以来的朝贡体系无疑是中国历代对外关系的基石。近现代以来，人们诟病这一外交体系主要因为两个方面：第一，中国历代政府以朝贡体系为主的外交方式，把自身置于"天朝上国"或"宗主国"的地位，把交往的其他国家视为"附属国"；第二，中国历代朝贡体系下的外交，是一种在经济上得不偿失的活动，外国贡品的经济价值有限，而中国历代朝廷赏赐品的经济价值大大超出贡品的经济价值。

　　进入近现代时期，由于西方列强的侵略及中国自身发展的迟滞，中国沦为"落后挨打"的半封建半殖民地社会。在许多西方人和日本人的眼里，中国是一个可以随意宰割的无能国度。在这种观念的影响下，西方人和日本人探讨中国近现代以前，特别是中国历代的朝贡体系时，就不免带有某种先入为主的偏见，嘲笑中国历代的朝贡外交体系是一种自不量力、自以为是的"宗主国"虚幻政策。与此同时，20世纪中国学界普遍沉浸于向西方学习的文化氛围中，相当一部分学者也就自然而然地接受了这种带有蔑视和嘲笑意味的学术观点。因此，近现代以来国内外学者对明朝朝贡体系的批评，存在明显的殖民主义语境。与此形成鲜明对照的是，同时期大英帝国所谓"日不落帝国"及其后的美国霸权主义，却很少受到世人的蔑视与取笑。

　　中国历代朝贡体系之下的外交在经济上得不偿失的观点，很大程度上受20世纪四五十年代以来关于中国封建社会内部是否已经出现资本主义萌芽问题讨论的影响。由于受到西方学界的影响，中国大部分学者希望自己比较落后的祖国能够像西方的先进国家一样，走上资本主义社会这一有历史发展规律可循的道路。而发展资本主义社会的前提是商品经济、市场经济及对外贸易经济的高度发展。于是，在这样的学术背景下，20世纪五六十年代，中国历史学界探讨明清时期的商品经济、市场经济及海外贸易等领域，取得了不错的成绩。人们发现，西方国家在资本原始积累的过程中，对外关系、对外贸易以及海外掠夺，对这些国家的资本主义经济发展和社会变革起到了至关重要的助力作用，反观中国传统朝贡体系下的经济贸易，得不偿失，未能给中国资本主义的萌芽和发展提供丝毫的帮助。然而，从纯经济的角度来评判中国历代的朝贡体系，实际上严重混淆了明朝的国际外交关系与对外贸易的应有界限。

毋庸讳言，中国历代的朝贡外交体系是承继中国两千年来"华夷之别"的传统文化价值观而形成的。这种朝贡外交体系，显然带有某种程度的政治虚幻成分。同时，它又只是一种国与国之间的政治外交礼仪而已。这种朝贡式外交礼仪中的所谓"宗主国"与"附属国"，也只是一种名义上的表述，两者的关系并不像欧洲中世纪国家那样，必须以缴纳实质性的贡赋作为联系纽带。因此，我们评判一个国家或一个朝代的外交政策及其运作体系，并不能仅仅因为它的某些虚幻观念和经济上的得失，就武断地给予负面的历史判断。如果我们要比较客观和全面地评判中国历代的对外关系，就应该从确立这一体系的核心宗旨及其实施的实际情况出发，同时参照世界上其他国家对外关系的历史事实，进行综合分析，如此才能得出切合历史真相的结论。

中国历代对外朝贡体系的确立，是建立在国与国、地区与地区之间和平共处的核心宗旨上的。这一点我们在明朝开创者朱元璋及其儿子明成祖朱棣关于对外关系的一系列谕旨中就不难发现。朱元璋在《皇明祖训》中明确指出："四方诸夷，皆限山隔海，僻在一隅，得其地不足以供给，得其民不足以使令。若其自不揣量，来扰我边，则彼为不祥。彼既不为中国患，而我兴兵轻伐，亦不祥也。吾恐后世子孙，倚中国富强，贪一时战功，无故兴兵，致伤人命，切记不可。"① 洪武元年（1368），朱元璋颁诏于安南，宣称："昔帝王之治天下，凡日月所照，无有远迩，一视同仁，故中国尊安，四方得所，非有意于臣服之也。"从这个前提出发，中国对外关系的总方针就是要"与远迩相安于无事，以共享太平之福"②。永乐七年（1409）三月，明成祖朱棣命郑和下西洋，"敕谕四方海外诸番王及头目人等……祗顺天道，恪守（遵）朕言，循理（礼）安分，勿得违越；不可欺寡，不可凌弱，庶几共享太平之福"。③ 在这种对外关系的总方针下，明初政府开列了朝鲜、日本、大小琉球、安南、真腊、暹罗、占城、苏门答腊、西洋、爪哇、彭亨、百

①《皇明祖训》条章，载《四库全书存目丛书》，齐鲁书社，1996。
②《明太祖实录》卷三四。
③郑鹤声、郑一钧：《郑和下西洋资料汇编》上册，齐鲁书社，1980，第99页。

花、三佛齐、浡泥，以及琐里、西洋琐里、览邦、淡巴诸国，皆为"不征诸夷国"。① 在与周边各国的具体交往过程中，朱元璋本着中国自古以来的政策，主张厚往薄来。在一次与琐里的交往中，他说道："西洋诸国素称远番，涉海而来，难计岁月。其朝贡无论疏数，厚往薄来可也。"② 明初奉行的一系列对外政策和措施，充分体现了明朝政府在处理国际关系中所秉持的不用武力，努力寻求与周边国家和平共处之道的基本宗旨。

在寻求国与国之间和平共处的核心宗旨的前提下，明朝与周边的一些国家，如朝鲜、越南、琉球等，形成了宗主国与附属国的关系，这也是不争的事实。但这种宗主国与附属国关系的形成，更多是承继以往历朝的历史因素。纵观全世界中世纪以来宗主国与附属国的关系，就会发现，宗主国与附属国的关系基本上是通过三种途径形成的：一是通过武力征服强迫形成，二是通过宗教关系或是民意及议会的途径形成，三是在传承历史文化的条件下通过和平共处的途径形成。显然，在这三种宗主国与附属国关系中，只有第三种，即以和平共处方式形成的宗主国与附属国的关系，是最经得起历史检验和值得后世肯定的。中国历代建立起来的以和平共处为核心宗旨的宗主国与周边附属国的关系，正是这样一种经得起历史检验和值得后世肯定的对外关系。正因为如此，纵观历史，虽然这些附属国会不时发生内乱等极端事件，历经政权更替，但无不以得到明朝中央政府的册封为荣，即使是叛乱的一方，也都想方设法得到明朝中央政府的承认。可以说，当这些附属国发生内乱，明朝中央政府基本上采取充分尊重本国实际情况的原则，从道义上给予正统的一方支持，以稳定附属国的国内情势，维护区域和平局面。当遭遇外患陷入国家危机的时候，这些附属国也经常向明朝求援。其中最典型的例子，就是万历年间朝鲜遭到日本军阀丰臣秀吉侵略时，明朝政府应朝鲜王朝的求援，派出大量军队，帮助朝鲜王朝抵抗日本军队的进攻，最终把日本军队赶出朝鲜，维护了朝鲜王朝的领土完整和国家尊严。尤其值

① 郑一钧：《论郑和下西洋（修订本）》，海洋出版社，2005，第9页。
②《明史》卷三二五《外国六·琐里》，中华书局，1974，第8424页。

得一提的是，在这场规模不小的抗倭战争中，明朝政府不但派出军队参战，而且所有的战争经费都由明朝政府从财政规制中支出，"糜饷数百万"①。作为宗主国，明朝对附属国朝鲜的战争支援，完全是无偿的。

在历代对外朝贡体系中，中国对外国朝贡者优渥款待，赏赐良多。而这些朝贡者，来自东亚、南亚甚至中东的不同国家与地区，带来的所谓贡品，更多是作为求得明朝中央政府接待的见面礼，仅是"域外方物"而已。作为受贡者的明朝政府，对各国的所谓贡品并没有具体的规定。因此，明朝朝贡体系中的外国"贡品"，是不能与欧洲中世纪以来宗主国与附属国之间定期、定额的"贡赋"混为一谈的。明朝朝贡体系中的"贡品"，随意性、猎奇性的成分居多，缺乏实际经济价值。因此，如果单纯从经济效益衡量，当然是得不偿失。但是这种所谓的经济上的"得不偿失"，实际上被我们近现代时期的许多学者无端夸大了。明朝政府在接待来贡使者时，固然实行"厚往薄来"的原则，但无论是"来"还是"往"，其数量都是比较有限的，是有一定规制的，基本上仅限于礼尚往来的层面。迄今为止，除了郑和下西洋这种大型对外交往行为给国家财政造成一定的压力之外，我们还看不到中国历代正常朝贡往来中的"厚往薄来"对政府的财政产生过不良的影响。即使有，也是相当轻微的，因为所谓"厚往"，仅仅只是礼物和人员接待费用而已。明朝政府对一般来贡国国王的赏赐，基本上是按照本朝"准公侯大臣"的规格施行的。② 如果把这种"得不偿失"与万历年间援朝抗倭战争的军费相比，只能算是九牛一毛！万历年间支援朝鲜的抗倭战争，从根本上说，是为了维护地区的和平与稳定，而不是为了维持朝贡体系。

从更深的层面来思考，我们判断一个国家或一个时期的对外政策是否正确，不能仅仅以经济效益作为衡量得失的主要标准。国与国之间的外交关系和国与国之间的经济贸易关系，固然有必然的联系，但又不完全等同，外交关系与贸易往来必须有所区分，不能混为一谈。在 15 至 16 世纪以前欧洲国家所谓的"大航海时代"尚未来临，在世界的东方，

---

①《明史》卷三二二《外国三·日本传》，第 8358 页。
② 郑一钧：《论郑和下西洋（修订本）》，第 13 页。

明朝可以说是这一广大区域中最大，也是最为核心的国家。作为这一广阔区域中的大国，对维护这一区域的和平稳定是负有国际责任的。假如这样一个核心国家，凭借自身的经济、军事优势，四处滥用武力，使用强权征服其他国家，那么这样的大国是不负责任的，区域的和平与稳定是不可能长久存在的。从这样的国际关系理念出发，明朝历代政府所奉行的安抚周边国家、厚往薄来，以和平共处为核心宗旨的对外朝贡体系，正是体现了明朝作为东方核心大国的责任担当。事实上，纵观世界历史，所有曾经或现在依然是区域核心大国的国家，在与周边弱小国家和平相处的过程中，由于肩负维护区域和平稳定的义务和责任，在经济上必须承担比其他周边弱小国家更多的负担，这几乎是一种必然的现象。换句话说，核心大国所承担的政治经济责任，同样是另外一种"得不偿失"。但是这种"得不偿失"，是作为区域大国承担区域和平稳定责任的重要前提。另一方面，明朝作为东亚区域最大、最核心的大国，在勇于承担国际义务与责任的同时，被周边国家视为"宗主国"或"中国"，因而自视为"天朝上国"，也是十分顺理成章的事情。如果我们时至今日依然目光短浅地纠缠在所谓"朝贡体系"贸易中"得不偿失"的偏颇命题，那就大大低估了中国历朝历代政府所奉行的和平共处的国际关系准则。这种国际关系准则，虽然带有某些"核心"与"周边"的"华夷之别"的虚幻成分，但对中国的历史延续性及其久远的历史意义，至今依然值得我们欣赏和思考。

我们若明白自秦汉以来中国历代政府所施行的"朝贡体系"，实质上只是一种政治上的外交礼仪，就不难想象中国历史上历代政府所认知的世界，仅局限在亚洲一带，应该是建立在一种和谐相处的氛围之内的。由于中国是这一时期亚洲最大又最有实力的国家，建立以中国为核心的亚洲世界，也就顺理成章地成为政策制定的依据了。

我们再从秦汉以来至明清时期中国海洋政策的纵向面来考察。秦汉以来至隋唐时期，中国与海外各地的经济贸易活动相对稀少，有限的贸易也基本上被局限在"朝贡贸易"的圈子之内。宋代之后，经济层面的活动，包括私人海外贸易活动，才逐渐兴盛起来。因此，宋代是中国历代政府执行对外海洋政策的一个重要转折期。从秦汉以迄隋唐，由于海上私人贸易活动比较罕见，政府制定的对外海洋政策基本着眼于政治与文化外交的层面。与周边许多国家政治与文化体制较为落后的情形相比，中国的政治与文化体制有较为突出的优势。政府把对外海洋政策着眼于政治与文化的层面，并不会对中国的政治与社会统治产生不良后果。因此，在这个时期内，国家政府对政治体制与文化形式的输出，往往采取鼓励的方式。而这种对外海洋政策，在一定程度上促进了隋唐时期中国政治制度向朝鲜、日本、越南等邻近国家的传播。以文化形式向外传播，扩散的范围将更为广阔。因此，我们可以说，宋代以前，中国政府的对外海洋政策与民间的对外联系基本上是吻合的。

但是到了宋代，情况有了很大的改变。一方面，随着与周边国家和地区经济交往的增多，沿海一带出现了不少私人海上贸易现象。这种私人海上贸易活动已经超出了"朝贡体系"所能约束的范围，政府自然把这种活动视为"违禁走私"活动，政府的主要思考点在于确保社会环境和政治统治的稳定。南宋时期著名学者兼名臣真德秀在泉州担任知州时有一项重要事务，就是布置海防，防范海上贸易活动，即所谓"海盗"活动，剿捕流窜于海上的"盗贼"。很显然，从宋代开始，政府的海洋政策出现了两种相互矛盾的走向：一方面继续维持以往的"朝贡体系"，另一方面对民间海上私人贸易活动严加禁止，阻挠打击。

宋朝廷禁止和打击民间私人海上贸易的做法，被后世的统治者们延续下来。特别是到了明代，这种做法对海洋贸易的阻碍作用愈加突显。从明代中叶开始，东南沿海商民从事海上私人贸易已经成为经济发展的趋势。特别是到了 15 世纪之后，世界局势发生了重大变化，处于资本主义原始积累阶段的欧洲人开始向世界的东方进发，"大航海时代"已经到来。这就使得 15 世纪之后的明朝社会，被迫进入一个前所未有的"世界史"的国际格局之中。① 从比较世界史的视角来观察，明初中国国力鼎盛的时期，正是欧洲"黑暗"的中世纪。西方出现资本主义的曙光，和明中叶以降中国社会经济与文化思潮新旧交替的冲动几乎同时到来。

① 陈支平：《从世界发展史的视野重新认识明代历史》，《学术月刊》2010 年第 6 期。

随着欧洲资本主义原始积累的步步推进，早期殖民主义者跨越大海，来到亚洲东部的沿海，试图打开中国社会经济的大门，谋取资本原始积累的最大利润。差不多在同一时期，伴随中国明代中期社会经济特别是商品市场经济的发展，中国商人也开始尝试突破传统经济格局和官方朝贡贸易的限制，冒险走出国门，投身到海上贸易的浪潮之中。

16世纪初，西方的葡萄牙人、西班牙人相继东航，分别以满剌加、吕宋为根据地，逐渐扩张势力至中国的沿海。这些欧洲人的东来，刺激了东南沿海地区商人的海上贸易活动。嘉靖、万历时期，民间私人海上贸易活动冲破封建政府的重重阻碍，取代朝贡贸易，并迅速兴起。中国海商的足迹几乎遍及东亚、东南亚各国，其中尤以日本、吕宋、暹罗、满剌加等地作为转口贸易的重要据点。他们把内地的各种商品，如生丝、丝织品、瓷器、白糖、果品、鹿皮及各种日用珍玩等，运销海外，换取大量白银及香料等回国出售。由于当时欧洲商人已经染指东南亚各国及我国沿海地区，因此这一时期的海外贸易活动，实际上也是一场东西方争夺东南亚贸易权的竞争。中国沿海商人，以积极应对的姿态，扩展势力至海外各地。研究中国明代后期东南亚海上贸易的学者普遍认为，17世纪前后，中国的商船曾经遍布南海各地，从事各项贸易，执东西洋各国海上贸易的牛耳。

明代中后期不仅是中国商人积极进取，应对"东西方碰撞交融"的时期，而且随着这种碰撞交融的深化，中国的对外移民也成了常态。在唐宋时期，虽说中国的沿海居民中也有迁移海外者，但数量有限且非常态，尚不能在迁移的地方形成具有一定规模的华侨聚居地。而拥有真正意义上的海外移民并且形成华侨群体的年代，应是始于中国明朝时期。这种情况在福建民间的许多族谱中多有反映，譬如泉州安海的《颜氏族谱》记载，该族族人颜嗣祥、颜嗣良、颜森器、颜森礼及颜侃等五人，先后于成化、正德、嘉靖年间到暹罗经商并侨寓其地至死。《陈氏族谱》记载该族族人陈朝汉等人于正德、嘉靖年间到真腊经商且客居未归。再如同安汀溪的黄姓家族，成化年间有人去了南洋，繁衍族人甚众。永春县陈氏家族则有人于嘉靖年间到吕宋经商并定居于当地。类似的例子很多，举不胜举。① 到中国明代后期，福建、广东一带迁移国外的华人，已经逐渐向世界各地拓展。印度尼西亚的巴达维亚城是荷兰东印度公司所在地，1619 年前当地华侨不足四百人。不到十年，即截至 1627 年，该城华侨已达三千五百人，而其中大多数是来自福建漳州、泉州的移民。又据有关记载，从明代中后期始，中国的丝绸、瓷器等商品已由中外商人贩运到墨西哥等拉美地区，一些广东商民甚至在墨西哥的阿卡普尔科等地从事造船业或其他行业的生产经营活动。②

这些移居海外的华人，为侨居地早期的开发与经济繁荣作出了较大的贡献，如福建巡抚徐学聚所说："吕宋本一荒岛，魑魅龙蛇之区，徒以我海邦小民，行货转贩，外通各洋，市易诸夷，十数年来，致成大会。亦由我压冬之民，教其耕艺，治其城舍，遂为墺区，甲诸海国。"③对于这一点，即使是西班牙殖民者也不得不承认。如马尼拉总督摩加在16 世纪末宣称："这个城市如果没有中国人确实不能存在，因为他们经营着所有的贸易、商业和工业。"一位当时的目击者胡安·科博神父（Father Juan Cobo）亦公正地说："来这里贸易的是商人、海员、渔民，他们大多数是劳动者，如果这个岛上没有华人，马尼拉将很悲惨，因为华人为我们的利益工作，他们用石头为我们建造房子，他们勤劳、坚强，在我们之中建起了最高的楼房。"④ 一些菲律宾史学家对此也作出了公正的评价，《菲律宾通史》的作者康塞乔恩（Joan de la Concepcion）在谈到 17 世纪初期的情况时写道："如果没有中国人的商业和贸易，这些领土就不可能存在。"如今仍屹立在马尼拉的许多老教堂、僧院及碉堡，大多是当时移居马尼拉的华人所建。约翰·福尔曼（John Foreman）在《菲律宾群岛》一书中亦谈道："华人给殖民地带来了恩惠，没有他们，生活将极端昂贵，商品及各种劳力将非常缺乏，进出口贸易将非常窘

---

① 王日根、陈支平：《福建商帮》，香港中华书局，1995，第 117—119 页。
② 黄国信、黄启臣、黄海妍：《货殖华洋的粤商》，浙江人民出版社，1997，第 144 页。
③ 徐学聚：《报取回吕宋囚商疏》，载《明经世文编》卷四三三《徐中丞奏疏》。
④ Teresita Ang See, *Chinese in the Philippines*, vol. 1, Manila, 2018, p. 137.

困。真正给当地土著带来贸易、工业和有效劳动等的是中国人，他们教给这些土著许多有用的东西，种植甘蔗、榨糖和炼铁，他们在殖民地建起了第一座糖厂。"①

移居印度尼西亚的华人同样为巴达维亚的发展与繁荣作出贡献。荷兰东印度公司在到来的第一个世纪里，不但使用了华人劳力和华人建筑技术建造巴达维亚的城堡，而且把城里的财政开支都转嫁到华人农民的税收上，凡城市的供应、贸易、房屋建筑，以及巴达维亚城外所有穷乡僻壤的垦荒工作都由华人来承担。② 荷兰东印度公司在 17 世纪下半叶才把糖蔗种植引进爪哇，在欧洲市场上它虽然不能与西印度的蔗糖竞争，但它取得了印度西北部和波斯的大部分市场，并且还出售到日本，而这些新引进的糖蔗的种植工作几乎是由华人承包的。③ 因此，英国学者博克瑟（C. R. Boxer）曾说："假如马尼拉的繁荣应归功于移居那里的华人的优秀品质，那么当时作为荷兰在亚洲总部的巴达维亚的情况亦一样。华人劳工大多数负责兴建这座城市，华人农民则负责清除城市周围的村庄并进行种植，华人店主和小商人与马尼拉的同胞一样，占据零售商的绝大部分。我们实事求是地说，荷兰东印度公司对其首府的迅速兴起应极大地感激这些勤劳、刻苦、守法的中国移民。"④ 到了清代以至民国时期，庞大的华侨华人群体，更是为世界各地的社会经济发展作出了不可磨灭的贡献。

15 世纪至 17 世纪，固然是西方殖民主义者向世界各地扩张的时期，但其时东方的中国社会，中国商人以积极进取的姿态，同样把自己的活动范围向海外延伸。这种双向碰撞交融的历史进程，无疑从另一个源头上促进了"世界史"大概念的形成与发展。因此可以说，15 世纪至 17

---

① John Foreman, *The Philippine Islands*, London, 1899, p. 118.

② J. C. Van Leur, *Indonesian Trade and Society*, The Hague, 1960, pp. 149, 194.

③ John F. Cady, *Southeast Asia: It's Historical Development*, New York, 1964, p. 225.

④ C. R. Boxer, Notes on Chinese Abroad in the Late Ming and Early Manchu Periods Compiled from Contemporary Sources（1500—1750）, in *Tien Hisa Monthly*, 1939 Dec., vol. 9, no. 5, pp. 460—461.

世纪的中国社会，同样是推进"世界史"格局形成的重要组成部分。

明代中后期，也就是16—17世纪，东西方的经济与文化碰撞，中国沿海商民积极应对西方所谓"大航海时代"的来临，这本来是中国海洋发展的绝佳时机。但遗憾的是，中国政府并未像西方政府那样，成为海洋商人寻求拓展海外势力范围的坚强后盾，而是采取了相反的政策措施——禁绝打击。由于受到政府禁海政策的压制，中国明代东南沿海地区的商人不得不采取亦盗亦商的经营行为。从中世纪世界海商发展史的角度来考察，亦商亦盗的武装贸易形式，也是中世纪以至近代西方殖民者海商集团所采取的普遍形式。不同的是，西方殖民者的海盗行径大多得到本国政府的支持。"大航海时代"的葡萄牙人、西班牙人、荷兰人，都以本国政府的支持和强大的武装为后盾，企图打开中国沿海的贸易之门。[①]　而中国海商集团的武装贸易形式，是在政府的压制下不得不采取的一种自我保护措施。在中国政府的压制下，东南海商的武装贸易形式虽然能够在中国明代后期这一特定的历史空间中得以发展，但最终不能长期延续并发展下去。终清之世，中国东南海商再也未能形成一支强大的武装力量。从国际贸易的角度看，这也是中国海商逐渐失去东南海上贸易控制权的重要原因之一。16世纪至19世纪中叶，中国的海商只能在政治与社会的夹缝中艰难行进。

中国历代朝贡体系虽然奉行与周边国家地区和平共处的宗旨，但这种仅着眼于政治仪式层面的外交政策，忽略了文化层面的外交交流（这里的文化层面，主要指带有意识形态的宗教、信仰、教育及生活方式等）。而这种带有政治仪式意味的外交政策，将随着政治的变动而变动，缺乏长久的延续性。因此，到17世纪后东亚及中东的政治版图发生变化时，中国对南亚、西亚以至中东的政治影响力迅速衰退。

通过对中国历代政府对外海洋政策的分析，我们不难了解到，中国历代政府所制定的对外海洋政策，主要围绕政治稳定展开，海洋经济的发展，基本上不能进入政府决策者的考量之中。虽然说政府也在某些场

① 毛佩琦：《明代海洋观的变迁》，载中国航海日组委会办公室、上海海事大学编
　《中国航海文化论坛》（第一辑），海洋出版社，2011，第268页。

合、某些时段对民间海上私人贸易设立管理机构并予以课税等，但是这些行为大多是被动的，是为了更有效地管制民间的"违禁"贸易行为。这种"超经济"的对外海洋政策和"朝贡体系"维系了中国与周边地区，也就是亚洲地区近两千年和谐共存的国际关系，使亚洲不曾出现像欧洲中世纪那样国与国之间攻伐不断的混乱局面。另一方面，国家政府对民间海上私人贸易活动的禁绝压制，也在一定程度上阻碍了中国海洋文明发展史的顺利前进。

三、宋明以来中国海上丝绸之路发展的两种路径

正如前文所论述的，在中国的海洋文明发展史上，宋代是一个关键的转折期。宋代以前，中国的海洋事务基本上在政府的"朝贡体系"下施行。而宋代以后，特别是明代以来，民间从事海上私人贸易活动的现象日益增加，最终大大超出国家政府"朝贡体系"控制下的经济活动范围。从中国海洋活动的范围看，唐宋时期中国的海洋活动及文化的对外传播，主要局限在亚洲相邻国家以至中东地区，和欧洲等西方国家的联系及对其的影响，是间接的，且相对薄弱。但是到了明代，情况就不一样了。双方不但在贸易经济上产生了直接并带有一定对抗性的交往，而且由于西方大批耶稣会士的东来，双方在文化领域也产生了直接的交往。

明代中叶之后，伴随世界地理大发现和新航路的开通，西方的思想文化及科学技术也日渐向外传播。而明代嘉靖、万历时期社会经济发展，海外贸易引发对传统商品扩大再生产和改革工艺的要求，迫切需要科学技术的创新和总结。欧洲耶稣会士带来的西方科技，如天文、历算、火器铸造、机械制造、水利、建筑、地图测绘等知识，又以其新奇和实际的应用刺激了讲究实学的士大夫的求知欲望。在这双重因素的交互推动下，出现了一股追求科技知识的新潮，产生了一次小型的"科学

革命"①。这种思想文化与科学技术的变化，充分地体现了这一时期中国文化与西方文化直接碰撞和交融的初步成果，同时也折射出当时的中国社会在面对新的世界格局调整时，是以一种包容开放的心态来与西方展开交流的。

正因为如此，尽管当时西方耶稣会士是带着传教目的来的，而且对所谓"异教徒"文化往往怀有某种程度的蔑视心态，但是在较为开放的中国社会与文化面前，这批西方耶稣会士敏锐地意识到中国传统文化的博大精深，所以他们中很少有人用轻视的眼光看待中国文化。由于有了这种较为平等的文化比较心态，明代后期来华的耶稣会士们，在一部分中国上层知识分子的协助下，开始较为系统地从事向欧洲译介中国古代文化经典的工作，竭力把中国的政治、经济、社会的基本状态及文化的基本内涵，介绍到西方各国。在这种较为平等的中西文化交流与文化传播中，中国的文化在西方获得了应有的尊重。

到了清代中期，中国政府采取了较为保守封闭的对外政策，尤其是对思想文化领域的交流，逐渐采取压制的态势。在这种保守封闭的政策之下，中国文化的对外传播受到了一定的阻碍。更为重要的是，随着西方资本主义革命的不断胜利和工业革命的巨大成功，"欧洲中心论"的文化思维已经在西方社会牢固树立。欧洲的政治家和知识分子也逐渐失去了对中华文化的敬畏之心。直至近代，虽然说仍然有一小部分中外学人继续从事翻译介绍中国文化经典的工作，但是在绝大部分西方人士的眼里，所谓中华文化，只是落后民族的低等文化。尽管他们的先哲也许在不同的领域提及并赞美过中国的儒家思想，然而到了这个时候，大概也没有多少人肯承认他们的高度文明思想跟远在东方的中国儒家文化有什么瓜葛。时过境迁，18世纪以后，中国以儒家经典为核心的意识形态文化在世界文化整体格局中的影响力大大下降，对外传播的作用日益衰微。

但是我们还必须看到，随着宋元以来民间私人海上经济活动的不断

---

① 杨国桢、陈支平：《明史新编》，傅衣凌主编，人民出版社，1993，第427—432页。

加强，沿海一带的居民也随着这种海上活动的推进，不断地向海外移民。这就促使中国海洋文明发展与海上丝绸之路形成了两种不同的路径，一种是由政府主导的"朝贡体系"和由知识分子主导的以传播儒家经典为核心的意识形态文化，另一种是随沿海商民迁移海外而传播出去的与一般民众生活方式相关的基层文化。

据文献考察，宋明以来，特别是明代以来，中国迁居海外的移民基本上来自明代私人海上贸易最发达的地带，往往是父子、兄弟相互传带的家族式移民。1571 年，西班牙殖民者进抵菲律宾群岛并构建了以马尼拉城为中心的殖民据点，积极开展与东亚各国的贸易往来，采取吸引华商前来贸易的政策，前往菲律宾岛的华商日渐增多，其中不少人定居下来。明代福建官员描述："我民往贩吕宋，中多无赖之徒，因而流落彼地不下万人。"[①] 有的记载则称这些沿海商民"流寓土夷，筑庐舍，操佣贾杂作为生活"，"或娶妇长子孙者有之，人口以数万计"。[②] 到了清代，中国东南沿海人民往海外的迁移活动，基本上呈不断递升的状态。随着国际交往的扩大和资本主义市场的网络化，中国海外移民的数量及所涉及的地域均比以往有所增长。到了近现代，中国东南沿海海外移民的足迹，已经遍布亚洲之外的欧洲和美洲各地，甚至到了非洲。

这种家族、乡族成员连带的海外移民方式，必然促使他们在海外新的聚居地较多地保留祖地的生活方式。于是，家族聚居、乡族聚居生活方式的延续，民间宗教信仰的传承，风尚习俗与方言的保存，文化教育与娱乐偏好的追求，都随着一代又一代移民的言传身教，顽强地延续下来。这种由民间传播至海外的一般民众的生活方式，逐渐在海外形成了富有中国特色的文化象征。因此，我们在回顾中国以儒家经典为核心的意识形态文化在明代后期向西方传播的同时，绝不能忽视明代中后期以来一般民众生活方式对外传播的文化作用及意义。当近代以来中国的意识形态文化在西方人眼里日益衰微的时候，以往被人们忽视的由沿海商

---

① 张燮：《东西洋考》卷五，载《东洋列国考》，中华书局，1981，第 91 页。

② 顾炎武：《天下郡国利病书》卷九三《福建三》，广雅书局光绪二十六年刊本，第 13 册。

民迁移海外而传播出去的一般民众的基层文化传播途径，实际上成了18世纪以后中华文化向海外传播的主流渠道。

虽然说从16—17世纪以来，中国东南沿海居民不断地、大批地向世界各地移民，形成华侨群体，并在自己的居住国形成具有中华文化特征的社会文化氛围，但是我们还必须看到，这种由下层民众传播到世界各地的中华文化，无论是宗教信仰、生活习俗，还是文化教育及艺术娱乐，基本上都是在华人的小圈子里打转，极少扩散到华人之外的族群当中去。也就是说，中华文化在海外的这种传播，不太可能对华人之外的群体乃至国家、地区产生重要的影响力。

中国历代的对外关系，基本上是遵循两条道路开展的：一是王朝政府的朝贡体系，一是宋代以来民间海外贸易与对外移民的系统。如前所述，王朝的朝贡体系，关注的是政治礼仪外交，宋代以后缺乏带有国家层面的文化输出和传播。而宋明以来的民间海洋活动，关注的是经济问题，民间文化输出的目的在于维系华人小群体和谐相处的稳定局面，极少往政治层面上去思索，因此这种民间文化的输出，影响力极其有限。也就是说，中国海上丝绸之路的发展模式，自宋代以来，严重缺失了国家层面的对外文化传播与输出。反观15世纪以来西方殖民者的东扩，在庞大的商业船队到来的同时，天主教的传教士也不断涌入，想方设法地在东方世界包括中国在内的广大民众之中传播西方的宗教信仰与意识形态。时至今日，西方天主教、基督教对中国社会的渗透，依然十分强大。有些东亚国家，如韩国，其民众对基督教的信仰大大超出了以往对东方佛教的信仰。起源于中东地区的伊斯兰教，同样也是如此。本来，华人移民率先进入东南亚地区，但是后来的伊斯兰教徒，充分利用和扩展与东南亚国家和地区上层阶层的交往，使伊斯兰教在东南亚地区得以迅速传播，如今东南亚地区的许多居民被伊斯兰教同化。伊斯兰教文化在这些地区后来居上，占据了统治地位。虽然有少部分中国学者一厢情愿地认为明代前期郑和下西洋对东南亚地区的伊斯兰教传播起到了重要作用，但是这种论点的历史依据，大多是属于现代的，很难得到东南亚

地区伊斯兰教系统文献的印证①，基本上属于自娱自乐、自说自话的范畴。

在中国历代海洋事业及海上丝绸之路的发展历程中，文化传播与输出的缺失，极大地限制了中国对周边国家特别是东南亚国家和地区的整体影响。尽管中国历代政府希望通过朝贡体系谋求与周边国家的和平共处，中国海外移民也对居住国社会经济的发展作出了重大的贡献，但是由于文化上的隔阂，使得无论是中国与周边国家、地区的关系，还是华侨华人与当地族群的关系，都处于比较尴尬的境地。就东南亚地区百余年的发展情况而言，华侨华人在经济上为当地的发展作出了重大的贡献，但是经济上越成功，对当地的贡献越大，往往越难与当地族群形成亲密和谐关系，二者之间的隔阂始终存在。一旦这些国家或地区出现政治上、经济上的波动，当地族群往往把社会、政治及经济上的怨恨发泄到华侨华人群体上。百余年来，东南亚地区是华侨华人人数最多的地区，同样居住在这些地区的其他外来族群，却很少受到血腥的排斥，唯独华侨华人，不时受到当地政府或当地民众的排斥、攻击与屠杀。这其中的原因当然是十分复杂的，但是我们不得不认识到，中国海上丝绸之路在发展历程中忽视了文化的传播与输出，造成不同国家与地区之间文化上的隔阂，无疑是其中一个重要的因素。

中国的海洋文明发展历史及中国海上丝绸之路历史的前进道路，虽然在 18 世纪之后受到一定的挫折，但是其整体发展趋势并没有发生明显的改变，中国通过海上丝绸之路与世界的联系，始终保持波浪式的前进态势。而随着中国改革开放的大踏步前进，到了 21 世纪，中国发展包括"海上丝绸之路"在内的"一带一路"重大倡议日益坚定。"建设丝绸之路经济带和 21 世纪海上丝绸之路的战略构想，兼顾陆地与海洋，是建立在中国既是一个陆地国家，又是一个海洋国家的历史土壤上，统筹陆海

---

① 如孔远志先生是主张郑和下西洋时向东南亚地区传播伊斯兰教的学者，但是他也承认："海外现有的关于郑和在海外传播伊斯兰教的记载，尚缺乏有力的佐证。"参见孔远志：《论郑和与东南亚的伊斯兰教》，载中国航海日组委会办公室、上海海事大学编《中国航海文化论坛》（第一辑），第 81 页。

大格局、全方位对外开放的大手笔。它秉承和平合作、开放包容、互学互鉴、互利共赢的精神，通过政策沟通、道路联通、贸易畅通、货币流通、民心相通等一系列规划项目和实践，促进沿线国家深化合作，建设成一个政治互信、经济融合、文化包容的利益共同体、命运共同体和责任共同体。这个构想本身就是对传统中华文明的传承和弘扬。21世纪海上丝绸之路建设不是简单的经济过程、技术过程，而是文明的进步过程。仅仅靠资金的投入和技术的推广是不够的，需要正确的理论指导和历史经验教训的借鉴。因此，忽视基础研究并不可取，挖掘海洋文明史资源，深化中国海洋文明史研究，推动历史研究与当代研究的互通互补，不仅是提高讲好海洋故事能力的必要条件，更是推进中国文明的现代转型，建设海洋强国的内在诉求。"① 正因为如此，我们今天梳理中国海洋文明发展历史与中国海上丝绸之路历史的前进脉络，其现实意义是不言而喻的。

四、我们撰写"中国海上丝绸之路通史" 的基本思路

中国海洋文明的发展及由此形成的中国海上丝绸之路，不仅给中国的社会经济与文化增添了不断奋进的鲜活元素，同时也为世界文明注入了不可或缺的源头活水。自现代以来，中外学界的不少学者都对中国的海洋文明发展史及海上丝绸之路历史文化进行过诸多探讨解析。但是迄今为止，学界对中国海洋文明发展史及海上丝绸之路历史文化的研究，主要侧重中国对外交通史、中国海外贸易史和中外文化交流史等领域。而对中国海洋文明发展史及海上丝绸之路的另外一种发展路径，即上面论及的以往被人们忽视的由沿海商民从事的海洋事业，以及由此迁移海外并传播到世界各地的基层文化的传播途径的研究，是缺失的。中国的海洋文明发展史及海上丝绸之路历史文化，从根本上讲，是由从秦汉以来一代又一代的民众构筑起来的。我们今天探讨和解析中国海洋文明发

① 杨国桢、王鹏举：《中国传统海洋文明与海上丝绸之路的内涵》，《厦门大学学报（哲学社会科学版）》2015年第4期。

总序

展史及海上丝绸之路历史文化，理应将较多的关注点放在构筑这一光辉历史与文化的下层民众上。近年来，随着中国海洋意识的提升，学界对中国海洋文明发展史及海上丝绸之路历史文化的讨论和学术研究日益增多，涌现出诸多富有见识的学术论述，其中以杨国桢先生主编的"海洋与中国"丛书、"海洋中国与世界"丛书和"中国海洋文明专题研究"丛书最具规模。这三套丛书用很大篇幅探讨、剖析了海洋文明与海洋文化中一般民众的生活方式及基层文化，使中国海洋文明发展史和海洋社会经济史的研究更贴近海洋草根文化的本源真实。

近年来，学界还组织出版了一些以"海上丝绸之路"为主题的研究成果，这其中有清华大学出版社出版的《海南与海上丝绸之路》、厦门大学出版社出版的"海上丝绸之路研究丛书"、世界图书出版社出版的"海上丝绸之路断代史研究"丛书和安徽人民出版社出版的"南方丝绸之路研究丛书"。在这几种有关海上丝绸之路研究的图书中，《海南与海上丝绸之路》是地域性研究著作，而厦门大学出版社出版的"海上丝绸之路研究丛书"则是专题性研究成果的汇集。这些专题性研究成果的出版，将进一步推进对海上丝绸之路历史文化的研究，扩展我们对海上丝绸之路的考察视野，具有良好的学术意义。然而，这批著作过于注重专题性的叙述，因此也缺乏对中国海上丝绸之路历史文化的整体把握。世界图书出版社出版的"海上丝绸之路断代史研究"丛书，比较简要地概述了从秦汉至明清时期中国海上丝绸之路的演变历史。但是这一历史叙述基本建立在中国本土立场上展开，对海上丝绸之路涉及的其他区域及华侨华人在世界上的伟大贡献，基本上未涉及，这不得不说是一个很大的遗憾。因为海上丝绸之路是世界性的，我们无法忽视中国海上丝绸之路与沿路各地的相互联系。正是这种联系，使其成了真正意义上的海上丝绸之路。

回顾近30年中国学界对中国海洋文明发展史及海上丝绸之路历史文化的研究，不难发现以往对中国海洋文明发展史和海上丝绸之路历史文化的研究，更多是建立在宏观概念的探讨与专题性分析上。需要指出的是，在当前国家提倡"一带一路"重大倡议时，社会上乃至学界的一部分人，蹭着国家重视海洋意识的热度，赶着海上丝绸之路的时髦，提出了一些脱离中国海洋文明发展真实历史的观点，正如杨国桢先生所批评的："现在一些研究成果，对海洋的历史作用的认识存在分歧。一种认为传统中国是一个陆权国家，海洋并不重要，现代国家的发展要重建陆权。一种急于表达中华海洋文明是世界领跑者、优秀角色，提出中国或福建是世界海洋文明发源地，近代以前至少15世纪以前是海洋之王……这些现象的出现，是中国海洋史学发展不成熟的表现。一些声音很高的人本身对历史毫无素养，写的书是'非历史的历史研究'，他们看了一些历史论著就随意拔高观点，宏观架构出理论体系，当然会对社会产生误导。比如最近在海峡两岸引起轰动的南岛语族问题，考古学界、人类学界、语言学界的研究成果，把他们的一部分来源追溯到我国东南沿海或台湾地区。于是台湾有人说：'台湾是人类文明发源地。'福建有人说：'福建是世界海洋文明的发源地。'这是真的吗？我认为史学界应该重视，开展讨论，辨明是非。这类问题还有不少，不宜视而不见。"①

从这样的思考出发，我们认为有必要撰写一系列比较全面又清晰体现中国海洋文明发展史及海上丝绸之路历史文化的著作，尤其是能在一定程度上反映历代中国商民从事的海洋事业，以及由此迁移海外而传播到世界各地的一般民众基层文化传播途径。当然，要使我们的这系列著作能够达到这样一个目标，涉及三个方法论的问题，有必要在这里与大家逐一探讨。

首先，作为中国海洋文明发展的全史性著作，叙述书写的边界在哪里？所谓中国海洋文明发展通史，顾名思义，要叙述的是与海洋相关联的社会经济活动。但是我们不能赞同有些学者把中国的海洋文明发展史局限在海洋之中发生的历史事件。在本文的开章伊始，我们对中国的海洋历史形成这样的认识：中国海洋文明存在于"海—陆"一体的结构中。中国既是一个大陆国家，又是一个海洋国家，中华文明具有陆地与海洋的双重性格。中华文明以农业文明为主体，同时包容游牧文明和海洋文明，形成多元一体的文明共同体。中华民族拥有源远流长、辉煌灿

总序

---

① 朱勤滨：《海洋史学与"一带一路"——访杨国桢教授》，《中国史研究动态》
2017年第3期。

烂的海洋文化和勇于探索、崇尚和谐的海洋精神。中国海洋文明发展的这种"海—陆"一体的结构，决定了其与大陆文明的发展，具有天然的、不可分割的联系。从某种意义上讲，中国的陆地文明与海洋文明是相互促进、相互制约、相辅相成的。二者的发展历程，是无法断然割裂的。基于这样的思考，我们对叙述中国海洋文明发展历史边界的整体把握，并不仅限于发生在海洋当中的活动，而是从较为宏观的视野考察中国历代海洋活动中陆地与海洋的各方关系，从而更加全面地描述中国海洋文明发展的基本概貌。

其次，我们撰写的这部中国海洋文明发展通史，既然是基于中国海洋文明存在于"海—陆"一体结构的观点之上，那么这一极为宏观的审视所牵涉的领域又未免过于空泛和难于把握。为了更集中地体现中国历代海洋活动的主体核心部分，我们认为，在中国海洋文明发展历史的进程中，人的作用始终是第一位，海洋社会的核心是海洋活动中的人。"在海洋发展历史上，不同的海上群体和涉海群体塑造了不同的海洋社会模式，如古代的渔民社会、船员社会、海商社会、海盗社会、渔村社会、贸易口岸社会等等。他们有各自的身份特征、生计模式，通过互动结合，形成不同风格的群体意识和规范。海洋史就是要去研究海洋社会中的结构、经济方式，及其孕育的海洋人文。"① 我们只有更加深入与全面地反映历代人民在中国海洋文明发展进程中所发挥的无与伦比的历史作用，才能更加贴近中国海洋文明发展历史与文化的真实面貌，还原出一个由历代人民艰苦奋斗创造出来的历史本真。当然，要较为全面且如实地描述历代人民在中国海洋文明发展历程中所扮演的角色及其所发挥的作用，就必须深入地剖析历代人民所秉持的生活方式的方方面面，举凡社会、经济、精神、宗教信仰、文化教育、风俗习尚等，都是我们这部著作所要体现的重要内容。

再次，我们这部中国海洋文明发展史，虽然把论述的核心放在海洋活动中的"人"，但是中国自秦汉以来就是一个中央集权制国家，国家

---

① 朱勤滨：《海洋史学与"一带一路"——访杨国桢教授》，《中国史研究动态》2017年第3期。

制度对政治、社会、经济、文化等各个方面都具有不可替代的强制力，而传承了两千多年的儒家文化等上层意识形态，同样也对中国历代的政治、社会、经济、文化等各个方面的发展起到不可忽视的影响作用。中国的海洋文明发展进程同样也是如此，无论是汉唐时期政府主导的"朝贡体系"，还是宋明以来民间私人海上贸易与海外移民的兴起，无不在相当程度上受到国家政府的制度设计和制度约束，从而在不同程度上影响着中国海洋文明发展的历史进程。特别是明清以后，国家政府对民间私人海上贸易活动及海外移民活动基本采取了压制的政策，对中国海洋文明的国际化进程产生了一定的阻碍作用。中国历代政府与中国海洋文明发展的这种复杂又多元的关系，以及中国传统儒家文化、道德观念对中国海洋文明发展历程所产生的影响力，无疑是我们在探讨中国海洋文明发展史及中国海上丝绸之路历史文化时应关注的内容。

最后，关于中国海洋文明发展历史，虽然最初海洋活动的产生是基于海岸线上的生产生活活动，如捕捞、养殖以及沿着海岸线的短途商业活动等，但随着海洋活动的扩展与进步，中国的海洋活动势必从海岸线走向大海，走向东南亚、南亚、中东以至欧洲、美洲各地。因此，中国海洋文明发展史，无疑是中国海洋活动不断向大海拓展活动空间的历史，而这一历史发展进程，就不单单涉及中国一个国家或地域的问题，而是涉及双向的国际问题。我们现在论述中国海洋文明发展史，总是脱离不了中国海上丝绸之路的话语，这正说明了中国的海洋文明发展史，是与中国海上丝绸之路的发展史紧密联系在一起的。海上丝绸之路是亚洲海洋文明的载体，不是中国一家独有的。从文化视角出发，海上丝绸之路可阐释为"以海洋中国、海洋东南亚、海洋印度、海洋伊斯兰等海洋亚洲国家和地区的互通互补、和谐共赢的海洋经济文化交流体系"。在某种意义上，海上丝绸之路是早于西方资本主义世界体系出现的海洋世界体系。这个世界体系以海洋亚洲各地的海港为节点，自由航海贸易为支柱，经济与文化交往为主流，包容了各地形态各异的海洋文化，形成和平、和谐的海洋秩序。中国利用这条海上大通道联通东西洋，既有主动的，也有被动的成分；沿途国家加入海上丝绸之路的运作，不是中国以武力强势和经济强势胁迫的。从南宋到明初，由于造船、航海技术

的发明和创新，中国具有绝对的海上优势，但中国并不利用这种优势追求海洋权力，称霸海洋。所以海上丝绸之路自开辟后一直是沿途国家交往的和平友善之路，直到近代早期欧洲向东扩张，打破了亚洲海洋秩序，才改变了海上丝绸之路的和平性质。海上丝绸之路作为历史的符号，覆盖了西太平洋和印度洋的地理空间，代表传统海洋时代和平、开放、包容的精神和文化。① 从这样的思路出发，我们对中国海洋文明发展史的认识，应该是具备国际视野的。从某种意义上或许可以说，中国的海洋文明发展史，也是我们海洋先民的足迹不断地向海外跋涉迈进的历史。这一点，同样是我们在这系列专著中力求表达的一个重要部分。

从以上的学术思路出发，我们撰写的"中国海上丝绸之路通史"丛书，应该是一套能充分体现中国历史上海洋事业与海上丝绸之路的纵向发展与横向发展的全方位的史学著作。也就是说，这批著作一方面较详尽地阐述了中国自先秦至民国时期海上事业与海上丝绸之路的发展概貌，另一方面也对各个历史时期中国海洋事业与海上丝绸之路发展阶段的主要特征进行专题性研究。其次，我们必须把研究的视野从中国本土逐渐向世界各地延伸，而不能局限于中国本土，不能仅仅以中国人的眼光来审视这一伟大的历程。我们必须追寻我们华侨先人的足迹，他们不惧汹涌的波涛，走向世界各地，从而为中华文化的对外传播，为世界各地的社会发展作出巨大的贡献，他们与祖籍家乡保持紧密联系、始终与祖籍家乡同呼吸共命运。中国海洋文明发展史与海上丝绸之路历史与文化的世界性，是该系列专著要表达的一项重要内容。其三，以往对中国海洋文明发展史及海上丝绸之路的研究都只关注社会经济活动，而事实上中国海洋事业与海上丝绸之路的发展演变过程除了包含社会经济活动，还包含文化、思想、教育、宗教等方方面面的上层建筑领域的内涵。因此，该系列专著还包括政治制度、文化精神等方面的内容，探索中国海洋社会经济发展的基本历程及其与文化等上层建筑领域的相互关系，寻找中国海上丝绸之路的文化意义及其对世界的重要贡献。

---

① 杨国桢、王鹏举：《中国传统海洋文明与海上丝绸之路的内涵》，《厦门大学学报（哲学社会科学版）》2015 年第 4 期。

当然，要比较全面而清晰地反映中国海洋文明发展史及海上丝绸之路历史文化，并不是一件简单的事情，没有一定的篇幅，是不足以反映中国海洋文明发展史及海上丝绸之路历史文化的全貌的。因此，我们联络了厦门大学、中国人民大学、闽南师范大学、福建中医药大学、闽江学院等多所高等院校的研究学者，分工合作，组成撰写 20 卷作品的研究队伍。我们从中国海洋文明发展史及海上丝绸之路历史文化的纵向和横向两个方面，进行多视野、多层次的探讨，经过三年多的努力，终于完成了这套数百万字的著作。我们希望这套专著能把两千年来的中国海洋文明发展史及海上丝绸之路历史文化，特别是把从事海洋事业、构筑海上丝绸之路的一般民众艰辛奋斗的历史，以及把中国传统文化传播到世界各地，推动世界文明多元化前进的本真面貌，呈现给广大读者。

　　我们深切知道，要全面深入地呈现中国海洋文明发展史及海上丝绸之路历史文化，单凭这样一套专著是远远不够的。由于我们的学力有限，这部多人协作完成的专著一定还存在不少缺点和错误。我们希望借这套专著的出版问世之机，向各位方家学者求教，希望得到方家学者的批评指正，以促使我们改进，并与海内外有意于研究中国海洋文明发展史及海上丝绸之路历史文化的同仁们一道探索，一道前进，共同促进中国海洋文明发展史及海上丝绸之路历史文化的学术研究更上一层楼。

陈支平
2022 年 10 月

总
序

目录

前　言

　　"海上丝绸之路"是东西方经济、政治、文化交流的重要通道，历经两千多年的"海上丝绸之路"文化为人类文明发展作出了巨大贡献。明清时期的中国海洋文化是这条全球性文化线路中不可缺失的角色。15世纪之后，东西方世界之间的经济、贸易、文化交流日益频繁，中国东南沿海地区成为连接世界贸易网络的重要一环。从明代中叶起，中国东南沿海汇集了东西方各股海洋力量，是中国海洋文明对外传播和东西方文明碰撞交融的重要桥头堡。隆庆初年（1567），明朝政府在福建漳州月港设置海澄新县，实行部分开放海禁政策，准贩东西二洋，月港成为唯一合法的民间海外贸易港口。此后，明朝政府在此设置督饷馆，征收商税，是近代海关的先声。中国海商日渐活跃在南中国海，通过与西班牙、葡萄牙以及荷兰等西方人的贸易往来，将国内市场与世界联系起来。伴随着台湾问题的解决，清朝政府开始探索经略海洋，设置海关，其海洋政策走过了艰难历程。

　　本书在明清时期海上丝绸之路兴起、发展的历史背景下，从中国东南海洋社会本身的发展状况出发，重新审视明清时期中国海洋政策的历史演变，探讨和研究中央与地方各级政府，特别是沿海官绅、普通百姓等人群在海洋政策变迁中的作为和影响，研究他们之间的互动关系，以期对当前国家"一带一路"重大倡议和建设"海洋强国"战略有所

裨益。

众所周知，明朝自朱元璋开朝以来，便制定了"寸板不许下海"的基本国策，海禁成为明朝政府海洋政策的基调。然而，中国历史发展到明代，东南海疆早已不是先前时期止于陆地的概念，中央政府开始逐渐重视东南海域。笔者认为，虽然刚开始，明清两朝中央政府在面对不熟悉的海洋社会时，制定出的相关政策，比如厉行海禁政策，并不符合地方社会的实际情况，但是后来随着形势的发展，在地方官员、士绅和普通百姓的努力下，中央政府逐渐对地方的具体情况有了比较深刻的了解，开始对以往的政策进行反思并加以调整，力图稳住东南海疆。此后，在各级官府"摸着石头过河"的具体实践下，月港以开海为依托，贸易经济得到空前发展，被誉为"天子南库"，士绅、海商也得以共享开海成果。到了清代，清朝政府针对下南洋和过台湾陆续出台了一系列措施，期间百姓们以不同的方式挑战着政策权威，士绅也不断地向政府建言献策。这一过程，有过反复，也有过挫折，但是明清政权总体上存在探索经略海洋的积极趋向，并非从海洋上退缩，其进步价值不可忽视。

明清以降，中国东南沿海地区出现了一大批带有鲜明时代特征的地方官绅，他们通常具有双重身份：一方面，作为朝廷官员，他们的一言一行与中央政府保持着一致；另一方面，作为地方士绅，他们的身上还代表着地方海洋社会的经济利益。这些士绅是明清各级政府海洋政策相关问题的重要顾问，其言行足以影响政策走向，有些士绅甚至直接任职于沿海地区，在实践中制定出一系列行之有效的措施。与此同时，在海洋社会中，士绅与海商互有交叉，有些士绅除了身负维护王朝统治责任之外，他们本身或其家族成员同时也是海商，与海商形成了命运共同体。在这一过程中，海商逐渐成为明中叶之后推动中国海洋发展的重要因素，对外展现和传播了友好往来、平等合作、互利共赢的中国形象，是中国海洋文明的直接践行者。

本书充分吸收了学术界已有的研究成果。在本书的写作过程中，离不开师友们的鼓励与帮助，厦门大学陈支平教授为本书的策划、写作和最终定稿提出了指导性意见，并将其列入国家出版基金项目"中国海上丝绸之路通史"丛书；多年来，我的导师王日根教授的学术教诲一直萦绕耳边，鞭策我不断前行；鹭江出版社的林淑平老师、兰天铃老师、齐艳艳老师亦为此做了大量细致的工作；硕士生高静、邹君露给予了很大帮助。在此，我对他们致以深深的谢意！

在相关图片的搜集和整理过程中，闽南师范大学施沛琳教授、厦门大学陈瑶副教授、漳州市博物馆陈列与研究部林登山副馆长、龙海区博物馆郑云馆长、平和县博物馆杨征馆长等人给予了很大的支持和帮助，在此一并致谢！

第一章
明朝初年的海洋政策与中外贸易

第一节　明朝初年的海洋政策

一、以中国为中心的朝贡贸易体系

明太祖朱元璋于 1364 年，在太仓黄渡设立市舶司，"掌海外诸蕃朝贡市易之事"。① 洪武元年（1368）十二月，朱元璋遣使前往高丽、安南。洪武二年（1369）正月，又遣使以即位诏谕占城、安南、爪哇、浡泥、三佛齐、真腊等东南亚国家，宣布明朝"正统"，并邀请这些国家遣使入明朝贡。二月，再次遣使到这些国家，以玺书、织金绮缎、纱罗赐诸国王，敦促其尽快入明朝贡贸易。为了显示友好，朱元璋又把安南、占城、真腊、暹罗、苏门答腊、爪哇、彭亨、三佛齐、浡泥等 15 个国家列为"不征之国"。② 1370 年，明朝政府罢太仓黄渡市舶司，改设浙江、福建、广东三市舶司。1374 年，又罢三市舶司，实行严厉的"寸板不许下海"的海禁政策，只允许在"朝贡"的名义下与外国发生交往。

朝贡体系，包括遣使、册封、封山、赏赐等一系列活动。明朝初

---

① ［清］张廷玉等：《明史》卷七五，第 1828 页。
② 和洪勇：《明前期中国与东南亚国家的朝贡贸易》，《云南社会科学》2003 年第 1 期。

年，朝贡贸易有互惠交换和市场交易两部分，大致可以分为四种类型：一是朝贡贸易中的朝贡给赐贸易；二是朝贡贸易中的官方附带商品交易；三是遣使出洋直接进行贸易；四是私人贸易。朝贡物品与给赐物品的交换是一种政治意义大于经济意义的贸易交换形式，因此它被充分赋予了"厚往薄来"的原则精神。除了朝贡物品，还有各国国王或使臣的附进物品，以及附搭来华的商贸交易物资。这部分物品，明朝政府称为"附至番货"或"附搭货物"，由海外国家带到中国进行贸易，占有相当大的比例，分别于京师会同馆和市舶司所在地进行贸易。大致来说，明朝政府对此采取的是"关给钞锭，酬其价值"的办法。①

海外各国来华朝贡，贡期和贡道都有明确的规定。根据《明会典》的记载，洪武八年（1375），谕安南、朝鲜、占城等国三年一贡。因为朝鲜与明朝政府的关系特别密切，允许其一年一贡。洪武十六年（1383），明朝政府开始实行勘合制度，即发给朝贡国前来朝贡的凭据，用来防止海商借朝贡从中谋利。根据《明太祖实录》的记载：洪武十六年，"遣使赍勘合文册，赐暹罗占城真腊诸国。凡中国使至，必验勘合相同，否则为伪者，许擒之以闻。"② 每一朝贡国的勘合有二百道号簿，四扇。如暹罗国暹字勘合一道，及暹罗字号底簿各一扇，由内府收藏。罗字勘合一百道及暹字号簿一扇颁给暹罗国带回，罗字号簿一扇由广东布政司收藏。每改元，则更造换给。③ 贡使所带物品，分贡品和私物两种。贡品由贡使代表其国王奉献给中国皇帝，中国皇帝则对其大加赏赐。贡品最多的是暹罗，有56种；最少的是阿鲁，只有两种。根据《明会典》的记载，暹罗国进献的贡品有60多种，主要为暹罗本地土产及奇珍异宝。《暹罗馆译语》中收录了30个贡品词汇：（花木门：18词）米、苏木、乌木、胡椒、速香、木香、树香、藤黄、豆蔻、降香、丁香、马前、枫

---

① 万明：《郑和下西洋与亚洲国际贸易网的建构》，《吉林大学社会科学学报》2004年第6期。

②《明太祖实录》卷一五三，中研院历史语言研究所，1962，第2399页。

③ 汤开建、田渝：《万历四十五年田生金〈报暹罗国进贡疏〉研究——明代中暹关系史上的一份重要的中文文献》，《暨南学报（哲学社会科学版）》2007年第4期。

子、儿茶、阿魏、柴梗、沉香、乌药；（珍宝门：9 词）象牙、犀角、玳瑁、猫眼儿、石榴子、金刚钻、金、铅、锡；（鸟兽门：3 词）象、孔雀、猿。这些词汇在其他中国古籍中都能找到相互的印证。另外，《暹罗馆译语》中还收录了 15 个回赐品词汇：（珍宝门：5 词）金、银、铜、铁、印；（衣服门：10 词）帽、鞋、袜、衣服、纱、罗、缎、绢、织金、剪绒。这些词汇在其他中国古籍中也能找到相互的印证。[①]

永乐元年（1403），明成祖朱棣下诏恢复泉州、明州、广州市舶司。与此同时，连续遣使至安南、爪哇、苏门答腊、暹罗、占城、真腊、满剌加等国，赐诸国王织金文绮、纱罗、彩绢等物，邀其入明朝贡。当时，明朝政府谕令琉球二年一贡，每船百人，多不过百五十人。贡道由福建闽县。暹罗和爪哇三年一贡，贡道由广东。有的则是五年一贡。日本则因"倭寇"问题，永乐时期虽然恢复了朝贡关系，但只允许其十年一贡，船两只，人不过二百，贡道由浙江宁波。[②] 永乐三年（1405），泉州、明州、广州三市舶司还专门设立驿馆，各置驿丞一员。泉州驿馆曰来远，浙江曰安远，广州曰怀定，主要接待日本、琉球、占城和西洋各国来华使者蕃商。永乐六年（1408），还添设交趾、云南提举司，从事朝贡贸易管理。

永乐时期，明朝政府还制定了详细的赏赐条例：除了对其国王、王妃进行赏赐外，对贡使使团成员都按级行赏。这些市舶司的职责主要是掌管朝贡贸易之事，具体做法是：贡船进港后，配合察院、行都、布按三司验明勘合，确认贡期无误后，将贡物封钉，将贡使接进馆驿安歇，严加看管，不许擅自出入及交通贸易违禁货物；然后再把贡物启封盘验，搬入进贡厂捆扎打包，待接到朝廷命令后，即召集役夫将贡物运送入京。对于进京的朝贡使者，明朝政府不准他们同中国人随便接触，以防止发生相互勾结或泄漏事件。当时，在北京设有专门接待朝贡使者的南北两会同馆，朝贡使者一住进会同馆便失去行动自由，按规定五天放

---

① 刘俊彤：《从〈暹罗馆译语〉看明清时期中泰贡赐关系》，《东南亚纵横》2015 年第 5 期。

② 晁中辰：《论明代的朝贡贸易》，《山东社会科学》1989 年第 6 期。

出一次，其他时间不准擅自出入。然而，琉球却不受此规限制。明朝政府不仅大量赏赐琉球，而且对琉球贡使所携带的私物也给予免税待遇，甚至琉球使者在北京会同馆与中国商人的交易也不受五天之限。①

此外，对朝贡使者的交易亦仅限制在会同馆里进行，规定赏赐后可在会同馆开市五天，由会同馆官员指定铺行人等持货入馆，两平交易。铺行是由官方指定的，因此在各个方面都须受到限制，这样的"交易"很少受到市场规律的调节。贡使出卖的是由官府拣剩的残余物品，货色粗劣，数量有

泉州通淮关岳庙

限，而铺行带进去的是一些所谓"不系违禁货物"的货品，品类、价格均有限制。因此，经常出现供求两不相投，所卖非所需的现象。有的贡使为了达到自己的目的，结果造成被人赊卖，久不还账。贡使延住经年，酗酒、闹事、残杀等弊病层出不穷。然而，由于这种做法便于官方对海外贸易的控制和垄断，故不仅在北京会同馆实行，后来也在主要的海外贸易港口浙江、福建、广东等地实行。②

根据记载，洪武年间海外各国与中国往来"凡三十国"。到永乐时，朝廷先后派遣规模空前的郑和使团七下西洋，"通西南海道朝贡"，使朝贡贸易达于极盛。郑和下西洋，极大地推动了朝贡贸易的发展。到永乐二十一年（1423），出现了西洋古里、忽鲁谟斯、锡兰山、阿丹、祖法儿、剌撒、不剌哇、木骨都束、柯枝、加异勒、溜山、南渤利、苏门答

---

① 白晓东：《略论琉球的中国移民问题——从谱牒资料记载移民琉球谈起》，《华侨华人历史研究》1992 年第 4 期。

② 李金明：《明代广东三十六行新论》，《学术研究》1988 年第 3 期。

腊、阿鲁、满剌加等 16 国派遣使节 1200 人到明朝朝贡的盛况。① 根据《明会典》和《皇明祖训》的记载，明初经广州领取勘合登陆进行朝贡贸易的有日本、朝鲜、暹罗、占城、利加、苏禄、浡泥、古里、古麻喇、爪哇、真腊、柯枝、锡兰山、苏门答腊、榜格兰等 17 个国家和地区。②

根据《明会典》记载，暹罗贡期为三年一次，贡道由广东。③ 暹罗使团由海路而来，经广东入京朝贡。根据不完全统计，在整个明代（1368—1644）暹罗使臣来中国访问 102 次，明朝遣使访问暹罗 19 次。暹罗使节来访，受到明朝政府的亲切接待，既设宴欢迎，又遣官护送离京回国，还赠送许多礼物。④ 使臣到达广东后，由广东布政司官员代为奏报，后派官员护送进京。因此，《暹罗馆译语》中收录的唯一的中国行政机构名称就是广东布政司。⑤《暹罗馆译语》全书共收录了 594 个词汇，与朝贡直接相关的有 236 个，约占总数的 40%。暹罗馆的设立源于明成化二十三年（1487）暹罗国王遣使进贡金叶表文时不再使用传统的通用文字"回回字"，而改用本国"番字"（暹文）。明朝无人认识番字，有碍天朝大国形象。因此，于万历七年（1579）设立暹罗馆，成为四夷馆中培养暹罗语翻译人才的专门机构。通事的主要职责是口译，行走于鸿胪寺、会同馆等地；正式的国家文书则由四夷馆负责笔译。

明代前期，海南在明代外番朝贡中，起到了重要的作用。根据统计，南海诸国经由海南朝贡的国家涉及暹罗、占城、满剌加等国。海南成为东南亚诸国朝贡的中转站。然而，至迟至明代正德之后，南海诸国的入贡道路，不再以琼州为中转。其直接原因与嘉靖之后倭寇、海盗竞相扰动，海南周边海域不靖有着直接关系。根据规定，"凡番贡多经琼

① 《明太宗实录》卷二六三，第 5225 页。

② 黄启臣：《明代广州的海外贸易》，《中国经济史研究》1990 年第 4 期。

③ ［明］李东阳等：《明会典》卷一〇五《朝贡一》，广陵书社，2007，第 571—575 页。

④ 张莲英：《明代中国与泰国的友好关系》，《世界历史》1982 年第 3 期。

⑤ 刘俊彤：《从〈暹罗馆译语〉看明清时期中泰贡赐关系》，《东南亚纵横》2015 年第 5 期。

州，必遣官辅护""各遣指挥、千百户、镇抚护送至京"。"遣官辅护"保护了贡献者的利益，同时也加大了海南地方政府的开支。为了改变这一局面，明正统二年（1437），琼州知府程莹奏请，占城国每岁一贡，水陆道路甚远，使人往复，劳费甚多，乞依暹罗等国例，三年一贡。至是，占城国使臣逋沙怕麻叔等陛辞，上命赍敕谕其国王曰："王能敬顺天道，恭事朝廷，一年一贡，诚意可嘉。比闻王国中，军民艰难，科征繁重，朕视覆载一家，深为悯念。况各番国俱三年一贡，自今以后，宜亦如之。"① 至此，占城每岁一贡的局面才得到扭转。②

朝贡贸易自明初实行，到隆庆初年基本瓦解，前后延续了 200 年之久，对中国社会产生了重大的影响。③ 中国自古以来便是东亚贸易圈的中心，在中国传统政治文化基础上建构的贸易关系，是东方贸易结构不同于西方的特点。15 世纪初，明朝建立的朝贡体制，使官方贸易走向极致，朝贡贸易发展到顶峰，朝贡体系起到整合东亚区域贸易的作用，是东亚区域合作的一个开端，标志着东亚贸易进入一个新阶段；同时，区域合作推动了移民热潮和区域开发，具有稳定和发展的功能。在西方人东来之前，东亚已经完成了区域整合。更为重要的是，中国与东亚各国的贸易关系，是建立在儒家文化协和万邦的基础之上，具有极为深远的影响和意义。④

二、"寸板不许下海" 的海禁政策

早在洪武四年（1371），明太祖朱元璋出于对抗其政敌方国珍、张士诚的考虑，曾经下令将方、张二人所属的兵民内迁，同时将兰秀山中没有田粮的老百姓都充当船户，编入卫所，以加强对他们的管理。除此之外，朱元璋还下令禁止濒海百姓私自出海。"诏吴王左相靖海侯吴祯，

---

①《明英宗实录》卷三一，第 623 页。

② 张朔人：《海上丝绸之路变迁与海南社会发展》，《南海学刊》2015 年第 1 期。

③ 晁中辰：《论明代的朝贡贸易》，《山东社会科学》1989 年第 6 期。

④ 万明：《15 世纪中国与东亚贸易关系的建构》，《明史研究》2003 年第八辑。

借方国珍所部温、台、庆元三府军士及兰秀山无田粮之民尝充船户者，凡十一万一千七百三十人，隶各卫为军，仍禁濒海民不得私出海。"① 并且规定马、牛、军需、铁货、铜钱、段匹、细绢、丝绵等海外畅销的物品，严禁出海。紧接着，洪武十四年（1381）九月，明太祖再次下令"禁濒海民私通海外诸国"。② 洪武二十三年（1390）十月，太祖再次诏令户部重申严禁百姓交通外番的命令："诏户部申严交通外番之禁。上以中国金银、铜钱……兵器等物，自前代以来不许出番，今两广、浙江、福建愚民无知，往往交通外番，私易货物，故严禁之。沿海军民官司纵令私相交易者悉治以罪。"③ 洪武二十七年（1394），他又下令严禁民间使用海外各种产物："禁民间用番香番货……凡番香番货，皆不许贩鬻，其见有者，限以三月销尽，民间祷祀，止用松柏枫桃诸香，违者罪之"，④ 以此杜绝一切海外私贩的可乘之隙。

由此可见，早在明朝刚建立后不久，朱元璋就多次颁布禁止百姓私出海外、交通外国的法令。可以说，朱元璋时期的明朝政府早就已经定下了"寸板不许下海"的基本国策，在此后近两百年的时间中，海禁一直是明朝政府海洋政策的基调。当然，每个时代的海禁政策的执行效果是不一样的，有时极为严厉，有时相对宽松。然而，私人海上贸易并未被阻断，番商海舶还是会想方设法地到中国进行贸易。他们或者跟随贡使的航船，乘间售其货物，所谓"海外诸番与中国往来使臣不绝，商贾便之"；或者冒称贡舶以求通商。如，洪武七年（1374），暹罗国沙里拔携带苏木、降香、兜罗绵等物，抵达海南，自称其国王令其朝贡，但却无勘合为证；或者经私赍货物，将载货舶船停靠私澳，伺机入为市易。明代海南没有设市舶司，故企图偷漏税银的商船经常在该海域寄泊。⑤

---

① 《明太祖实录》卷七〇，第 1300 页。
② 同上书，卷一三九，第 2191 页。
③ 同上书，卷二〇五，第 3067 页。
④ 同上书，卷二三一，第 3373—3374 页。
⑤ 张雪慧：《明代海南岛的进出口贸易》，《中国社会经济史研究》1991 年第 4 期。

明成祖朱棣登基之后，于永乐二年（1404）正月再次针对福建沿海地区百姓私载海船交通外国的现象重申了海禁的原则："禁民下海，时福建濒海居民私载海船交通外国因而为寇，郡县以闻，遂下令禁民间海船。原有海船者，悉改为平头船，所在有司防其出入。"① 明成祖为了杜绝这一现象的继续发生，下令禁止民间修造可以出洋行驶的海船，而原来已经存在的海船则要全部改为平头船，使之无法出海进行远洋活动。

明代实行海禁政策之后，东南沿海地区，尤其是"闽之福、兴、泉、漳，襟山带海，田不足耕，非市舶无以助衣食"，贩海为生，"恬波涛而轻生死"的老百姓没有了生计来源。虽然明朝政府针对百姓出洋的社会现象多次重申海禁命令，但是不管是地方官员还是普通百姓都屡犯禁令。与此同时，海外诸国的"朝贡"动机是寻求政治保护或经济利益，"虽云修贡，实则慕利"。一些国家往往不按贡期，一岁数贡，使明廷"劳费太甚"，穷于应付。明正统以后，国势日衰，财政紧张。② 因此，明朝政府无法继续实行"厚往薄来"的朝贡贸易方针，对各国来贡加以限制，而对海外各国来说，航海人员难以多得贡物，出现了贡使逐渐稀少的局面，使得明代朝贡贸易日薄西山。

第二节　郑和下西洋

一、郑和下西洋及其影响

早在宋元时期，以海为生的福建人已经开辟了从沿海出发前往琉球的民间航道。当时，"福建市舶专隶福州，惟琉球入贡，一关白之，而航海商贩尽由漳、泉。"③ 在明代，福建地区是重要的造船基地之一。当

---

① 《明太宗实录》卷二七，第498页。
② 李庆新：《明代海外贸易制度》，社会科学文献出版社，2007，第81—82页。
③ 《明神宗实录》卷八一，第137页。

时，大片的原始森林覆盖着沿海的港湾，产木多，所造海船工艺先进，装备精良，其船高大坚固，具备良好的航海性能。明代福建的官营和民营造船遍布于滨海区域和内河流域。福州、兴化、泉州、漳州、福宁等滨海地区则是官、私营造船业的中心。按照明朝政府的规定，如新造海运船只，须在产木、用水便利的地方，差人打造。当时，福州不但是全省战船的建造中心，而且也是官用民船的建造基地。洪武二十年（1387），官府在福州河口设官营造船厂。同时，福建也是郑和七次下西洋的一个重要造船基地。当时明朝政府准备下西洋之前，曾经下令福建督造船只，例如"永乐元年五月……命福建都司造海船百三十七艘"①；"永乐二年正月……将遣使西洋诸国，命福建造海船五艘"②。他们在福州造船、修船、补给供养、添购物货、招聘人员等，这在

福船模型（泉州湾古船陈列馆）

泉州湾石湖港打捞的明初四爪铁锚
（泉州湾古船陈列馆）

①《明太宗实录》卷二〇，第356页。
②《明成祖实录》卷二六，第682—683页。

一定程度上也促进了福州造船业和商业贸易的发展。①

自明永乐三年（1405）至宣
德八年（1433），郑和率领船队
七次下西洋，历时二十八年，
遍及亚洲、非洲三四十个国家
和地区，书写了世界航海史上
的伟大篇章。日本学者松浦章
在中国第一历史档案馆收藏的
《武职选簿》《福州右卫选簿》
《天津卫选簿》《锦衣卫选簿》
及地方志《天启海盐县图经》

福船模型

中发现关于郑和下西洋的武职人员的史料，并对其中的 62 名人员情况
作了介绍。这些随员中很多出行两次以上，他们都是航海经验丰富
的人。②

当时，漳州府人王景弘是郑和的重要助手，并于第七次下西洋返航
途中，在郑和逝世于古里后率领大明船队安全返航。《明史》卷三○四
《郑和传》记载："永乐三年六月，命和及侪王景弘等通使西洋。"费信
《星槎胜览》记载："太宗文皇帝继统，文明之治格于四表，于是屡命正
使太监郑和、王景弘、侯显等，开道九夷八蛮，钦赐玺书礼币。"③ 郑和
本人于宣德六年（1431）亲立的《娄东刘家港天妃宫石刻通番事迹碑》
和《天妃之神灵应记》中也都称王景弘为正使太监。由此可见，在下西
洋使团中，王景弘与郑和都处于正使地位。王景弘凭借自己的才能成为
下西洋使团的正使，足见其是一位有胆有识有智有谋的航海家。④ 他对
明初远航的贡献不亚于郑和，作为一个闽南人，他能以闽南话和水手、

---

① 吴永宁：《略述明代福建对琉球造船发展之影响》，《临沂大学学报》2011 年第 4 期。
②［日］松浦章：《明清时代东亚海域的文化交流》，郑洁西等译，江苏人民出版社，
2009，第 33—41 页。
③［明］费信著、冯承钧校注《星槎胜览校注·星槎胜览序》，中华书局，1954，第
11 页。
④ 陈琦：《王景弘简论》，《海交史研究》1987 年第 1 期。

火长直接交流，而且比郑和
更熟悉航海，是郑和船队中
不可缺少的人物。郑和死
后，他又受命第八次航海，
为死于中国的苏门答腊使者
报信。据《明史》记载，王
景弘在这次航海中，将苏门
答腊国王的弟弟哈尼者汗带
回中国，朝拜大明天子。①
当时，漳州卫将士杨振
（震）、王敬忠、周信、周
用、康成、徐子禄、常斌、
刘伯名、刘忠义，镇海卫祝
铭、曹义、郭兴、陆祥、毛
荣、廖芳、李赤、郑进、郑
良曼、陈清、汪亚记、陈剪
儿、陈荣、王诸儿、王友
荣、岳崇、王懋等人也参与
了郑和下西洋的活动。②

明代镇海卫古城门

镇海城隍庙

在郑和下西洋的庞大舰
队中，有众多水手为闽南
人。通过这些航海行动，闽南人积累了丰富的航海知识和宝贵经验。巩
珍在《西洋番国志·自序》中写道：每次下西洋，"始则预行福建广浙，
选取驾船民梢中有经惯下海者称为火长，用作船师。"③ 当时的官府和航
海界有些人"主张行船之人断非漳人不可"，明朝册封琉球的封舟"须

① 徐晓望：《八次下西洋的王景弘》，《海交史研究》1995 年第 2 期。

② 陈自强：《郑和下西洋与漳州——纪念郑和下西洋 600 周年》，《漳州师范学院学报（哲学社会科学版）》2004 年第 4 期。

③ ［明］巩珍著、向达校注《西洋番国志》，中华书局，2006，第 6 页。

用漳人""多用漳人"，从天竺各国前往日本长崎的商舶，"其船主、火长皆漳州府人"。册封舟也多由闽南人建造，如万历七年（1579）册封的琉球使团正使萧崇业认为："漳、泉之匠，善择木料，虽舵牙、橹棍之类，必务强壮厚实"，封舟一般都"执造漳人过洋船式"。[①] 副使谢杰也说道："漳匠善制造，凡造之坚致赖之。"还有，白艚船是漳泉一带船厂所造，形制与福船相类似，"大者可载二三千石，中者可载七八百至一千石，下者可载五六百石，故福建多用之"[②]。这一时期的航海技术较之前代有了很大的进步。例如，广泛使用海图和航路指南，建立了具有航海推算与修正意义的针路系统，并在此基础上绘制了航海图；指南针的应用技术更为成熟，出现了专门记录详细针路的书籍；吸收了阿拉伯人的航海术，建立了过洋牵星系统。

司南

水罗盘

　　跟随郑和下西洋以及天顺年间随潘荣出使琉球的大量水手，为福建沿海地区的人民积累了大量的航海知识和经验。这些因素都为明代东南沿海地区海外贸易的发展提供了有利条件。此后，越来越多的闽南子弟沿着郑和、王景弘下西洋的航线，离开桑梓，到达异域，展开新的人生旅程。时至今日，漳州角美鸿渐村仍存有一座供奉郑和及王景弘的二太保庙，庙里面供奉两尊神像，黑红面居左的是郑和，粉红面居右的是王景弘。

---

① [明] 萧崇业：《使琉球录》卷上《造舟》，《台湾文献史料丛刊》第三辑第五十五册，台湾大通书局，1984，第93—94页。

② [清] 周凯：《厦门志》卷五《船政略》，台湾大通书局，1984，第151—184页。

案前有一个清代石香炉，正面刻有"太保公"三个字。

在郑和下西洋时期，郑和舰队多次驻泊福州港的外港——长乐太平港，并从福建长乐等地补充招募水手、舟师，打造船只，筹办货物，客观上促进了福州港与东南亚各地区，以及印度、非洲等地之间的贸易。①

角美鸿渐村二太保庙（漳州市博物馆供图）

郑和行香碑（漳州市博物馆供图）

天妃灵应之记碑（漳州市博物馆供图）

日本学者滨下武志强调亚洲自主性，曾在《近代中国的国际契机——朝贡贸易体系与近代亚洲经济圈》一书中明确指出朝贡贸易圈与

① 谢必震：《略论福州港在明代海外贸易中的历史地位》，《福建学刊》1990 年第 5 期。

近代亚洲经济圈的关系，该观点受到中国学术界的重视。其朝贡贸易体系理论立足于明清以降以中国为中心的朝贡关系，并指出与统治关系相比，朝贡体制的核心在于贸易关系。中国学者万明认为，郑和下西洋对手工业的促进作用有二：一是扩大朝贡贸易，冲击官营手工业，促使匠籍制度迅速瓦解，官营手工业也随之衰落；二是促进了商品经济的发展，助长了民间手工业的兴起。广东著名的冶铁中心佛山是明代兴起的四大镇之一，其发展历程就印证了这一说法。在西方殖民势力东来以前，15世纪初形成的亚洲国际贸易网是当时世界上最稳定、最繁盛的国际贸易网之一。它的形成与郑和下西洋密不可分。郑和贸易使团的远航持续了近30年，开通了海道，完成了中国对外交往从陆路向海路的重大转折，将"和番"与"取宝"结合在一起，给区域带来和平与秩序的同时，也在所到之地进行互惠互利贸易，促使国际市场繁荣，推动商业贸易兴盛及区域经济发展。由此，东西方商路大开。郑和下西洋后，民间私人海外贸易以及移民海外热潮兴起。一种以东方的航海模式、贸易模式和国际交往模式建构起来的亚洲国际贸易网繁盛了近一个世纪，直至西方殖民势力东来才有所改变。①

美国历史学家斯塔夫里阿诺斯主张运用全球观点来撰写世界历史，他明确指出公元1500年前后发生的一些事件对于世界历史发展有重要推动作用，认为15世纪地理大发现之后，随着欧洲的海外扩张使各地区的民族相互发生直接交往，世界历史的地区性阶段宣告结束。② 西方探险家、商人、传教士和移民的海外活动，标志着中世纪向近代的过渡，标志着世界历史由地区性阶段向全球性阶段的转变。③

从全球史观出发，15世纪之初，明成祖朱棣开始派遣郑和率领船队从苏州的刘家港出发，七次下西洋，创造了世界航海史上的伟大壮举。

---

① 万明：《郑和下西洋与亚洲国际贸易网的建构》，《吉林大学社会科学学报》2004年第6期。

② ［美］斯塔夫里阿诺斯：《全球通史：1500年以前的世界》，吴象婴、梁赤民译，上海社会科学院出版社，1999，第476页。

③ 同上书，第328页。

郑和下西洋，比 1488 年葡萄牙人迪亚士发现非洲最南端的好望角早了半个多世纪，更比 1521 年麦哲伦船队完成环球航行早了近一个世纪。郑和船队的规模及其航海技术，都是他们所不能及的。

总而言之，永乐年间，郑和七下西洋曾经到达过爪哇、苏门答腊、苏禄、彭亨、真腊、古里、暹罗、阿丹、天方、左法尔、忽鲁谟斯、木骨都束等三十多个海外国家和地区，最远还曾到达非洲的东海岸及红海地区。换句话说，在 15 世纪之初，中国的宝船就开始在南中国海和印度洋之间畅通无阻，中国的海上经营能力由此可见一斑。此后，中国人的足迹遍及印度洋和太平洋的众多国家和地区，乃至浩瀚大洋中星罗棋布的岛屿。

庄国土认为郑和下西洋的动机营造"万国来朝、四夷咸服"及"天朝"的气势，也是中央集权政府打击东南沿海民间贸易和海上流民的措施。其结果是宋元时期国人方兴未艾的海外拓殖为之中断，明朝政府也因此背向海洋，继续维持海禁政策。中央政府对东南沿海人民海外拓殖事业的敌视，是明清时期国人海外贸易与移民扩张的最主要障碍，使中国多次丧失向海洋发展的机会。[1] 台湾学者张彬村则以欧洲大航海时代为参照，从长期经济发展的角度来探讨郑和下西洋的历史意义。他认为郑和下西洋促使建立的朝贡贸易制度，导致了中国统制经济的强化与市场经济的弱化。郑和下西洋的船队空前庞大，而经济意义却无足轻重，甚至对中国经济，尤其是中国海洋经济的发展产生了严重的负面影响。[2]

值得注意的是，在郑和下西洋的庞大舰队中，有众多水手为闽南人。通过这些航海行动，东南沿海的老百姓积累了丰富的航海知识和宝贵经验。虽然郑和下西洋的辉煌没能继续下去，随着永乐皇帝的龙御宾天戛然而止，但是中国东南地区老百姓的海洋贸易活动一直暗流涌动。明朝中叶，中国人的海洋活动方兴未艾，西方国家开始进入古老中国的

---

[1] 庄国土：《论郑和下西洋对中国海外开拓事业的破坏——兼论朝贡制度的虚假性》，《厦门大学学报（哲学社会科学版）》2005 年第 3 期。

[2] 张彬村：《从经济发展的角度看郑和下西洋》，《中国社会经济史研究》2006 年第 2 期。

传统海洋区域，中西双方的商人们在南中国海相遇。西方人的到来给原本相对平静的海洋环境带来了新的变数，同时也带来了新的机遇。正当葡萄牙、西班牙、荷兰等西方国家不断积极地向东方进发的时候，中国仍在明朝政府的统治之下继续奉行"寸板不许下海"的海禁政策，官方海上活动偃旗息鼓，代之而起的是海上私人贸易的日益发展和繁荣。然而，一直到18世纪，中国海商集团还保持着在东亚水域的贸易优势。①

一些学者认为，郑和在下西洋之前，曾于永乐二年（1404）先行出使日本。有关郑和出使日本的史料，正史没有记载，但在《明史》成书之前，明清许多著述均有提及郑和出使日本，故中日两国史学界存在一定的争议。日本学者陈福坡就认为郑和下西洋前曾出使日本的说法缺乏史证，尚难得到确论。②

关于郑和下西洋终止原因的探讨，大多数学者将其归因于明朝的海禁政策，并得出中国从先进到落后的结论。然而，万明通过对中外历史文献的分析，提出是由于当时地缘政治经济格局发生了重大改变，郑和下西洋的行动促使满剌加兴起，东西方国际贸易中心集散地由亚欧大陆转移到海上，极大地拉近了与中国的距离。此后，从事海外贸易的中国海船不必再远航到印度洋即可购买海外物品。③

二、与亚非地区、东南亚的贸易往来

郑和七次下西洋，每次必经占城。占城是郑和船队出航后首先访问的国家，然后船队才南下经爪哇、苏门答腊至满剌加等国，并穿越马六甲海峡向西洋进发。占城也是向明朝朝贡最早、次数最多的国家之一。洪武二年（1369），占城开始向中国朝贡。根据《明实录》等史料记载，

① 张彬村：《十六至十八世纪华人在东亚水域的贸易优势》，载《中国海洋发展史论文集》第三辑，中研院中山人文社会科学研究所，1988，第345—368页。

② 陈福坡：《郑和下西洋前使日之探讨》，《北方论丛》1998年第2期。

③ 万明：《郑和下西洋终止相关史实考辨》，《暨南学报（哲学社会科学版）》2005年第6期。

明代占城朝贡次数以永乐年间最多。据统计，明太祖时期占城进贡 19 次，明成祖永乐年间占城进贡达 18 次。占城的贡品主要有象牙、犀角、伽蓝香、番布、乌木、降真香等方物特产，而明朝的赏赐主要有金织文绮、纱罗衣、瓷器、彩绢、黄金、白银、钞币、《大统历》等。除了朝贡贸易之外，明朝与占城之间的民间商业贸易也非常频繁。根据《瀛涯胜览》《西洋番国志》等书的记载，占城百姓喜爱中国的青瓷盘碗和纻丝、绫绢、烧珠等物。① 明朝前期是中国与占城一千多年贸易史中最后一个繁荣时期。之后，由于占城屡受安南侵犯，国势大衰，对中国的朝贡日益减少。根据《明史·本纪》和《明史·占城传》的记载，占城对中国的最后一次朝贡是嘉靖二十二年（1543）。1693 年，占城最终被安南吞灭。②

洪武二十年（1387），暹罗贡船违反明朝政府的规定，驶来温州互市，温州商民"市其沉香诸物"。如此通番之罪按律当处以死刑，但最终明太祖认为"温州乃暹罗必经之地，因其往来而市之，非通番也"。③ 最终，差官将暹罗商队送往京师朝贡。④

据不完全统计，明代安南向中国朝贡 83 次。其中，从洪武二年到二十九年（1369—1396）安南共朝贡 18 次。明朝政府感到安南来华朝贡的次数太多，洪武八年（1375）曾"谕安南、高丽、占城等国自今惟三年一来朝贡"。次年又重申"三年一贡，无更烦数"，并规定"来朝使臣亦惟三五而止，奉贡之物不必过厚"，但安南并"不从所谕"，广西拒纳，"又从广东来"，并且"多挟私货营利"。当时，中国商船将青瓷盘碗、纻丝、绫绢、烧珠等货物运到占城，占城人民"甚爱之，则将淡金换易"。安南顺化、广南一带，经常有福建、广东的商船运红铜来卖，"官为收买，每百斤给价四五十缗"。与此同时，明代中越之间还存在着专使贸易。

① 梁志明：《论占城在郑和下西洋中的历史地位与作用》，《南洋问题研究》2004 年第 4 期。

② 周中坚：《绵绵不断，山远水长——古代中越贸易的发展》，《东南亚》1991 年第 1 期。

③ ［清］张廷玉等：《明史》，第 8397 页。

④ 张振楠：《明代温州海洋贸易》，《温州职业技术学院学报》2014 年第 4 期。

例如，天顺六年（1462），明朝政府派遣太监柴升、指挥佥事张俊、奉御张荣到安南"收买香料"。① 也有一些学者提出，明朝时，安南并没有将朝贡贸易作为官方的正式贸易。明朝也没有在中越边境上设置类似市舶司的关税机构。换句话说，明朝赋予安南与其他藩国一样的政策，但安南政府并没有充分使用这些权利，而是安南使臣一直在利用入贡明朝的机会从事贸易活动。②

广船模型

郑和下西洋之前，满剌加只是一个渔村；而在郑和下西洋后，此地成了一个自由贸易的港口城市。英国学者霍尔指出：人们曾经说马六甲不是普通意义上的商业城市，而是中国和远东的产品与西亚和欧洲的产品进行交换的一个大集市。③ 葡萄牙人皮雷斯描述了在 16 世纪初所见到的满剌加繁盛的商业贸易景象，认为马六甲的广大及其所获利润之多，人们根本无法估计。他在书中这样写道："马六甲有 4 个沙班达尔，他们是市政官员。由他们负责接待船长们，每条船舶都在他们的权限之下听从安排……其中最主要的一个沙班达尔负责管理从古吉拉特来的船舶。另一个负责管理从科罗曼德尔海岸、孟加拉国、勃固和帕塞来的商人。第三个负责管理从爪哇、马鲁古群岛和班达群岛、巨港和吕宋等地来的商人。第四个负责管理来自中国、占城等地的商人。每个商人带着货物

---

① 周中坚：《绵绵不断，山远水长——古代中越贸易的发展》，《东南亚》1991 年第 1 期。

② 陈文源：《明朝与安南朝贡及民间贸易问题探析》，《江苏商论》2005 年第 7 期。

③ ［英］D·G·E·霍尔：《东南亚史》上册，中山大学东南亚历史研究所译，商务印书馆，1982，第 267 页。

或者商品信息来到马六甲，需要向沙班达尔申请进入他的国家。"皮雷斯还说，当时在马六甲的街道上行走，可以听到不下 84 种语言。①

在爪哇国，"买卖交易行使中国历代铜钱……最喜中国青花瓷器，并麝香、销金、纻丝、烧珠之类。"在占城国，"买卖交易，使用七成淡金或银，中国青瓷盘碗等品，纻丝、绫绢、烧珠等物，甚爱之，则将淡金换易。"而锡兰山国则对"中国麝香、纻丝、色绢、青瓷盘碗、铜钱、樟脑甚喜，则将宝石、珍珠换易。"② 跟随郑和出使西洋的马欢在《瀛涯胜览》中的"爪哇""巨港"条中，详细地记载了明初广东和福建的泉州、漳州等地的百姓在海外生活的情况："国有三等人，一等回回，皆是西番流落此地，衣食诸事皆清致；一等唐人，皆是广东、漳、泉等处人窜居此地，食用亦美洁，多有从回回教门受戒持斋者；一等土人，形貌甚丑异，揉头赤脚，崇信鬼教，佛书言鬼国其中，即此地也。人吃食甚是秽恶，如蛇蚁及诸虫蚓之类，略以火烧微熟便吃。家畜犬与人同品而食，夜则共寝，无忌惮。"③ 由此可见，在当时的印尼群岛上，有三种族群在活动，一种是信仰伊斯兰教的回回人，一种是从广东和福建漳州、泉州等沿海地区迁移出去的中国人，还有一种是当地的土著居民。

明代粤西沿海地区，从珠江口西岸到北部湾沿海，包括广州、肇庆、高州、雷州、廉州五府沿海和琼州，唐宋时期称之为"南道""南路"。该地区濒临南海，海岸线漫长，岛域、港口众多，在区位上是中国华南地区对中南半岛国家（特别是越南）海上交通的必经之地。与此同时，粤西沿海是个"民夷杂处"的民族杂居地区，密迩十万大山等深山老林，不少边海、岛屿经常处于失控状态，号称"难治"。明中叶以后，一浪接一浪的国际性走私浪潮与海盗活动不断冲击粤海，一批又一批国内外海盗武装进入粤西沿海及附近海域。

① 万明：《郑和下西洋与亚洲国际贸易网的建构》，《吉林大学社会科学学报》2004年第 6 期。
② 张民服：《郑和时代中国与周边国家的经贸关系》，《郑州大学学报（哲学社会科学版）》1995 年第 2 期。
③ ［明］马欢：《瀛涯胜览》，商务印书馆，1937，第 19—20 页。

粤西与安南海道相通，两国边民海上交往的历史十分悠久。明代安南与中国交通有三条线路：一由广西，一由广东，一由云南。广东与安南交通皆为海路，仍以钦廉为孔道。钦州淡水湾，南通大海，"往来舟楫于此汲水"；有乌雷岭，"独遗群山，亘出大海而近交趾""交船恒至此"。① 濒海边民交往既密，交趾民时常进入钦廉，盗采珍珠，复与中国民众相交结，最终发展到敌杀官军，发生叛乱的境地。成化五年（1469）七月，广东守珠池奉御陈彝奏："今岁五月，有黑船十余艘泛青婴、杨梅池，窃采蚌珠，闻其语音，乃交阯夷人，请敕安南国王禁治；户部议未可亟信，继而巡抚都御史亦为言；适安南国王黎灏遣使朝贡，曰：'就令赍敕往谕。'"②

当时，从琉球、暹罗、爪哇、日本诸国进口的金、银、铜、铝制品及玻璃、象牙、香料、硫磺、马刀等货物和福建等内地输出的土特产品、工艺品等，多经福建福州的南台河口进出。③

根据统计，当时东南亚各国运销中国的物品约有数十种，如象牙、玳瑁、犀角、玛瑙珠、珊瑚树、金镶戒指、金母鹤顶、白必布、西洋布、姜黄布、撒都细布、沉香、乳香、木香、树香、丁香、黄速香、紫檀香、降真香、金银香、花缦、蔷薇露、苏合油、乌爹泥、大枫子、没药、阿魏、乌木、苏木、番锡、盐以及黑熊、黑猿、鹦鹉、白鹿、锁鹿等，主要为各种奢侈消费品和珍禽异兽，这些物品主要是供明朝统治者享用。而中国输往这些国家的物品则多为瓷器、丝绸、绫罗、白金、铜钱、麝香、烧珠、樟脑、大黄、铁器等。④ 胡椒、沉香、龙脑、檀香、蔷薇水、龙涎香等西洋特产香料，是朝贡贸易的主要物品，逐渐形成了专门的香料贸易。龙涎香十分稀有，明朝政府所用香料中又以龙涎香最

---

① [明] 林希元：《钦州志》卷一《山川》，明嘉靖十八年（1539）刻本，第14页。

② 李庆新：《16～17世纪粤西"珠贼"、海盗与"西贼"》，《海洋史研究》2011年第二辑。

③ 吴永宁：《略述明代福建对琉球造船发展之影响》，《临沂大学学报》2011年第4期。

④ 张民服：《郑和时代中国与周边国家的经贸关系》，《郑州大学学报（哲学社会科学版）》1995年第2期。

佳，但库藏不多，寻找多年仍买不到，最后使者在海外购买到。

第三节　中国与琉球的交通与贸易

　　万明认为由于明王朝遭遇来自海洋的挑战——倭寇问题，因此海洋政策抉择之一是与琉球建立外交关系。无论是洪武五年（1372）的建交，还是迟至洪武十六年（1383）的册封，均与中日关系有着千丝万缕的联系。伴随着明初一系列海洋政策的展开，如航海外交、海路开通、封王赐印、海外移民、优惠朝贡、赠予海船等，均可见明太祖以琉球"作屏东藩"的战略考虑。明初特殊优惠政策培植了琉球海上力量，奠定了琉球日后在东亚海上的重要地位，也奠定了中琉两国长达 500 余年的友好关系。①

　　洪武五年（1372）正月，明太祖朱元璋遣杨载持诏谕琉球国，诏曰："自元政不纲，天下兵争者十有七年，朕起布衣，开基江左，命将四征不庭，西平汉主陈友谅，东缚吴王张士诚，南平闽越，戡定巴蜀，北清幽燕，奠安华夏，复我中国之旧疆，朕为臣民推戴，即皇帝位，定有天下之号曰大明，建元洪武。是用遣使外夷，播告朕意，使者所至，蛮夷酋长，称臣入贡。唯尔琉球，在中国东南，远处海外，未及报告，兹特遣使往谕，尔其知之。"② 同年十二月，琉球国中山王察度派遣其弟泰期随杨载首次来贡，所献方物中有胡椒、苏木、香料等东南亚物产。中琉双方自此建立封贡关系，两国之间的封贡贸易也随之展开。当时，琉球有中山、山南和山北三国鼎足而立。继中山王国与明朝建立正式的宗藩关系之后，山南、山北也先后奉表入贡，请求册封。宣德四年（1429），中山王尚氏统一琉球群岛，建立了琉球王国。此后，历代琉球"国王嗣位，皆请命册封"，并奉中国正朔，定期派遣使臣进京献表入贡。

　　册封关系是明朝与琉球国政治关系的充分体现。"琉球国凡王嗣位，

① 万明：《明代历史叙事中的中琉关系与钓鱼岛》，《历史研究》2016 年第 3 期。
②《明太祖实录》卷七一，第 1317 页。

先请朝命，钦命正、副使奉敕往封，赐以驼钮镀金银印，乃称王。未封以前称世子，权国事。"① 根据统计，自洪武五年（1372）至崇祯二年（1629），明朝对琉球进行册封总共有 16 次，派出的册封使臣计 29 人。② 这些册封使臣，按照明朝的规定，遣往安南、朝鲜者，以编修、给事中为使；遣往占城、琉球者，以给事中、行人为使。琉球国内也以册封使的到来为至荣，予以盛情接待。他们在那霸港距离海口三里多的册封使登岸处，建造了一个"迎恩亭"，以迎接册封使臣。在距"迎恩亭"一里许的地方，有一座"天使馆"，为册封员役驻扎之处。馆中有厅堂、廊房、楼阁、亭园、台榭、书室、小轩，范围宽广，与燕中的报国寺相似。馆内摆设的桌、椅、床、帐及碗、碟、杂物，俱照中国的做法。平时设有专人收贮在仓库，待册封使臣到时，才敢动用。对使臣的宴请亦定有条例，共有七宴：迎风宴、事竣宴、仲秋宴、重阳宴、冬至宴、饯别宴、登舟宴。③

琉球以种种名义接连来朝，如进贡、接贡、庆贺进香、报表、谢恩、请封、迎封、送留学生、报倭警、送返中国难民、上书等。由谁派遣也不相同，除国王外还有世子、王叔等都可以派遣使臣入贡。无论以何种名义入贡，开展贸易活动都是重要环节。在明朝长达 277 年的统治时期中，中国向琉球派遣使者达 20 余次，而琉球仅入明朝贡的航次就达 300 余次，其中还不包括以其他名义入明的船只。④ 琉球国"以海舶行商为业，西通南蛮、中国，东通日本"，其贸易船只穿织如梭，遍及暹罗、佛大泥、安南、苏门答腊、旧港、爪哇、巡达、朝鲜、日本等国家和地区。明初，政府在泉州设置福建市舶司，专管琉球贸易事务，后来移到福州。这种经济往来一直持续到清光绪五年（1879），日本以武力吞

---

① 吴永宁：《略述明代福建对琉球造船发展之影响》，《临沂大学学报》2011 年第 4 期。

② 李金明：《试论明朝对琉球的册封》，《历史档案》1999 年第 4 期。

③ 李金明：《明朝中琉封贡关系论析》，《福建论坛（人文社会科学版）》2008 年第 1 期。

④ 谢必震：《略论福州港在明代海外贸易中的历史地位》，《福建学刊》1990 年第 5 期。

并琉球后终止，历时大约 500 年。

对于国王及贡使的附搭货物，明朝政府为了显示天朝的恩泽，也常常给予豁免征税的优惠和高价收买的政策。由于琉球国王的附搭货物可以享受特殊优惠，所以每条进贡船都运来大批苏木、胡椒和番锡，多者数万斤，少者几千斤，以至于明朝政府无钱给价。为此，琉球贡使屡次要求给予铜钱。[①] 今福州仓山区白泉庵仍保留有琉球墓群。明代洪武至清代咸丰年间，凡在福州逝世的琉球贡使、船员、留学生等均集中埋葬于此。

洪武十八年（1385）正月丁卯，"赐琉球国朝贡使者文绮、钞锭，及以驼纽镀金银印二、赐山南王承察度、山北王帕尼芝。又赐中山王察度、山南王承察渡海舟各一。"[②] 这是《明实录》关于颁赐琉球国舟船的最早记载。正统四年（1439），琉球国中山王尚巴志奏，"近使者巴鲁等贡方物赴京，舟为海风所坏，缘小邦物料工力俱少，不能成舟，乞赐一海舟付巴鲁等领回，以供往来朝贡……上命福建三司于见存海舟内择一以赐，如无则以其所坏者修葺与之"。[③] 据使录记载，自嘉靖十三年到崇祯六年（1534—1633），在福建共建造封舟 5 艘。除了明朝赏赐的海舟之外，琉球国还乞请在中国自备工料造船、修船，甚至自行购买民船。

此外，册封使臣以及参与册封的各种技术人员极大地推动了琉球造船航海技术的发展。一方面，随同册封的工匠们将高超的造船工艺带入琉球。前往琉球的历届册封使臣在接受往使琉球的命令之后，必须到福建筹备建造册封舟事宜，并招募兵丁及其他工匠一同前往琉球。这些人中有官员、船员、从役以及士兵，人数大致在三百到七百人之间。而往返于福建与琉球两地主要靠风力而行，去必夏至，候北风而可归，在琉球至少可停留三个月至半年之久。因此，这些工匠有足够的时间在琉球与当地的工匠对航海造舟技术等问题进行切磋交流。另一方面，册封使

① 林仁川：《明代中琉贸易的特点与福建市舶司的衰亡》，《海交史研究》1988 年第 1 期。
②《明太祖实录》卷一七〇，第 2581—2582 页。
③《明英宗实录》卷五七，第 1103 页。

臣以及从客等在回国之后写下的使事记述中，也含有许多关于航海造舟方面的资讯。不仅如此，许多使臣还在使录中对封舟的建造、用人等问题提出了自己的看法。这些经验不仅为此后的册封提供了宝贵的经验财富，而且也为琉球造船航海工业的发展提供了重要的参考和借鉴。①

永乐元年（1403），明朝政府于浙江、福建、广东复置市舶司。其中，浙江设在宁波，专掌对日本的朝贡贸易；福建设在泉州，专管对琉球的朝贡贸易。永乐三年（1405），因海外诸国朝贡之使和随员越来越多，于是分别在三个港口设置馆驿，宁波曰安远驿，广州曰怀远驿，泉州曰来远驿。福建市舶司设提举一员从五品，副提举一员从六品，吏目一员从九品，还有通晓番文、精通礼法的土通事及门子、弓兵等。②

明代从福建沿海东航至琉球，是利用季风和水罗盘针定向航行。我国福建沿海以及琉球沿海是显著的季风区，冬夏盛行风向相反的现象特别显著。冬季以东北风最为盛行，西北风较少；夏季盛行偏南风，尤以西南风为最多。明人正是掌握了季风规律，才能横渡广阔的东海，进行政治联系、经济贸易和文化交流。因此，去琉球多在夏至前后，即农历五月，利用西南季风；来福建时多在冬至前后，即阴历十月、十一月，利用东北季风。③

正统年间，福州成为明朝与琉球官方交通往来的唯一口岸。明初凡外国入贡者皆设市舶司以领之，"在福建者专为琉球而设"。明朝政府为了更好地与琉球等国发展友好往来和进贡贸易，在南台河口建有"进贡厂"和"柔远驿"，专司进贡商品检验、装卸、储存、加工等业务。当时，福州河口成为"华夷杂处、商贾云集"的热闹地方，内外贸易繁荣。由于福建南台河口、江边等造船厂有一批造船技术高超的能工巧匠，包括木、铁、舱、油漆和编织工等，以及修造船只的材料、设备。

---

① 吴永宁：《略述明代福建对琉球造船发展之影响》，《临沂大学学报》2011 年第 4 期。

② 林仁川：《明代中琉贸易的特点与福建市舶司的衰亡》，《海交史研究》1988 年第 1 期。

③ 王文楚：《明朝与琉球的海上航路》，《史林》1987 年第 1 期。

因此，琉球国屡次要求在福州造船和修船，利用当地的设备、材料和劳力，修造了不少船只驶回琉球。与此同时，福州南台河口、江边等造船厂的先进技术也传到琉球国。①

明代到琉球进行贸易时就有"大都海为危道，向导各有其人，看针把舵过洋，须用漳人"② "琉球水手须用漳州"的说法。洪武二十五年（1392），明朝政府"赐（琉球）闽人三十六姓善操舟者，令往来朝贡"。③ 后来，这些入琉球的闽人及其后代子孙"知书者授大夫、长史，以为朝贡之司。习海者授通事，总为指南之备"④，在琉球的对外关系中起到极为重要的作用。明代官员在谈到册封舟过海时，说道："至于主张行船之人，断非漳人不可，盖其浮历已多，风涛见惯，其主事者能严能慎，其趋事者能劳能苦。"⑤ 至于明朝统治者赐闽人三十六姓的原因，谢必震认为主要有以下四个方面：其一，以利朝贡；其二，变民用为官用，将私人贸易合法化；其三，"用夏变夷"的传统思想影响；其四，真心爱护弱小邻邦。⑥

在明代初年海禁政策森严的年代里，如宣德五年（1430）八月，有人上告漳州巡海指挥杨全"受县人贿赂，纵往琉球贩鬻"；⑦ 正统三年（1438）十月壬子，"福建按察司副使杨勋鞫龙溪县民私往琉球贩货"。⑧ 追随明朝册封使前往琉球私贩成为东南沿海很多百姓的选择。陈侃出使

① 吴永宁：《略述明代福建对琉球造船发展之影响》，《临沂大学学报》2011 年第 4 期。
② ［明］谢杰：《琉球录撮要补遗》，《台湾文献丛刊》第 287 种《使琉球录三种》，第 275 页。
③ ［清］龙文彬：《明会要》卷七七《外藩一·琉球》，中华书局，1956，第 1503—1505 页。
④ ［清］周煌：《琉球国志略》卷十，《台湾文献丛刊》第 293 种，台湾银行经济研究室，1971，第 79 页。
⑤ 郭汝霖、李际春：《重编使琉球录》，载谢必震《中国与琉球》，厦门大学出版社，1996，第 27 页。
⑥ 谢必震：《明赐琉球闽人三十六姓考述》，《华侨华人历史研究》1991 年第 1 期。
⑦ 李国祥、杨昶：《明实录类纂·福建台湾卷》，武汉出版社，1993，第 488 页。
⑧ 同上书，第 512 页。

琉球后曾经言及："从予驾舟者，闽县河口之民约十之八，因夷人驻舶于其地，相与情稔，欲往为贸易耳"。① 谢杰出使琉球后也说，琉球"硫磺最多，值且甚贱，从人多窃贩以归"。② 还有漳州人"陈贵等七名，节年故违明禁，下海通番，货卖得利，今次适遇潮阳海船二十一只，稍水一千三百名，彼此争利，互相杀伤"。③ 当时中国沿海往琉球等地的私贩规模由此可见一斑。

琉球朝贡使团，由正使、副使、通事、伙长、艄手等组成。华人多担任通事、艄手，在中琉贸易中发挥了重要的中介作用。此外，华人通事在琉球与东南亚的贸易中也发挥了巨大作用。自 1372 年琉球与中国建立朝贡关系开始，琉球就与东南亚其他国家开始进行经贸往来。永乐十八年（1420），即尚巴志灭山北王之后，琉球便"遣使者佳期巴那、通事梁复等，到暹罗国，以行通交之礼"，并称"本国与暹罗相通最久，往来无数"。正统六年（1441），尚忠王又遣使爪哇国，"遣通事沈志良、使者阿普斯吉等，驾船载瓷器等物，往爪哇国，市胡椒、苏木……"其中，梁氏家族中的梁复、梁仲德、梁袖、梁琦、梁敏、梁椿 6 人都曾为收买进贡用的苏木、胡椒等方物而以通事身份前往暹罗、爪哇等地；郑氏家族中有郑智、郑杰、郑彬等 7 人到过暹罗和佛大泥；蔡氏家族有蔡回杰、蔡樟等 4 人以"礼仪通事"或"交易通事"的身份携带瓷器前往满剌加、暹罗、佛大泥等地收买进贡方物。其他如金氏家族、林氏家族、陈氏家族都有一些人前往东南亚国家进行经贸活动。④

琉球与其他国家的贸易往来，还体现在琉球入贡中国的物品及人员中。琉球入明朝贡，有苏木、胡椒、香料、玛瑙、象牙等非琉球出产的物品。这些物品多采自东南亚诸国，而运往东南亚诸国交易的物产大多来自中国。琉球国从中国携往海外诸国贸易的物品主要有各种绸、缎、

① ［明］陈侃：《使琉球录》，《台湾文献丛刊》第 287 种，台湾银行经济研究室，1970，第 22 页。

② ［明］谢杰：《琉球录撮要补遗》，《台湾文献丛刊》第 287 种，第 278 页。

③ ［明］严嵩：《南宫奏议》，载［明］陈子龙等选辑《明经世文编》卷二一九，第 2301 页。

④ 李未醉：《琉球华人通事与中琉经贸往来》，《闽商文化研究》2018 年第 2 期。

丝、纱、罗、绫、色绵花布及纺织工艺品，各种瓷器（大小青盘、大小青碗），各种漆器（漆盘、漆盏）等。还有杭州金扇、徽州墨、湖州笔等产品。海外各国经琉球船只输往中国的主要产品是胡椒、苏木、香料和倭刀、倭扇。从琉球前往中国的贸易人员来看，出没福州港的琉球船只大多是从东南亚贸易回来就原船原货驶向中国。从中国册封琉球使团的贸易活动，可以看出其超出福州与琉球贸易的范围。

自成化至隆庆年间，中国出使琉球共有四次。按洪武定制，册封琉球使船均在福州造船，招募船员，添置货物。"许过海五百人，行李各百斤与夷贸易"。而跟随出使琉球的人往往听说"日本可市，故从役者即以货财往市之，得获大利而归，致使闽人往往私市其间矣"。无形中，中琉贸易关系演变成中日贸易的关系，这在客观上提高了福州港的历史地位。[①]

与此同时，琉球使团趁入贡之机，将其从海外贸易得来的多种商品输入中国，再将中国商品输入东南亚诸国，从中获取巨大利益。葡萄牙人皮列士在《东方志》中记载，琉球人把在中国输入的彩缎丝绸、纸张以及麝香、瓷器、锦缎等商品大量输入东南亚，作为交换商品和礼物与东南亚各国进行贸易。琉球人将从其他国家采购的医药、香料、矿产、海产、纺织品运到中国进行朝贡和销售，再买走福州的瓷器、漆器、丝绸等物品，加上朝廷御赐的货物，转卖给日本及东南亚国家。琉球的中介贸易不局限于中国和东南亚，也影响了朝鲜、日本与中国的关系，使得琉球处于有利的国际地位。琉球借助于朝贡贸易以及中国藩属国的地位，大大提升了琉球在东亚的政治经济地位，贸易范围北至朝鲜、南至暹罗等东南亚国家。到十五世纪的时候，琉球俨然成为"万国之津梁"。[②]

中国对琉球的官方贸易除上述瓷器、香料等物品外，还表现在遣使往琉球置办各种军需原料等。例如，《明实录》记载："（洪武九年）夏四

---

① 谢必震：《略论福州港在明代海外贸易中的历史地位》，《福建学刊》1990 年第 5 期。

② 李未醉：《琉球华人通事与中琉经贸往来》，《闽商文化研究》2018 年第 2 期。

月甲申朔，刑部侍郎李浩还自琉球，市马四十匹，硫黄五千斤。"①

在琉球，巫祝一般为女性，称为"祝女"。无论是高级祝女还是地方祝女，一般都是由中央或地方男性统治者的女性亲属（姐妹或妻子）担任，被认为是神在人间的代表，是男性统治者的守护神，是人神沟通的媒介。祝女的重要社会地位表现在琉球社会生活中的方方面面，如农业生产祭祀、生老病死，甚至是海外贸易也曾经活跃着祝女的身影，对琉球社会的发展起着不可或缺的作用。祝女们不仅向前来琉球的日本船长、商人购买商品，而且还直接到日本去采购，商贸活动非常频繁。在离那霸不远的久米岛就有众多关于祝女从事航海贸易的传说。在琉球从事商业活动的往往是女性，琉球有"女集"。琉球女性不仅从事商业买卖，而且家庭的大部分劳动都由女性承担，是家庭收入的主要来源。虽然在古代中国南方乃至世界范围内，"男逸女劳"的社会现象普遍存在，女性在家庭、社会中承担主要劳动任务，然而琉球祝女作为神职人员却从事与巫祝、祭祀无关的商业活动，乃至国际贸易活动，在世界范围内并不多见。值得关注的是，在祝女进行海外贸易的过程中，有些贡献巨大的祝女还演变成护佑航海安全的女神。这与中国福建的海神妈祖类似，都是由女巫升格为女神。②

另外，尽管明朝政府规定浙江宁波为专门负责接待日本贡使来华事宜的港口，但是因种种原因琉球到温州的贡船也不在少数。③ 根据记载，宣德七年（1432）夏四月，浙江温州府知府何文渊上奏："瑞安县耆民言洪武、永乐间琉球入贡，舟泊宁波，故宁波有市舶提举司安远驿以贮方物，馆谷使者，比来番使泊船瑞安，苟图便利，因无馆驿，舍于民家，所贡方物无收贮之所，及运赴京，道经冯公等岭，崎岖艰险，乞自今番船来者，令仍泊宁波，为便行在。"④ 由此可见，浙江宁波、温州亦有琉

---

① 《明太祖实录》卷一○五，第 1754 页。

② 林希、谢必震：《论祝女在琉球社会中的角色和作用》，《宗教学研究》2017 年第 4 期。

③ 周莉萍：《论明初浙江与朝鲜和南洋诸国的交往》，《赣南师范学院学报》2008 年第 4 期。

④ 《明宣宗实录》，卷八九，第 1471 页。

球贡船的到来。

第四节　明代东南沿海与朝鲜、日本的海上往来

　　在朝贡体制之下，朝鲜得到明朝政府的特许，不需要经过市舶司同意，即可自由选择朝贡路线和方式。明代中朝贸易主要集中在辽东半岛、山东、北京等地区，可分为官方贸易和使臣贸易。官方贸易是明朝政府指定且参与的上层贸易，一般由皇帝指令以织物（如缎子、绢布、棉布等）购买朝鲜的牛、马等商品的一种国家性的贸易形式。这种官方贸易主要存在于明洪武、建文、永乐、宣德和景泰时期。使臣贸易则是指由明朝派遣的使者在出使朝鲜的过程中，携带私人货品至朝鲜贸易。使臣贸易的实质是私人贸易，而非国家体系的官方贸易。朝鲜对中国贸易的类型可分为公贸易（官方贸易）、私人贸易。这些贸易一般都由朝鲜使臣按照国王和政府的命令完成。朝鲜对中国的公贸易（官方贸易）产生于洪武初年。洪武三年（1370）、四年（1371），高丽使臣来明入贡者多赍私物货鬻，但明太祖宽而待之，下令勿征勿禁，不仅不征税，甚至不限贸易量。[①] 到了永乐时期，随着中朝两国政治关系的改善，朝鲜使臣公贸易商品在品种和数量上都有所增加。朝鲜对中国的私人贸易也随着官方公贸易的产生而出现，百姓豪贵乃至使臣的亲友纷纷借由使臣贸易。违禁贸易是朝鲜对中国贸易的一类，也是中朝贸易中十分特殊的一类。朝鲜使臣来中国的违禁贸易多集中于弓角、烟硝等物。

　　明初，宁波虽然是接待日本贡船的港口，但与朝鲜的往来并未断绝。由于洋流和风向原因，经常有朝鲜的海船漂流到浙江沿海地区。浙江作为中国农业经济发达地区，在明代初期对朝鲜的农业生产产生过积极影响。此外，由于明代浙江的丝织业很发达，朝贡贸易中输往朝鲜的

---

① 《明太祖实录》卷五七，第 1116 页。

丝织品中就有一部分来自浙江，对朝鲜人民的生活也有积极影响。①

另外，朝鲜和明朝的陶瓷交流在《朝鲜王朝实录》与《慵斋丛话》中都有记载。在朝鲜文献中记载，明代瓷器始于朝鲜太宗八年（1407）。到世宗时期，朝鲜和明朝在瓷器交流方面的记载最多。从 1541 年以后，两国在瓷器方面的交流记录逐渐减少。这是因为朝鲜在 16 世纪末出现了壬辰倭乱和丙子胡乱，国家政治和经济一度陷入混乱和萧条之中。受这些危机的影响，朝鲜的制瓷工艺也受到了限制，走上了下坡路。这两种文献的记载主要包括以下几方面的内容：朝贡贸易中的陶瓷、在朝鲜境内禁止使用中国青花瓷、青花钴料及窑炉形态等。其中，有关朝贡贸易的陶瓷文献记载最多，一共出现过 26 次。通过朝贡贸易，两国相互传入瓷器。当时，从明朝传入朝鲜的瓷器主要有青瓷、白瓷、青花瓷等。器类有碗、杯、瓶、碟、盘等种类。这些瓷器的传入在一定程度上影响了朝鲜制陶业的发展。明朝高质量白瓷的传入，推动了朝鲜对高质量瓷器的需求。此外，文献里有明朝皇帝和使臣向朝鲜索要器物的记载，朝鲜也向明朝进贡了瓷器。所以，这些有明确记载的白瓷、粉青砂器等肯定传入了中国。但到目前为止，在中国只发现过高丽瓷器，还没有发现朝鲜的瓷器。②

明代的中日贸易，其贸易点主要集中于东南沿海的港口，如宁波、广州、福州等地。明朝立国之后，太祖朱元璋下诏日本等国，要他们称臣纳贡，成为大明的藩属国，并且要日本剿灭骚扰明朝沿海的倭寇。洪武二年（1369）、三年（1370），明朝政府先后两次派遣使臣奉诏使日，但均被日本怀良亲王误以为是元朝使臣而被扣留。直到洪武七年（1374），怀良亲王才派使臣来华进贡，但是不奉表文，表明不愿对明称臣纳贡。建文三年（1401），日本国内刚完成统一，财政枯竭，于是派商人肥富相、副祖阿到明朝正式称臣纳贡。在递交的国书中说："日本准

---

① 周莉萍：《论明初浙江与朝鲜和南洋诸国的交往》，《赣南师范学院学报》2008 年第 4 期。

② 曹周妍：《从韩国文献看 15～16 世纪中韩两国的瓷器交流》，《南方文物》2012 年第 3 期。

三后某（义满）上书大明皇帝陛下：日本国开辟以来，无不通聘问于上邦。某幸秉国钧，海内无虞。特尊往古之规法，而使肥富相、副祖阿通好。"永乐元年（1403），中日朝贡贸易定勘合之制，规定日本十年一贡，人止二百，舟止二艘，不得携带军器，违者以寇论。[①]

按照勘合制度，明朝政府做成"日"字号勘合一百道和"本"字号一百道，"日"字号和"本"字号勘合底簿各二扇，其中"本"字号勘合一百道和"日"字号勘合底簿一扇发给日本政府，其余由明政府存留（"本"字号勘合底簿一扇存浙江市舶司，余存礼部）。凡由日本驶来中国的船只，每船都要带"本"字号勘合一道，船抵中国后，首先由浙江市舶司加以核对，无误后再驶到宁波港，然后由中国方面从陆路护送使臣等人到北京，再由礼部进一步核对勘合表文。到正德七年（1512），这些手续都改在宁波办理。明使臣去日本时，每船也要携带"日"字号勘合一道，由日本政府以保存的"日"字号勘合底簿验证其真伪。

自明永乐十七年到嘉靖二十六年（1419—1547），日本派遣勘合船共17次。这些勘合船每次载来日本特产，获得明朝作为回赏物的丝绸、书籍等日本所需的商品。日本使者也利用出使明朝的机会，尽量扩大贸易规模，大量购买丝绸。景泰年间，日本贡使笑云瑞欣就在宁波购买生丝运回日本发卖。官方勘合贸易之外，明朝政府严禁民间与日本等国发生贸易往来。明律规定："凡将马、牛、军需、铁货、铜钱、缎匹、绸绢、丝绵私出外境货卖及下海者，杖一百。"[②]

浙江地处东海之滨，海岸线曲折，拥有宁波、温州、舟山等优良港口，尤其是宁波港，是古代的优良港口，并且可以通过通达的水运网络与京杭大运河连接，地理条件优越。"宁波三面际海，北面尤孤悬海滨，吴淞、海门呼吸可接。东出镇海，大洋辽阔，南连闽粤，西通吴会。舟山突起，中洲延袤四百余里，控扼日本诸蕃，厥惟咽喉之地"。[③]

自古以来，浙江一直是物产丰富、经济发达的地区。造船业和航海

---

① 程彩霞：《明中叶"争贡之役"透视》，《江苏社会科学》1992 年第 2 期。

② 怀效锋点校《大明律》，法律出版社，第 119 页。

③《镇海县志》卷九十七《海防卷》，上海蔚文印刷局，1931，第 647 页。

业发达，瓷器、丝绸织物、漆器等物产精美丰富，为浙江开展海外贸易创造了有利条件。凭借优越的地理位置，以宁波、杭州、温州为中心的浙东地区对外经济文化交流频繁。尤其是宁波港，历经唐、宋、元的发展，到明初，其对外经济文化交流进入了新的发展时期。宁波作为当时明朝政府重要的对外贸易港口之一，每年都有大量外国贡使登岸。为了加强对贡使的管理，洪武初年，明朝政府"在浙江设市舶提举司，以中官主之，驻宁波"。洪武三年（1370），明朝政府在宁波设立市舶司，并颁令："宁波通日本，泉州通琉球，广州通占城、暹罗、西洋诸国。"①除了市舶司外，明朝政府还设立了与其相应的市舶库、市舶码头与安远驿、四明驿、嘉宾堂、迎宾馆等专事接待及管理日本朝贡来船的机构，以便其来明朝贡。后来，因为种种原因于洪武十年（1377）停罢。永乐初年，为了解决接待日益增多的海外贡船问题，明朝政府再次在宁波原方国珍住宅区设市舶司。永乐二年（1404），明朝政府与日本达成共识，缔结了《勘合贸易条约》，日本也于这一年派出第一艘勘合船自宁波入境。日本商人来时携来物品于此交流贩卖，离开时买走沿海各地的商品，如苏州、杭州、湖州等地的大批丝织品、棉织品等，带回国内二次贸易。

根据日本学者木宫泰彦在《日中文化交流史·明清篇》中的记载，永乐二年（1404）到嘉靖二十六年（1547）间，日本来宁波的勘合船共计17次88艘之多。彼时日本勘合船所载货物共分为贡献方物、国王附搭品以及使臣自进物三大类，囊括刀剑、铜、扇、苏方木、屏风、砚等种类各异的物品。永乐四年（1406），明朝政府在市舶司中置驿馆，称为安远驿，后来还先后设置了四明驿、嘉宾馆和迎宾馆。贡使到达宁波港，由市舶司负责接待一应事宜，待完成相关手续后再把贡品从宁波运到京城。其具体路线为："由安远驿乘船经甬江，经过余姚、绍兴、萧山等地，经钱塘江到杭州，然后转入京杭大运河，经嘉兴、苏州、常州到达镇江，横渡长江后，再入运河，经扬州、淮安、彭城、济宁，渡过黄河到达天津，再从运河到通州登陆，乘驿丞官提供的车马驿驴往北

---

① ［清］张廷玉等：《明史》卷八十一《食货五》，第1980页。

京。在往或返的途中，还要溯长江到南京。"①

　　与此同时，浙江温州与日本之间也存在着走私贸易。《两种海道针经》明确记载了从温州到日本的贸易路线。该贸易路线始发于温州，"用单甲五更，用甲寅六更，用单寅二十更，用艮寅十五更，取日本山，妙也"。②该贸易路线是三条由浙江前往日本的海上贸易通道中的一条，在温州乃至浙江东南沿海城市的对日贸易中发挥着极为重要的作用。③

第一章　明朝初年的海洋政策与中外贸易

---

① 周莉萍：《论明初浙江与朝鲜和南洋诸国的交往》，《赣南师范学院学报》2008 年第 4 期。

② ［明］巩珍著、向达校注《两种海道针经》，中华书局，2000，第 201 页。

③ 张振楠：《明代温州海洋贸易》，《温州职业技术学院学报》2014 年第 4 期。

第二章
民间私人海上贸易的勃兴与西方人的东来

第一节　民间私人海上贸易的勃兴

一、海禁频频加严

　　虽然明朝政府针对老百姓出洋的社会现象多次重申海禁命令，但是不管是地方官员还是普通百姓都屡犯禁令。例如，洪武四年（1371），"福建兴化卫指挥李兴、李春私遣人出海行贾……"。[①] 宣德八年（1433）八月丁未，福建发生了漳州卫指挥同知石宣等人通番的事件。再如，宣德九年（1434）三月辛卯，巡按福建监察御史黄振奏漳州卫指挥覃庸等私通番国。明朝政府颁布的海禁政策很大程度上需要这些卫所官员的具体执行。然而，从上面这两起福建漳州卫所官员私通番国的事件来看，卫所不仅没能起到阻止百姓出海通番的作用，反而很多官员纷纷投身其中，无视海禁政策的存在。

　　正统十四年（1449），明朝政府再次重申濒海居民私通外国之禁。福建巡海佥事董应轸言："旧例濒海居民贸易番货，泄漏事情，及引海贼劫掠边地者，正犯极刑，家人戍边，知情故纵者，罪同。比年民往往嗜

---

①《明太祖实录》卷七〇，第1307页。

利忘禁，复命申明禁之。"① 然而，这些海禁令和严厉的惩罚都不能阻挡东南沿海各省居民向海洋进军的步伐，私人海上贸易已经初显端倪，地处福建漳州九龙江下游出海口沿岸区域的老百姓们也是其中的积极参与者。"漳州海门口居民八十余户，计三百九十余口，旧种田地三百余亩，递年为海潮冲塌，且别无产业，惟倚海为势，或持兵驾船兴贩私盐，或四散登岩劫掠为害"。②

根据光绪年间《漳州府志》的记载，明景泰四年（1453），谢骞由御史出任漳州知府，到任之后发现，"近海如月港、海沧诸处民多货番为盗，骞下令随地编甲，随甲置总；每总各置牌，以联属其人户，约五日斋牌赴府一点校，其近海违式船只，皆令拆卸，以五六尺为度，官为印照。听其生理每船朝出暮归，或暮不归，即令甲总赴府呈告，有不告者，事发连坐"。③ 由此可见，早在景泰年间，漳州府属龙溪县的月港、海沧等地的老百姓就已经在从事通番贸易活动了。谢骞上任之后，针对这一现象，通过在地方上编甲、置总等方式加强管理。另外，谢骞还命令沿海违反制式规定的船只都要拆除，而往后造船均须以五六尺为限，由地方官府发给印照才能出海行驶。与此同时，所有船只均须早上出港，日暮前回港，不回者则要求甲总到知府衙门呈明报告。若有知情不报者，将受到连坐的惩罚。然而，从这一事件可知，永乐年间实行的沿海船只必须改为平头船的政策早已是一纸空文，海禁政策的执行程度也已经大打折扣了。

①［清］陈寿祺等：《福建通志》卷二七〇《洋市》，华文书局股份有限公司，清同治十年（1871）重刊本之影印本，1968，第5127页。
②李国祥、杨昶：《明实录类纂·福建台湾卷》，第417页。
③［清］沈定均修、［清］吴联薰增纂、陈正统整理《漳州府志》卷二五《谢骞传》，中华书局，2011，第1183页。

明清时期月港（海澄）及其附近岛屿图

从月港码头远眺九龙江

二、私人海上贸易的兴盛

即使禁令森严，中国东南沿海地区的私人海上贸易活动仍屡禁不止。例如，成化六年（1470），两广总督在奏文中谈到"广东沿海地方多私通番舶，络绎不绝"。① 当时，两广地区发生官军"私通夷人，交易番货"的现象。弘治年间，六科和十三道监察御史弹劾两广总兵官伏羌伯毛锐，称其"广营邸舍以处番旅，私造船只以通裔夷"，请加罢黜。然而明孝宗却说："毛锐既年力精壮，其留办事。"② 明嘉靖年间，兼管闽浙海防事务的朱纨向朝廷举报同安乡绅林希元，称其"专造违式大船，假以渡船为名，专运贼赃并违禁货物"。海南地区的私人海上贸易与闽广沿海各省一样

潮州广济桥

得到发展。如张瀚描述的那样："粤以东，广州一都会也。北负雄韶……东肩潮惠，内寇外夷，为患孔棘。高廉雷琼，滨海诸夷，往来其间，志在贸易，非盗边也。顾奸人逐番舶之利，不务本业，或肆行剽掠"，"珠玑犀齿毒（玳）瑁金翠，皆自诸夷航海而至，故聚于粤之东。"③

广东对日本的走私贸易十分活跃，甚至形成了专门为中日走私而设的走私贸易港，地处福建与广东交界的南澳是其中之一。南澳走私贸易十分繁荣，海禁严行之时，"倭舶无所容，俱于此互市……定期于四月终至，五月终去，不论货之尽与不尽也。其交易乃搭棚于地，铺板而

①《明孝宗实录》卷七三，第 1367—1368 页。

②《明孝宗实录》卷一四二，第 2460 页。

③张雪慧：《明代海南岛的进出口贸易》，《中国社会经济史研究》1991 年第 4 期。

陈，所置之货，甚为清雅，刀枪之类悉在舟中"。① 以至于很多商人都到南澳了解日本的相关消息。例如，茅元仪在《武备志》中曾经说道："广福人以四方客货预藏于民家，倭至售之，倭人但有银置买，不似西洋人载货而来，换货而去也。故中国欲知倭寇消息，但令人往南澳，饰为商人，与之交易，即廉得其来与不来，与来数之多寡，而一年之内，事情无不知矣。"与此同时，广东海商也出海走私到日本贸易。根据《潮州府志》的记载，嘉靖二十四年（1545），潮州地区的商人"驾双桅船，挟私货，百十为群，往来东西洋"。嘉靖至万历年间，广东澄海县海盗商人林道乾"遍历琉球、吕宋、暹罗、东京、交趾诸国"。② 屈大均在《广东新语》中也说道："广州望县，人多务贾与时逐。以香、糖、果、箱、铁器、藤、蜡、番椒、苏木、蒲葵诸货……南走澳门，至于红毛、日本、琉球、暹罗、吕宋。帆踔二洋，倏忽数千万里，以中国珍丽之物相贸易，获大赢利。"③ 广

澳门妈祖阁

东私人海上贸易的发展，使得其他地区的商人和集团也闻讯赶来。曾在浙江地区贸易的海商王直，其初期的对日贸易活动便是在广东一带进行。"嘉靖十九年（1540），时海禁尚弛，（汪）直与叶宗满等之广东造巨舰，将带硝黄、丝绵等违禁物，抵日本、暹罗、西洋等国。往来互市者五六年，致富不赀，夷人大信服之，称为五峰船主"。④

此外，粤西海域也有许多大海盗在活动。他们拥有强大的武装和严

① ［明］郑若曾：《筹海图编》，商务印书馆，1986，第 90 页。

② 荆晓燕：《明朝中后期广东地区的对日走私贸易》，《青岛大学师范学院学报》2011 年第 4 期。

③ ［清］屈大均：《广东新语》，中华书局，1985，第 372 页。

④ ［明］诸葛元声：《两朝平攘录》，齐鲁书社，1996，第 686 页。

密的组织，拥有大量船只和火炮，横行海上，攻掠城池。明朝官军经常被他们打得丢盔弃甲，望风而逃，船坚炮利的葡萄牙人、荷兰人也有所忌惮。例如，何亚八，东莞人，潜入大泥国，纠合番舶驻广海外洋，大掠沿海乡村。复往福建，集叛亡数千，流劫浙江诸郡，寻回广东洋面。嘉靖三十三年（1554），提督侍郎鲍象贤命巡视海道副使汪柏围捕，战于广海，捕获何亚八，俘斩146人，溺水烧死无算。官军在广、潮、雷、琼追捕余党，先后擒戮1200人。何亚八分尸处死于市，海岛稍清。① 嘉靖三十二年（1553），海寇张琏作乱，张琏原是广东新会人，借他人资本去海南经商被劫，遂啸聚伙党，进犯海南澄迈、琼山。又如，林凤是潮籍海寇，往返于台湾、吕宋间进行走私。万历二年（1574）率巨舰120只入海南文昌清澜港，初本无打劫之意，"以名帖求市瓜菜"，但是"千户丁其运激之，贼怒，攻城"。琼山的李茂原是林容海商集团的属下，后取代林容而自为寇首，万历元年（1573）被许孚远招抚之后，曾屡次讨伐海寇立功，但又因聚众盗珠池而于万历十七年（1589）被擒，籍没的财产亦很可观。②

在浙江，宁波商人迫于生计以身涉险，无视海禁政策，纷纷下海经商，私人海上贸易日益兴盛。与此同时，双屿港也是中日海商贸易的重要港口之一。例如，徽商许松、闽商李光头等就经常在双屿港活动。特别是嘉靖二年（1523）"争贡之役"发生之后，中日走私贸易据点由宁波转移到双屿港。这一转变与明朝政府严厉的海禁政策有很大的关系，双屿港的地理位置满足了当时中外私商的贸易要求。除了中日走私贸易之外，葡萄牙人也陆续来到此地进行贸易活动。此外，以海为生的温州人也参与了私人海上贸易活动。由于渔业资源对温州海洋族群的生活发展起着重要作用，而明朝政府的海禁政策使得捕鱼交易获利的收入锐减，"近海之民，以海为命，故海不收者谓之海荒"，进而导致了"以故私贩

① 李庆新：《16～17世纪粤西"珠贼"、海盗与"西贼"》，《海洋史研究》2011年第2辑。

② 张雪慧：《明代海南岛的进出口贸易》，《中国社会经济史研究》1991年第4期。

日益多"① 局面的出现。王士性在《广志绎》中指出：温州海滨居民"餐风宿水，百死一生，以有海利为生不甚穷，以不通商贩不甚富。"② 明代温州海上走私贸易的主要对象是日本。当时，定居日本长崎的华人就有大批的温州人。温州私商到达日本之后，"任何郡县岛屿，商主均可随意交易。如奸谋之徒妄行不义，可据商主控诉，立处斩刑"。嘉靖时期，明朝政府厉行海禁，我国东南沿海地区遭遇了持续数十年的"嘉靖倭乱"，温州私商亦是其中重要的组成部分。③

福建东南沿海地区的走私贸易也日益兴盛。福建龙溪县的月港距离漳州府治所在地大约50里，尽管唐宋以来仅仅是九龙江海滨一个不起眼的聚落，但是在私人海上贸易不断兴起的年代里，月港居民纷纷下海贸易，交通外域，甚至出现了一些老百姓冒充明朝政府的使臣前往海外各国进行贸易活动的事件。例如，成化七年（1471），"福建龙溪民丘弘敏与其党，泛海通番，至满剌加及各国贸易，复至暹罗国，诈称朝使，谒见番王，并令其妻冯氏谒见番王夫人，受珍宝等物"。④ 后来，丘弘敏一行回到福建，被守口官兵拿获，当时的巡按御史洪性以此上奏中央，丘弘敏等29人被判以死刑，而其中年龄比较小的三人发配广西戍边，丘弘敏的妻子冯氏罚为功臣之家奴婢，而从海外买回来的四个番人命令押解到京城论罪处置。与此同时，巡按御史洪性还向成化帝上奏，说另有龙溪县人康启道等26人也参与了通番，并且还曾经行劫海上。

成化八年（1472），福建再次传来龙溪县民泛海通番的消息："福建龙溪县民二十九人泛海通番，官军追之，拒捕，为风破其舟，浮水登陆，被获。下狱多瘐死，伏诛者十四。"⑤ 由此可知，在当时中国东南沿海的海洋社会，泛海通商的兴盛反映了当地居民生计模式正逐渐发生改变。到了成化十三年（1477），暹罗使节美亚（福建汀州士人谢文彬）

---

①［清］贺长龄辑《皇朝经世文编》，世界书局，1964，第1556页。

②［明］王士性：《广志绎》，中华书局，1981，第293页。

③ 张振楠：《明代温州海洋贸易》，《温州职业技术学院学报》2014年第4期。

④《明宪宗实录》卷九七，第1850页。

⑤《明宪宗实录》卷一三〇，第1805页。

"昔年因贩盐下海为大风漂入暹罗，遂仕其国"。① 在通番贸易的队伍中，我们还看到了豪门巨室的身影，他们也因为看到海外贸易的巨大利益而参与其中。明代龙溪县人张燮（1574—1640）在其著作《东西洋考》中记载了这一历史场景："成、弘之际，豪门巨室间有乘巨舰贸易海外者。奸人阴开其利窦，而官人不得显收其利权。初亦渐享奇赢，久乃勾引为乱，至嘉靖而弊极矣。"② 以至于后来崇祯年间《海澄县志》的编者发出了"成弘之际，称小苏杭者，非月港乎"的感叹，月港及其周边地区在隆庆开海之前私人海上贸易的状况由此可见一斑。

明代初年，漳州地区海寇的活动非常频繁，他们不仅击杀官军，还主动进攻明军要塞，甚至攻掠城池。例如，宣德五年（1430）八月癸巳，漳州府龙溪县海寇登岸，杀人掠财。巡海指挥杨全领军不救。正统十四年（1449）三月癸巳，海贼驾船十余艘迫福建镇海卫玄钟千户所，攻围城池，官军射却之。景泰三年（1452）九月癸巳，福建漳州府贼首郑孔目等，通番为寇，敌杀官军，掳去署都指挥金事王雄。③ 兵部言：浙、福并海接壤，先年漳民私造双桅大

镇海卫城墙远眺

船，擅用军器火药，违禁商贩，因而寇劫。④ 王民应说："漳泉地方，如龙溪之五澳、诏安之梅岭、晋江之安海，诚为奸盗渊薮，但其人素少田业，以海为生，重以不才官吏，科索倍增，禁网疏阔，无怪其不相率而为盗也。"⑤ 至于明代中叶的"倭寇"多为沿海商民，在当时也是一个公

① ［清］张廷玉等：《明史》卷三百二十四《外国五》，第 8400 页。

② ［明］张燮：《东西洋考》卷七《饷税考》，中华书局，2000，第 131 页。

③ 李国祥、杨昶：《明实录类纂·福建台湾卷》，第 488—489 页。

④《明世宗实录》卷一五四，第 3488 页。

⑤ ［明］王民应：《条处海防事宜仰祈速赐施行疏》，载 ［明］陈子龙等选辑《明经世文编》卷二八三，第 2996 页。

开的秘密。屠中聿说："夫海贼称乱，起于负海奸民通番互市，夷人十一，流人十二，宁、绍十五，漳、泉、福人十九，虽概称倭寇，其实多编户之齐民也。臣闻海上豪势为贼腹心，标立旗帜，勾引深入。阴相窝藏，辗转贸易，此所谓乱源也。曩岁漳泉滨海居民，各造巨舟，人谓明春倭必大至，臣初未信，既乃果然。"①

到了正德年间（1506—1521），通番的情形愈演愈烈。当时，福建龙溪张氏家族有族人私造巨舶将通番，恰逢其族人张绰奉调两广顺道过家时发现，对其进行了规劝和阻止，焚舟而告终。漳州府县地方志都记载了这一事件，如正德《漳州府志》中说道："张绰，正德元年（1506），奉敕两广审录，顺道过家。宗党有造大舟欲货蕃者。绰入骂曰：'吾当白诸官'。事乃寝。"② 再如，清康熙年间的《龙溪县志》中也说："张绰，字本宽，弘治癸丑进士，张廷栋、张廷榜之曾祖父。时海禁严，闻宗人私造巨舶将越贩，亟命焚之。"③ 因此，倘若张绰没有及时发现并加以制止的话，其宗党私造的巨舶也就下水出洋了。

不仅如此，月港的经济繁荣甚至引来了盗贼的窥视。一时之间，地方政府无力禁止，明朝军队也曾一度应接不暇："澄在郡东南五十里，本龙溪八九都地，旧名月港。唐宋以来为海滨一大聚落。明正德间，豪民私造巨舶，扬帆外国，交易射利，因而诱寇内讧，法绳不能止。"④ 另外，海澄《儒山李氏世谱》中有云："海澄，本龙溪八九都，旧志月港。正德间，土民私出海货番诱寇，禁之不止。"⑤ 又有，嘉靖《东南平倭通录》中说道："浙人通番皆自宁波定海出洋，闽人通番皆自

① 李国祥、杨昶：《明实录类纂·福建台湾卷》，第 526 页。

② ［明］罗青霄修纂、福建省地方志编纂委员会整理《漳州府志》卷一五《科目志书》，厦门大学出版社，2010，第 335 页。

③ ［清］江国栋修，陈元麟、庄亨阳、蔡汝森纂《龙溪县志》卷八《人物中·笃行》，康熙五十六年刻本，第 171—172 页。

④ ［清］陈瑛、王作霖修，叶廷推、邓来祚纂《海澄县志》卷一《舆地志·建置》，成文出版社有限公司，1968，第 17 页。

⑤ 《儒山李氏世谱》，清乾隆三十八年编修。

漳州月港出洋。"①

地处九龙江入海口之滨的月港，在经历景泰年间私人海上贸易的不断发展和壮大后，通番贸易在当时的海洋社会早已是司空见惯的现象。当然，这一现象的出现与月港地区的自然条件有着密不可分的关系。根据《海澄县志》的记载："（月港）田多斥卤，筑堤障潮，寻源导润。有千门共举之绪，无百年不坏之程。岁虽再熟，获少满籧，霜沍夏畦，个中良苦。于是，饶心计者，视波涛为阡陌，视帆樯为耒耜，盖富家以财，贫人以躯，输中华之产，驰异域之邦，易其方物，利可十倍。故民乐轻生，鼓枻相续，亦既习惯，谓生涯无逾此耳。"② 由此可知，明代月港私人海上贸易的兴起与其自然地理环境有着密切的关系。在月港自然环境不利的情况下，从事海外贸易活动可以带来更大的回报。于是，月港附近的居民，不论是富裕的，还是贫穷的，都是有钱出资金，没钱出劳力，将中国境内的土特产装运上船，出海贸易，交通异域，往往能获得比国内高十倍的收入。因此，老百姓们大多习惯于在海上搏风浪以求生存和发展。

明代经由月港出海贸易的商人在月港岸上采购货物，然后装载，航行于月溪港道和过去的护城河，沿着南港向东，经九龙江入海口进入台湾海峡，然后驶向贸易目的地。

月溪注入九龙江一隅

海澄港头渡（郑云供图）

① ［明］徐学聚：《嘉靖东南平倭通录》，转引自傅衣凌《傅衣凌著作集》，中华书局，2007，第107页。

② ［清］陈瑛、王作霖修，叶廷推、邓来祚纂《海澄县志》卷一五《风土志》，第171页。

　　从月港码头出发，到九龙江入海口的海中，还有海门、圭屿、浯屿、钱屿、木屿等小岛。这些岛屿星罗棋布，为明代中叶以来月港地区的走私活动提供了良好的先天条件。每当走私船行驶到金门、大小担，都先在此停靠，以观动静，然后移驻圭屿，再由月港的商人"诡秘"地"接济勾引"入内。进港后，若遇官兵追捕，又可潜避九龙江中，或是迅速逃入南溪。

　　那时，九龙江中的南、中、北港已经形成，港汊众多，且有嵩屿、长屿、渐尾、海沧、石马、许林、白石等澳。这些港澳"在在皆贼之渊薮"，遭围追时，随处都可得到走私商人的保护。正因为月港地处东南沿海，出洋通番最易，又具有以上地理特点，便于走私活动，故继双屿之后，成为另一个最大的走私港口。① 到嘉靖二十六年（1547），朱纨治理浙闽沿海地区时，月港已经非常繁华。"漳州府龙溪县月港地方，距府城四十里。负山枕海，民居数万家。方物之珍，家贮户峙。而东连日本，西接暹罗，南通佛郎、彭亨诸国。其民无不曳绣蹑珠者，盖闽南一大都会也"。②

浯屿岛上鸟瞰渔船、渔排的景象

浯屿送王船仪式

　　因此，尽管明朝政府制定了极为严厉的海禁政策，但中国东南沿海地区自明代宣德年间开始，包括卫所官兵、普通百姓和豪门巨族在内的

① 林汀水：《海澄之月港港考》，《中国社会经济史研究》1995 年第 1 期。
②［明］朱纨：《嘉靖二十七年六月增设县治以安地方疏》，转引自傅衣凌《傅衣凌著作集》，第 107 页。

各个社会群体都逐渐参与到通番贸易的大潮当中，不断挑战着明朝政府的权威。这一历史场景的出现，不仅是当地恶劣自然环境在海洋社会发展中的投射，同时也与地方政府的作为有很大的关系。如清光绪年间编修的《漳州府志》展现了这样的历史场景：地方官员为走私通番之人发放关文，出官票，甚至还调遣夫役护送走私货品，而嘉靖十九年（1540）出任漳州知府的顾四科则因为"不出官票以通番货"，而获得"七不肯"的名号。①

与此同时，诏安湾的漳潮居民也被带动起来，从而孕育出漳州航海贸易势力的两个子系统：九龙江口海湾地区以漳州府龙溪县、漳浦县和泉州府同安县人为主体，诏安湾地区以漳州府梅岭、铜山和潮州府饶平、南澳人为主体，以闽南方言作为纽带，结成十百成群、各自活动的地域海上群体。他们以琉球国为中介，间接恢复了和南海诸国的经济交往。而琉球国则利用东南海商在传统东亚贸易网络的缺位，进入"大交易时代"。②

成化以前，福建泉州港是明朝政府和琉球官方船舶的进出港。成化以后，福州成为双方官船的主要进出港，但两国之间的民间海上贸易往往仍由泉州港进出。此外，漳州月港亦是两国民间海上贸易港口。《天下郡国利病书》中记载："福建市舶专隶福州，惟琉球入贡，一关白之，而航海商贩，尽由漳、泉。"从漳州月港、泉州港东赴琉球国，形成了另一条海上航路。③ 早在景泰三年（1452），明朝政府鉴于福建人往琉球私下贸易日甚一日的情形，"命刑部出榜禁约，福建沿海居民毋得收贩中国货物，置造军器，驾海交通琉球国，招引为寇"。④ 到了嘉靖年间，在琉球有漳州人"陈贵等七名，节年故违明禁，下海通番，货卖得利。今次适遇潮阳海船二十一只，稍水一千三百名，彼此争利，互相杀伤"。

① ［清］沈定均修、［清］吴联薰增纂、陈正统整理《漳州府志》卷二六《宦绩·顾四科传》，第 899 页。

② 杨国桢：《十六世纪东南中国与东亚贸易网络》，《江海学刊》2002 年第 4 期。

③ 王文楚：《明朝与琉球的海上航路》，《史林》1987 年第 1 期。

④《明英宗实录》卷二一七，第 4686 页。

崇祯十一年（1638），又有琉球国官员马胜连等移咨福建福州府追讨被福州商人拖欠的货款。这些货款都是琉球商人私下委托福州商人购买白丝的。其所欠款项之大、涉及人员之多，反映了当时中琉私人贸易的活跃。而从琉球方面来说，主要是琉球人利用来中国进贡的机会，私下贸易。琉球来明朝贡人员走私的形式与范围也不尽相同。① 与此同时，泉州港的中日贸易也不断发展。例如，嘉靖二十四年（1545），一个月之内就有数十艘日本商船来泉州停泊。另外，泉州的商旅也络绎不绝。

16世纪末，在荷兰殖民主义者入侵印尼群岛之前，爪哇岛上的杜板、锦石、泗水、万丹等地曾是中国人聚居的贸易中心。此外，还有中国移民在贸易口岸附近种植水稻和胡椒，制造砂糖。其中，一些商人成为海外诸国的使者，向明朝进贡。例如，正统三年（1438），"（爪哇国）使者亚烈马用良，通事良殷、南文旦奏，臣等本皆福建漳州府龙溪县人，因渔于海，飘堕其国。今殷欲与家属同来者还其乡，用良、文旦欲归祭祖造祠堂，仍回本国。上命殷还乡，冠带闲住，用良、文旦但许祭祖，有司给口粮、脚力"。② 这一时期，婆罗洲也有相当的海外移民。勾栏山（在今加里曼丹）在明初已是"唐人与番人丛杂而居之"。随后，"郑和使婆罗，有闽人从之，因留居其地，去吕宋商贩至者数万人，往往久居不返，至长子孙，尤其漳泉人多往焉"。

到了明代，中南半岛也有华商在那里从事商业贸易活动。其中，柬埔寨的华侨已有专门的集中居住区。《东西洋考》卷三记载，柬埔寨"以木为城，是华人客寓处"。早期定居柬埔寨的闽籍华侨主要是务农和经商。华人作为日用商业的零售商和土特产品的收购商，几乎遍及柬埔寨城乡。1609年，在当时金边的两万居民中，华侨就占了三千，出现"唐、西洋、日本、者巴商舶凑集"的繁荣景象。

在马来半岛，龙牙门已是"男女兼中国人居之"。满剌加是中西交通的要冲，这里的居民"身体黝黑，间有白者，唐人种也"。华侨移居这里已有一定历史，才有可能出现"唐人种"。马来半岛的华侨多来自

---

① 谢必震：《明清时期的中琉贸易及其影响》，《南洋问题研究》1997年第2期。
②《明英宗实录》卷四三，第831页。

福建，且以闽南的陈、戴、李、黄等姓为多。

根据记载，元末明初已有福建人到菲律宾传授耕种和造酒的技术。1406 年至 1417 年间，郑和曾经到达吕宋、岷罗洛、苏禄等地。随后，中国移居菲律宾的人数逐渐增多。

总而言之，在明代中叶以前，中国海商已经在南洋各地出现，他们大多数是移居国外谋生的商人和手工业者，居住地大都是海上交通及贸易比较发达的港口及其附近地方。

第二节　西方人东来与中西贸易大发展

明朝政府在实行海禁的同时，只允许进行"朝贡贸易"，即外国通过向中国"朝贡"进行一些物品交换。以前，随贡使附带的私物允许自行交易，概予免税。到弘治时期，明朝政府制定了抽税的办法，"附至货物以十分为率，五分抽分入官，五分给还价值"，"如奉旨特免抽分者，不为例"，但"正统年间以迄弘治，节年俱无抽分"，到正德时，抽分法才开始认真实行。正德三年（1508）始行十分抽二。次年，广东市舶司开始实行抽分制，将暹罗、满剌加国并吉阑国夷船货物俱以十抽三。在明代海外贸易政策上，这是一个重大的改变。① 正德十二年（1517），都御使陈金和副使吴廷举重申抽分制，得到户部的批准，将税率改为20％。② 与此同时，正德年间，正当沿海各省居民日益突破明朝政府的海禁防线之时，西方人也来到了中国沿海，并在海洋上与中国商人们相遇，葡萄牙人、西班牙人就是其中较早来到中国的西方人。

1498 年，葡萄牙人达·伽马"发现"了绕过好望角抵达印度的新航线。此后，葡萄牙人源源不断地来到东方。十年之后，印度西岸的加里库特也有了他们的身影。在这里，葡萄牙人将大量的香料转卖至欧洲。

---

① 晁中辰：《论明代的私人海外贸易》，《东岳论丛》1991 年第 3 期。
② 黄启臣：《明代广州的海外贸易》，《中国经济史研究》1990 年第 4 期。

1510年，葡萄牙人控制了印度果阿（今孟买南部）。1511年，葡萄牙人占领了马六甲，之后开始进入南中国海，并且派人到广东沿海一带活动。

1514年6月，葡萄牙人阿尔瓦雷斯乘坐中国帆船抵达广东珠江口的屯门岛（即伶仃岛），并在那里竖起刻有葡萄牙王国纹章的石柱。正德十二年（1517），国王派安拉德率领四艘葡萄牙船和四艘马来亚船，在葡王使者佩雷斯的陪同下，到广州进行了几个月的贸易，获利甚巨。① 此后，葡萄牙人不断地来到广东沿海，并将屯门岛作为活动据点，屯门成为西方商人在中国沿海最重要的贸易场所之一。1512年至1515年，葡萄牙药剂师皮列士在马六甲完成了著名的《东方志》，记录了从非洲东海岸传入中国、日本的有关地理、风俗、经济、宗教等方面的资料，对广州贸易记述相当详细，包括广州、南头贸易关系、税收状况、进出口商品等，具有十分珍贵的价值。根据他的记载，广州是交趾到中国沿海的贸易中心，是全中国陆路、海路大批商品的装卸地。南头成为广州的外港，那里的贸易构成广州贸易的重要组成部分。当时官府对广州与南头之间非法但客观存在的中外私商贸易已经习惯。因为马六甲被葡萄牙人占领，马六甲与广州、南头的贸易实际上是中葡贸易。南头贸易在海岛进行，葡萄牙商船、马六甲船停泊在屯门港，暹罗的船在濠镜港。皮列士还详细地记述了在南头交易的来自马六甲和中国的各种商品，进口方面有香料、药材、木材、衣料、象牙、珠宝、装饰品等，其中胡椒是大宗产品；出口方面有丝绸、瓷器、珍珠、药材、食盐、金属器皿、金银、日常用品，其中丝绸是大宗产品。另外，在屯门贸易的商品产地呈现多元化特色，有本地生产的，也有外地生产的，还有外国生产的。因此，有学者认为屯门的中外商人走私活动在广东官方的默许下形成一套中外商人共同遵循的权宜性贸易规则，这套规则可称为"南头体制"（"屯门体制"），为"广中事例"的诞生奠定了制度的基础。在澳门开埠之后，澳门取代南头成为中外合法的贸易场所，葡萄牙人与中国的贸易通过"澳票制"变成澳门与广州之间的贸易，最终得到朝廷的首肯，上

① 黄启臣：《明代广州的海外贸易》，《中国经济史研究》1990年第4期。

升为"广中事例"的组成部分。①

葡萄牙人到达澳门浮雕

明代青花缠枝花卉纹盖罐

明代青花八吉祥纹大碗

明代青花缠枝菊花纹碟

　　正德九年（1514），出任广东右布政使并兼管市舶司的吴廷举制定番舶进贡交易之法，并且在正德十二年（1517）代佛郎机求贡。其订立番舶进贡交易之法，除了顺应广东沿海居民发展海外贸易的要求外，还有抽取更多的税收以弥补地方财政困难和军饷不足的考量。② 然而，由于葡萄牙不是朝贡国，因此刚开始的贸易并不顺利，遂在广东沿海进行海盗活动。1522 年 8 月，中葡双方在西草湾发生激战，明军击败葡军，葡萄牙人被逐出广东沿海。葡萄牙人便北上浙江和福建，在浙闽沿海从事

① 李庆新：《明代屯门地区海防与贸易》，《广东社会科学》2007 年第 6 期。
② 邹建辉：《吴廷举与明中叶对外贸易制度的演变》，《兰台世界》2009 年第 15 期。

走私活动。①

明人张燮在《东西洋考》中说道："（马六甲）本夷市道稍平，既为佛郎机所据，残破之，后售货渐少。而佛郎机与华人酬酢，屡肆辀张，故贾船希往者。直诣苏门答剌必道经彼国。佛郎机见华人不肯驻，辄迎击于海门，掠其货以归。数年以来，波路断绝。然彼与澳夷同种，片帆指香山，便与粤人为市，亦不甚藉商舶彼间也。"②《明史》中也有这样的记载："佛郎机，近满剌加。正德中，据满剌加地，逐其王。十三年遣使臣加必丹末等贡方物，请封，始知其名。诏给方物之直，遣还。其人久留不去，剽劫行旅，至掠小儿为食。"③ 由此可知，来到东南亚的佛郎机人首先占据了马六甲，并与中国商人在南中国海相遇，甚至曾经在海上掠夺华人的货物。一段时间之后，他们来到了中国广东沿海，与香山（今珠海、中山、澳门一带）附近的广东人进行贸易活动。明中叶海防紧张，只有广东相对平静。另外，《明史》中关于佛郎机的相关记载，是明朝政府对葡萄牙人最初的直接印象——知道佛郎机人占据了满剌加，并且将他们的统治者驱逐。因而，当他们向明朝政府提出贸易通商要求时，明朝政府并没有同意，而是赏赐了他们一些东西，想把他们打发走。然而，葡萄牙人却在中国沿海久留不去，暗中与沿海居民展开贸易活动。

双屿地处浙江外海，距离舟山城东南百里，明初政府将岛民内迁，此地无人居住，遂成为走私贸易船只聚集的一个重要据点。每当海禁严厉的时候，浙江本地的走私商人便引诱外国商船到此贸易。后来，许栋、李光头、王直等人下海，日本私商和葡萄牙人也来到此地，双屿遂发展成为当时中外私商和海寇最大的据点。葡萄牙人的贸易不仅得到当地官员的默许和纵容，而且许多官吏和军士也参与其中。例如，"宁绍奸人通同吏书，将起解钱粮物料领出，与双屿贼船私通交易"。④ "绍兴

---

① 廖大珂：《朱纨事件与东亚海上贸易体系的形成》，《文史哲》2009 年第 2 期。

② [明] 张燮：《东西洋考》卷四《西洋列国考·麻六甲》，第 70 页。

③ [清] 张廷玉等：《明史》卷三二五《外国列传六·和兰列传》，第 8436 页。

④ [明] 朱纨：《甓余杂集》卷四《生擒海贼事》，明朱质刻本，第 90 页。

卫三江所军士王顺与见获钱文陆各不合，私自下海，投入未获叛贼冯子贵船内管事，与伊共谋投番导劫，常到海宁大尖山下泊船"。[①] 嘉靖十九年（1540），徽州私商许松等人到满剌加招引来大批葡萄牙人到浙江沿海贸易，葡萄牙人开始在双屿安营扎寨。

　　1542年左右，葡萄牙人发现了日本，又开辟了对日直接贸易。当时葡萄牙人在双屿的贸易活动主要是从事日本、中国闽浙和满剌加之间的三角贸易，贸易形式是与中日私商合伙从满剌加等地贩来胡椒、香料等东南亚商品，在双屿与当地商人交换丝绸、棉布，然后运往日本出售，换回白银，再用以购买下一趟航行的船货。与此同时，葡萄牙人也诱引日本商人前来双屿贸易，另外也到闽浙沿海从事贸易活动。在这种情况下，浙江的双屿岛聚集了一定数量的葡萄牙人。双屿港走私繁荣之时，葡萄牙人在港口修筑码头，开仓建道，开设商铺，妄图将双屿港作为长期的走私据点。嘉靖二十四年（1545），大批海商在许二与王直的带领下远赴日本进行私人贸易，回国时带领一批日本商人到双屿港贸易。嘉靖二十五年（1546），许二又伙同李光头等人引诱日本人进犯象山，洗劫石浦所，甚至绑架政府官员。因此，这一时期双屿成为联结东南亚、中国东南沿海和日本之间贸易市场的中心。[②]

　　根据中外文献的记载，葡萄牙人最早抵达漳州海面的年代是正德十三年（1518）。此后，葡萄牙人在漳州海面持续进行隐藏式贸易长达30年之久，并且曾经在浯屿岛建立了贸易居留地。[③] 其实，刚开始的时候，葡萄牙人先到广东海面，但遭到广东官员的阻止。"自是安南、满剌加诸番市，有司尽行阻绝，皆往福建漳州府海面地方私自行商。于是，利归于闽，而广之市萧然矣"。[④] 葡萄牙人开始来到福建漳州府月港、梅岭（今诏安县梅岭镇）等海面上，与当地百姓暗中展开贸易活动。后来，

---

① 同上书，卷三《不职官员背公私党废坏纪纲事》，第55页。

② 廖大珂：《朱纨事件与东亚海上贸易体系的形成》，《文史哲》2009年第2期。

③ 杨国桢：《葡萄牙人Chincheo贸易居留地探寻》，《中国社会经济史研究》2004年第1期。

④ ［明］严从简：《殊域周咨录》，转引自傅衣凌《傅衣凌著作集》，第106页。

葡萄牙人和明军在诏安进行了走马溪之战。此战后，葡萄牙人重返广东。

在《明史》的记载中，澳门名为濠镜澳，又称香山澳、亚妈澳、濠海、濠江等，是香山众海港之一，西方人则称其为 Macao。① 《澳门纪略》中有云："则以澳南有四山离立，海水纵横贯其中，成十字，曰十字门，故合称澳门。或曰：'澳有南台、北台，两山相对如门。'"②

1553 年，葡萄牙—日本航线船队的长官苏萨与广东海道副使汪柏接洽商谈贸易事宜，翌年达成口头协议，允许葡萄牙人在浪白澳贸易。③ 嘉靖三十五年（1556），为进出口商品交易汪柏在澳门设立了"客纲"和"客纪"，由广、徽、泉等商人经营。这种"客纲""客纪"的组织不如发放"信票""澳票"严密。至万历年间，澳门出现了专营进出口货物的"三十六行"。④ 嘉靖三十六年（1557），葡萄牙人在澳门纳租筑室居住；此后，以澳门为贸易中转站，大力从事欧洲、中国和日本之间的三角贸易。他们在欧洲装上西班牙银圆，到印尼群岛再装香料等货，至澳门出售并换得丝绸等货，运至日本出售，又换取便宜的日本白银回到澳门，并在澳门用从日本带回的白银购买广州的丝绸、瓷器等物回国。⑤ 在中日贸易之间，葡萄牙人作为中介商获利甚多，他们除了在广州等地购入大量生丝、丝绸等商品之外，同时也大量收购黄金、大黄、甘草、麝香、茯苓、瓷器、水银等中国商品，继而转运至日本高价贩卖，从日本换回大量白银后又转回中国购买货物，从中获取高额利润。根据学者全汉昇的研究："中国药材如大黄，在澳门以二点五两一担收购，但在日本却以五两一担出售；甘草每担在澳门售银三两，到了日本则为九到十

---

① 陈小锦：《明清时期澳门在中西贸易中的地位》，《广西师范学院学报（哲学社会科学版）》2001 年第 2 期。

② ［清］印光任、张汝霖：《澳门纪略》上篇《形势篇》，第 21 页。

③ 廖大珂：《朱纨事件与东亚海上贸易体系的形成》，《文史哲》2009 年第 2 期。

④ 李金明：《明代广东三十六行新论》，《学术研究》1988 年第 3 期。

⑤ 范金民：《16～19 世纪前期海上丝绸之路的丝绸棉布贸易》，《江海学刊》2018 年第 5 期。

两；陶瓷器、水银、锡、丝、糖等差不多都是这样。"① 这样的巨额贸易利润吸引着葡萄牙人以澳门为据点开展中日贸易，以致在后期出现了广州—澳门—日本长崎贸易航线。除此之外，葡萄牙人又以澳门为起点与中心点，形成了广州—澳门—果阿—欧洲航线、广州—澳门—马尼拉—拉丁美洲航线、广州—澳门—望加锡—帝汶航线。

两广总督和广东地方政府从局部利益出发，面对现实，自作主张，逐步调整贸易政策，一方面默许葡萄牙人居留澳门，开展中葡贸易；另一方面以主管海防的巡视海道副使主管商舶贸易，府、县官员一起参与，与代表朝廷的市舶宦官角逐市舶之利，最终罢撤宦官，市舶管理尽归地方，形成一套新的运作机制，时人称之为"广中事例"。这一切都是在朝廷事先不知情的情况下完成的，最终得到朝廷的接受和认可，上升为国家的贸易制度。这是明中期海外贸易发展的重大成果。② 而福建的"月港体制"仅为中国特别是漳泉地区商民提供了一个出外经商的通道，而不是中外贸易的场所。广东不仅允许外国商人前来贸易，而且准许中国商人外出经商。这在海外贸易制度从市舶司向海关发展的总体进程中更具有制度典范意义，也为清代海关及其朝廷贸易体系继承。③

嘉靖末年以后，广州开始举办半年一度的"交易会"。广州贸易与东亚、印度、欧洲和美洲市场接轨，展销来自世界各地的商品，带有明显的国际性、季节性，是世界海洋贸易的重要组成部分，无论在形式、规模、内涵上，都不同于传统意义上的城乡商品交易，如南方农村墟市、北方乡村集市。万历六年（1578），葡萄牙人获准到广州贸易，参加每年一次的"交易会"。当时广州也放宽了对中国商人出洋贸易的限制，只要向海道领照挂号，遵守海禁法令，就可置货出洋，这是广州继开放"交易会"之后进行的又一重大制度调整。万历八年（1580）以后，广州举办春夏两季"交易会"，每次交易时长为两到四个月；春季"交易会"

① 全汉昇：《明清经济史研究》，联经出版事业公司，1987，第10页。
② 李庆新：《明代海外贸易制度》，社会科学文献出版社，2007，第164—165页。
③ 同上书，第17页。

在一月份举办，主要展销销往印度和其他地区的商品；夏季"交易会"在六月份举办，主要销售运往日本的商品。中外贸易中有"贸易经理人"为外商采办出口货物。这些进出口货物都需要纳税。直到崇祯初年，葡萄牙人每年都前往广州参加"交易会"。到了崇祯十三年（1640），由于葡萄牙人不服管制，走私贩私，广东官方禁止他们到广州贸易。此后，广东又恢复到以前的状况，"止令商人载货下澳贸易"。明中后期，广州与澳门构成广东贸易的"二元中心"，广州主要面向国内，澳门面向海外。①

明朝弘治五年（1492），哥伦布受命于西班牙女王，在西班牙政府的资助与支持下，带着西班牙政府给印度君王和中国皇帝的国书，率三艘重达百吨的巨船由西班牙巴罗斯港扬帆，横渡大西洋，最终发现美洲新大陆，由此开启了西方人的探险之旅。此后，西班牙人以美洲新大陆为根据地，横渡太平洋，占据菲律宾。正德六年（1511），西班牙人进占菲律宾。西班牙人抵达菲律宾后，其扩张意图继续滋长。西班牙人黎牙实比在给西班牙国王的报告中曾经说道："我们必须想方设法同中国建立商业联系，以期获得中国的丝绸、瓷器、安息香、麝香和其他物资。通过开展此种商业活动，居民便可马上增加他们的财富收入。"为了扩大西班牙在亚洲的贸易版图，西班牙国王在明隆庆三年（1569）任黎牙实比为菲律宾总督。隆庆五年（1571），黎牙实比又占领了菲律宾群岛的吕宋，并以马尼拉为中心，建立了西班牙管辖下的菲律宾殖民地。由此，菲律宾成为其向亚洲其他国家和地区扩展贸易的根据地，也成为其联系亚、美、欧三大洲贸易的辗转中心。西班牙人建立了以马尼拉和美洲阿卡普尔科为据点的亚、美贸易垄断权。

西班牙人于1545—1548年在墨西哥与秘鲁发现了特大银矿，其产量占世界的三分之二。1600年以后，西班牙人每年运载白银200余万元到马尼拉进行贸易，多的时候达到300万元。这些白银主要用来采购中国

---

① 李庆新：《地方主导与制度转型——明中后期海外贸易管理体制演变及其区域特色》，《学术月刊》2016年第1期。

商品，一直到明朝末年为止。^① 晋江人何乔远也曾提及："东洋则吕宋，其夷佛郎机也。其国有银山出银，夷人铸作银钱独盛。我中国人若往贩大西洋，则以其所产货物相抵，若贩吕宋，则单是得其银钱而已。是两夷人者，皆好中国绫缎、杂缯。其土不蚕，惟借中国之丝为用。湖丝到彼，亦自能织精好段匹。錾凿如花、如鳞，服之，以为华好。是以中国湖丝百斤，值银百两者，至彼悉得价，可二三百两；而江西之瓷器，臣福建之糖品、果品诸物，皆所嗜好。佛郎机夷虽名慧巧，顾百工技艺，皆不如我中国人。我人有兵一技以往者，虽徒手无所不得食。是佛郎机之夷代为中国养百姓者也。"^②

明代，市舶提举司是主管朝贡贸易的专门机构。明代中叶以后，随着形势的发展，市舶司的作用逐渐式微。到了晚明，情形发生了变化，市舶司职权不断上升。学者李庆新认为，市舶司权力的提升与明后期贸易管理体制改变有直接关系。嘉靖末年，广州开始举办季节性国际商品"交易会"，允许葡萄牙人上省交易；万历六年（1578），准许中国商人向海道挂号领照，出洋贸易。万历八年（1580）以后，举办春夏两季"交易会"，引起一系列制度变动。隆庆初年改订税例，丈抽征银。万历《广东通志》记载，外商到埠，海防同知、市舶司提举、香山正官一同前往，实施丈量。商人上省完税后，听其贸易。若有走漏，补税治罪。市舶司在一系列的制度改革中逐渐发挥作用。而明人颜俊彦《盟水斋存牍》收录的判文与公牍，清晰地反映了海道副使在广州、澳门贸易管理中"大权旁落"。^③

---

① 全汉昇：《明清间美洲白银的输入中国》，载《中国经济史论丛》，香港新亚研究所，1972，第438页。

② ［明］何乔远：《镜山全集》卷二三《请开海禁疏》，日本内阁文库明刊本，第31—32页。

③ 李庆新：《从颜俊彦看〈盟水斋存牍〉明末广州、澳门贸易制度的若干变动》，《学术月刊》2011年第1期。

第三节　海乱频繁与明朝政府的应对

一、朱纨治理浙闽沿海

嘉靖二年（1523），正当中国东南沿海老百姓的通番贸易活动进行得如火如荼的时候，浙江宁波发生了因日本贡使争先入贡而引发的"争贡之役"，明朝政府上下大为震惊。关于这一事件，《宁波府志》是这样记载的："四月，夷船三只，译称西海道大内谊兴国遣宗设谦道入贡。越数日，夷船一只，使人百余，复称南海道细川高国遣使瑞佐、宋素卿入贡。导至宁波江下时，市舶太监赖恩私素卿重贿，坐之宗设之上，且贡船后至先于盘发，遂致两夷仇杀，毒流廛市。宗设之党追逐素卿直抵绍兴城下，不及。还至余姚，遂执宁波卫指挥袁琎，奇舟越关而遁。时备倭都指挥刘锦，追贼，战没于海。"

由此可知，嘉靖二年（1523），日本两位大臣左京兆大夫大内义兴和右京兆大夫细川高国分别派遣使臣到明朝朝贡，大内义兴的使臣宗设先于细川高国的使臣瑞佐、宋素卿到达宁波。按照明朝政府的规定，外国货物到港后，市舶司阅货及宴坐，都以到达的先后顺序为准。宋素卿暗地贿赂宁波市舶司的太监赖恩，结果市舶司先验瑞佐、宋素卿的货，宴请时又将他们安置在先到的宗设前座。宗设愤愤不平，当场和瑞佐打了起来。赖恩偷偷帮助瑞佐、宋素卿，并给他们兵器。而宗设依仗人多，不仅捣毁宴请他们的嘉宾堂，而且洗劫宁波守军藏兵器的东库，烧毁瑞佐、宋素卿的船。宋素卿被赖恩等人藏了起来，瑞佐逃到绍兴。宗设追到绍兴，要绍兴守军将瑞佐交给他，遭到拒绝后便沿途一路杀掠。最后宗设逃到海上，据海顽固抵抗。巡按御史欧珠、镇守太监梁瑶把宋素卿逮捕归案。不久，朝鲜国王派人把漂流到朝鲜的宗设党徒等33人献给明朝。

明政府根据他们与宋素卿的对质，查清了事实真相及他们所持符验的真伪。最后，在嘉靖四年（1525）把宋素卿处死，瑞佐放回日本，并命令日本放回被宗设抓走的明指挥袁琎及沿海被掠的老百姓，否则与日断绝通商。[①] 这次事件不仅使市舶司、清净寺以及无数民房被无故焚烧，而且还使得官员、百姓伤亡惨重，宁波、绍兴两地百姓死伤累累，朝野上下为之震惊。对于这起"争贡事件"，明朝政府将其归咎于市舶司的存在，认为"倭患起于市舶"。[②] 事后，明朝政府下令关闭宁波、泉州和广州三处市舶司，日本与明王朝之间的朝贡贸易关系不再。

然而，日本民间与中国东南沿海地区老百姓之间的贸易联系却没有因此受到影响。相反，民间通番贸易愈演愈烈。在这种情况下，以嘉靖皇帝为代表的明朝政府一次又一次地重申海禁令，以打击走私贸易，而沿海居民仍然以航海通番为生。例如，《明世宗实录》记载：嘉靖元年（1522），"暹罗、占城货船至广东。市舶中官牛荣纵家人私市。"嘉靖十五年（1536）七月壬午，"龙溪、嵩屿等处地险民犷，素以航海通番为生，其间豪右之家往往藏匿无赖，私造巨舟，接济器食，相倚为利。请下所司严行禁止……居民泛海者，皆由海门、嵩屿登岸，故专设捕盗馆，宜令本馆置籍刻符，民有出海货卖在百里外者，皆诣捕盗官处自实年貌……"[③] 由此可知，在日益严厉的海禁政策之下，老百姓依然铤而走险，下海通番。

与此同时，日本进入战国时代，政局混乱，群雄割据，许多浪人剽掠海上，另外因明朝政府实行严厉的海禁政策而游离出来的走私群体众多，甚至拥有了武装力量。他们不仅称霸海上，而且还经常上岸行劫繁华的市镇。此时的东南海洋上，除了日本的倭寇，还包括中国沿海的走私商人以及东来的佛郎机人。一时之间，中国东南海洋到处充满着不安定的因子。

这样的情形，在嘉靖年间日益引起明朝政府的高度重视。嘉靖二十六年（1547）七月，嘉靖皇帝将担任巡抚南赣的朱纨改调为巡抚浙江兼

① 程彩霞：《明中叶"争贡之役"透视》，《江苏社会科学》1992年第2期。
② ［清］谷应泰：《明史纪事本末》卷五五《沿海倭乱》，中华书局，1977，第844—845页。
③ 《明世宗实录》卷一八九，第3997页。

管福建等处海道，开府杭州，以加强对闽浙沿海的控制。① 朱纨，字子纯，苏州人，正德十六年（1521）进士，初任景州知府，后一路升迁；嘉靖二十五年（1546）擢为右副都御史，巡抚南赣。嘉靖二十六年（1547），在东南沿海倭患日益严重的情况下，嘉靖皇帝改任朱纨提督浙闽海防军务，巡抚浙江。

朱纨上任之后，在嘉靖皇帝的支持下，有针对性地实行了一系列政策和措施。其中，革渡船、严保甲等取得了一定的成效。

当时，由海盗商人林剪、许二、许四、王直为首的许氏海商集团称霸沿海，不断侵扰沿海地区，最终引来明朝政府的围剿。嘉靖二十七年（1548）初，朱纨便有意解决许氏海商集团。三月，他派都司卢镗率明军自海门而出。为了阻断许氏海商集团南逃广东的路线，朱纨还派海道副使柯乔与都指挥黎秀分驻漳、泉、福、宁各地。四月，明军在都司卢镗、海道副使魏一恭、备倭指挥刘恩至的率领下与许氏海商集团在九山洋进行了一场恶战。在这场战役中，许二与日本人稽天战败后被擒，而王直则带其余人等侥幸逃脱。九山洋的战火一直持续，并迅速移转到许氏海商集团的大本营双屿港。官府围剿至双屿港，与国内外海商激烈搏斗，许氏海商集团的几个贼首如许六、姚大总等被擒，部分葡萄牙海商、浙江及其他中国海商、日本海商等得以逃脱。五月，朱纨亲临双屿港巡查，下令以木石封港，许氏海商集团最终覆灭。②

前文已经谈及，豪门巨室参与通番贸易的活动，朱纨也注意到这一现象。例如，他提到当时在家乡居的林希元的情况："又如，考察闲住佥事林希元负才放诞，见事风生；每遇上官行部，则将平素所撰诋毁前官传记等文一、二册寄览，自谓独持清论，实则明示挟制。守土之官畏而恶之，无如之何。以此树威，门揭'林府'二字；或擅受民词私行栲讯、或擅出告示侵夺有司。专造违式大船，假以'渡船'为名，专运贼赃并违禁货物（林次崖有高才而不偶于时，便以自放，不为检束）。夫所谓乡官者，一乡之望也；乃今肆志狼藉如此，目中亦岂知有官府耶！

①《明世宗实录》卷三二五，第6018—6019页。

② 葛国培：《明朝宁波的私人对外贸易》，《浙江学刊》1991年第3期。

盖漳、泉地方，本盗贼之渊薮；而乡官渡船，又盗贼之羽翼。臣反复思惟，不禁乡官之渡船，则海道不可清也；故不恤怨谤，行令禁革，以清弊源。"① 由这段史料可以了解林希元在同安老家的种种作为，一方面，作为地方士绅，其所作所为负才放诞；另一方面，作为乡官，私自建造违规大船，借"渡船"为名，不仅帮忙运载盗贼的赃物，还装载违禁的货物出海贸易，所到之处，均以"林府"为名，地方官府不敢过问。朱纨认为，林希元的这些行为明显违背了明朝政府海禁政策的原则，只有将"乡官之渡船"革除了，福建的海道才会清静下来。于是，革除渡船、严行保甲等措施开始在闽浙沿海地区得以推行："于是，革渡船，严保甲，搜捕奸民。闽人资衣食于海，骤失重利，虽士大夫家亦不便也。"② 以海洋为第二生活空间的沿海百姓顿时失去了依托，即使是士大夫家族也大感不便。其实，诸如林希元这样的例子在闽浙沿海不在少数，正当朱纨在为自己治理浙闽沿海稍显成效而暂时松口气的时候，不仅浙江、福建两省普通百姓的日常生计受到了影响，一些世家大族也开始因为利益受损而对朱纨产生了怨恨的心理。

在明朝政府派遣朱纨治理东南海疆的同一年，佛郎机人也在东南沿海展开了贸易活动。根据史料记载，嘉靖二十六年（1547），"有佛郎机船载货泊浯屿，漳、泉贾人往贸易焉。巡海使者柯乔发兵攻夷船，而贩者不止。都御史朱纨获通贩九十余人，斩之通都，海禁渐肃。"③ 由此可知，地处漳州府与泉州府交汇的浯屿岛是当时佛郎机人来华贸易的一个中转站。当时，漳州和泉州的老百姓们都私自驾船运载货物，前往浯屿与之交易。这样的贸易方式很快被地方官员察觉，于是，巡海道柯乔带领军队前往浯屿，但是阻止不了走私贸易继续进行。直到后来，明朝政府与佛郎机人在诏安的走马溪（今东山县陈城镇岐下村）发生了激烈的战斗。此处所讲的"都御史朱纨获通贩九十余人，斩之通都"事件就是

---

① ［明］朱纨：《阅视海防事》，载 ［明］陈子龙等选辑《明经世文编》卷二五〇，第 2158 页。

② ［清］张廷玉等：《明史》卷二〇五《列传》第九三《朱纨》，第 5404 页。

③ ［明］张燮：《东西洋考》卷七《饷税考》，第 131 页。

明代中葡关系史上有名的"走马溪之战"。这次的军事活动以明朝政府军队的胜利而告终，包括李光头在内的 96 人被判以死刑。

走马溪之战结束后，葡萄牙人重新退回广东沿海，结束了在福建的活动。然而，对于九龙江下游两岸的百姓来说，却是哀鸿一片："顾海滨一带，田尽斥卤，耕者无所望岁，只有视渊若陵，久成习惯，富家征货，固得稇载归来；贫者为佣，亦博升米自给。一旦戒严，不得下水，断其生活，若辈悉健有力，势不肯搏手困穷。于是，所在连结为乱，溃裂以出。其久潜踪于外者，既触网不敢归，又连结远夷，乡导以入。漳之民始岁岁苦兵革矣。"①

关于明朝政府与葡萄牙人之间的这场战争，朱纨向嘉靖皇帝作了报告，说是葡萄牙人来到漳州海面上行劫而遭到地方军队的痛击，因而将贼首李光头等 96 人处以死刑。尽管朱纨在处理李光头等人的问题上存在一些问题，如明末晋江人何乔远在其著作《名山藏》中这样说道："此时，有佛郎机夷者来商漳州之月港，漳民畏纨厉禁，不敢与通，捕逐之，夷人愤起格斗，漳人擒焉。纨语镗及海道副使柯乔，无论夷首从，若我民悉杀之，歼其九十六人，谬言夷行劫至漳界，官军追击于走马溪上擒得者。"② 由此可知，在对抗葡萄牙人的过程中，漳州当地老百姓也发挥了一定的作用。但是，走马溪之战结束后，朱纨、卢镗、柯乔等人却不管是夷人还是当地的百姓，对拿获的 96 人通通处以死刑，并且向明朝中央报告说是夷人到漳州海面行劫而引起的战争。

走马溪之战的发生及其处理，朱纨有不可推卸的责任，这也成为浙江、福建籍官员弹劾朱纨的强有力证据之一。嘉靖二十七年（1548）七月甲戌，御史周亮向嘉靖皇帝上奏，其中谈到添设浙江巡抚一职带来许多不便的问题。嘉靖皇帝答复道，去年添设浙江巡抚，属于一时之策，对于现行的官僚政体有不一致的地方。因此将朱纨改为巡视，等到地方平静之后再诏其回京城，此后一切政务仍然归巡按御史，按原来的规矩

---

① ［明］张燮：《东西洋考》卷七《饷税考》，第 131 页。
② ［明］何乔远：《名山藏》卷一四〇，江苏广陵古籍刻印社，1993，第 6086 页。

行事。①

此外，御史陈九德还向嘉靖皇帝上奏，弹劾朱纨滥杀无辜，请求派遣官员进行调查。于是，嘉靖皇帝先将朱纨革职，同时命令兵科给事中杜汝祯等人前往地方勘察，得到的答案是，满剌加国的番人每年都会招徕沿海各省的无赖之徒往来海上进行走私贸易，但是并没有抢劫行为。于是，嘉靖二十九年（1550）七月壬子，嘉靖皇帝下诏命令将巡视浙福都御史朱纨调回京城准备审讯，同时将福建都司都指挥佥事卢镗、海道副使柯乔等二人下狱论罪。②

在这种情形下，朱纨除了发出"去外国盗易，去中国盗难。去中国濒海之盗犹易，去中国衣冠之盗尤难"③ 的感慨之外，还这样说道："吾贫且病，又负气，不任对簿。纵天子不欲死我，闽、浙人必杀我。吾死，自决之，不须人也。"④ 由此可知，朱纨对于当时自己所处的境况是十分明白的，知道自己的所作所为已经严重威胁到闽浙百姓，特别是势家巨室的利益，并且为这些势家所不容。于是，朱纨在嘉靖皇帝圣旨未到之前，就自己写了墓志铭，饮药而亡。朱纨死后，明朝政府撤除巡视大臣的设置，在此后相当长一段时间内，"中外摇手不敢言海禁事"。

二、嘉靖倭乱

被嘉靖皇帝任命治理浙闽沿海事务的朱纨因厉行海禁而死，这一事件对中国东南海疆最直接的影响就是嘉靖倭患的发生和葡萄牙人占据澳门。在"中外摇手不敢言海禁事"的背景下，各种力量纵横东南沿海之上，终于酿成嘉靖倭乱的大祸。关于嘉靖倭乱的发生，明人董应举有这样的一番论述："推其祸始，乃由闽、浙沿海奸民与倭为市；而宁绍大

① 《明世宗实录》卷三三八，第6167页。
② 《明世宗实录》卷三六三，第6470—6471页。
③ ［清］张廷玉等：《明史》卷二〇五《列传》第九三，第5405页。
④ 同上书，第5404页。

姓收其利，阴为主持，牵连以成俗。当时抚臣朱纨欲绝祸本，严海禁；大家不利，连为蜚语中之，而纨逮问矣。纨逮而海禁益弛。于是，宋素卿、王直、陈东、徐海、曾一本、许恩之流争挟倭为难。自淮扬以南至于广海万余里，无地不被其残灭，而闽祸始惨矣。"① 从上面的史料可知，董应举认为，嘉靖倭乱的起因与浙江、福建两省沿海居民私通日本有着密切的联系。同时，浙闽的势家大姓也参与其中，暗中通番，而朱纨"严海禁"等措施威胁到了他们的利益。于是，任职中央的沿海人士联合起来对抗朱纨，致使其自尽而亡。朱纨死后，海禁政策更加松弛。于是，宋素卿、王直、陈东、徐海、曾一本、许恩等海寇商人集团愈发无所顾忌，纵横海上，祸害东南数省。特别是福建诏安四都人吴平，许朝光、林道乾、曾一本等人都推崇他成为闽广海寇集团的总首领。

双屿港战役之后，王直召集许栋的余部及其船队于舟山群岛一带继续走私贸易，逐渐成为浙江海域最大的海商集团。嘉靖二十七年（1548），势力强大的王直和徐惟学合作，招引日本商人前来浙江舟山的马积潭进行走私交易。另一海商陈思盼也引日本商人聚集于舟山北部的大衢山进行交易。随

海商王直在日本平户使用过的水井
（施沛琳摄影供图）

后，王直及徐惟学两人又在嘉靖二十八年（1549）、嘉靖二十九年（1550）相继引日本商人到舟山长涂市进行交易。嘉靖三十年（1551），徐惟学又招引日商到舟山沥港进行交易。徐惟学之侄徐海"往谒之，同

---

① ［明］董应举：《崇相集选录》，《台湾文献史料丛刊》第八辑第 237 种，台湾大通书局，1987，第 2 页。

行日本"。^① 同年，王直在沥港建立贸易基地，舟山的走私贸易日益兴盛。明朝政府对海商、海寇的围剿不仅打击了猖獗的寇盗势力，同时也阻碍了走私商人的发展，贸易活动遭到冲击。一些奸商趁机拖欠外商款项，迟迟收不到商款的日本商人惴惴不安。于是，王直便与他们合作，自封徽王，盘踞于日本平户，其后更是指挥日本的海盗劫掠中国沿海地区，百姓不堪其扰。随着实力的不断扩大，王直于嘉靖三十年（1551）吞并了陈思盼的海商集团，从而控制了浙江海域。强大的势力吸引了其他海商的注意，各地的海商、海寇纷纷拜入其门下，如鄞县徐元亮、徐碧溪、毛海峰等人。此时的王直不仅与沿海商贩合作，还与沿海官员多有来往。嘉靖三十一年（1552），王直攻定海关失败而盘踞于关外的烈港，走私活动又复猖獗，甚至发生了"壬子之变"。烈港也成为王直集团的贸易中心。直至三月官兵攻破烈港，王直率一部分船舰出逃，烈港被付之一炬。为了躲避官兵追击，王直于同年又随来舟山走私贸易的日商"同行日本"。嘉靖三十二年（1553），曾在双屿港经商后流入日本的叶宗满也引日商回到浙江沿海贸易，后又因躲避官府而"往市广东之南澳"。^②

嘉靖三十三年（1554），明朝政府命南京兵部尚书张经总督军务抗倭。嘉靖三十四年（1555），明朝政府又任命胡宗宪为代巡抚，后又升其为兵部侍郎兼佥都御史，令其督军抗倭。同年七月，胡宗宪进谏朝廷与日本国王交涉禁倭问题。嘉靖三十六年（1557），一直盘踞日本的王直与日本贡使僧德阳，在蒋洲等人的陪同下，率领数十艘海船回国，抵达定海关，并请胡宗宪代请通商。王直有心灭倭互市，胡宗宪也有意除寇互商。然而，朝野之上，"纵蒋洲引倭，受贿数十万"的污蔑与攻击摧毁了胡宗宪的心理防线。胡宗宪违背了与王直的约定，并且逮捕了王直。

① [明] 郑舜功：《日本一鉴》卷六，转引自王慕民《明代宁波在中日经济交往中的地位——兼论官、民贸易方式的转变与嘉靖"大倭乱"的起因》，《宁波大学学报（人文科学版）》2004 年第 5 期。
② [明] 郑舜功：《日本一鉴》卷六，转引自王慕民《明代宁波在中日经济交往中的地位——兼论官、民贸易方式的转变与嘉靖"大倭乱"的起因》，《宁波大学学报（人文科学版）》2004 年第 5 期。

第二章　民间私人海上贸易的勃兴与西方人的东来

嘉靖三十八年（1559），王直被斩首于杭州。王直死后，其义子王滶肢解官方人质夏正，与官兵对峙于岑港，双方僵持不下。胡宗宪督师宁波，召集总兵俞大猷及参将戚继光等人前往岑港围剿倭寇。战事持久不下，直至嘉靖三十九年（1560）才将岑港倭寇剿灭。然而这次的围剿仍然没有根除后患，倭寇对宁波地区的侵扰一直持续到次年。嘉靖四十年（1561），吴平引倭寇攻破大城所，活动于福建漳州和广东的潮州、惠州一带。嘉靖四十五年（1566），吴平寇掠白沙等处，总兵汤克宽遣指挥高卓出哨，而吴平等人早已离开，不知所终。①

根据《泉州府志》的记载："漳泉寻复通倭。倭亦以巨航至漳泉。人往往有诈负其直者，遂生嫌隙，而倭患萌矣。"② 明代黄堪的《海患呈》中也说道："本年（嘉靖二十四年）三月内，有日本夷船数十只，其间船主水梢，多是漳州亡命，谙于土俗，不待勾引，直来围头、白沙等澳湾泊。四方土产货，如月港新线、石尾棉布、湖丝、川芎，各处逐利商民，云集于市。本处无知小民，亦有乘风窃出酒肉柴米，络绎海沙，遂成市肆。始则两愿交易，向后渐见侵夺。后蒙本府严禁接济，是以海沙罢市。番众绝粮，遂肆剽掠，劫杀居民。鸣锣击鼓，打铳射箭，昼夜攻劫，殆无虚日。去海二十里乡村，挈妻提子，山谷逃生。灶无烟火，门绝鸡犬……至本月十九日，夷船闻风逃去，居民复业。"③ 由于日本商人是以白银做交易，漳泉滨海民众都喜欢与日本商人做买卖，他们事先收购各地出产的货物藏于自己家中，待日本商人来时售之。他们对日本商人何时来，来的人数多少，一般都能提前知晓。④

与此同时，日本市场也逐渐有漳州人前去做贸易。嘉靖二十三年（1544），"忽有漳通西洋番舶为风漂至彼岛（日本），回易得利。归告其党，转相传语。于是，漳、泉始通倭。异时贩西洋，恶少无赖，不事产

① 李庆新：《16～17世纪粤西"珠贼"、海盗与"西贼"》，《海洋史研究》2011年第2辑。

② 万历《泉州府志》，泉州志编纂委员会，1985，第36页。

③ ［明］黄堪：《海患呈》，《安海志》卷十二，1983，第127页。

④ ［明］胡宗宪：《筹海图编》卷四《福建事宜》，明嘉靖四十一年刻本，第19页。

业。今虽富家子及良民，靡不奔走。异时维漳缘海居民，习奸阑出物，虽往，仅什二三得返，犹几幸少利。今虽山居谷汲，闻风争至；农亩之夫，辍耒不耕，赍贷子母钱，往市者，握筹而算，可坐致富也"。于是"中国有倭银，人摇倭奴之扇，市习倭奴之语，甚豪者佩倭奴之刀"。①"至于私通日本，舟容万斛，所受皆富商大贾，所载皆绫段茧丝，积日旷时，乃能集事"。②

根据记载，因当时闽商多走日本，有时被台风刮到朝鲜，朝鲜便将这些漂流民送返中国。朝鲜方面记载："（嘉靖）二十五年二月，朝鲜署国事李峘，遣使南洗健、朴菁等，解送通番人颜容等六百一十三人，皆漳泉人也。二十六年三月，朝鲜国王李峘遣人解送福建下海通番奸民三百四十一人，咨称福建人民无故泛海至本国者。顷自李王乞等始以往日本市易，为风所漂。今又获冯淑等，前后共千人以上，皆挟带军器货物。前此倭奴未有火炮，今颇有之。盖此辈闲出之。故恐起兵端，贻患本国。"③ 按照当时明朝的法律规定，犯禁到日本贸易是要杀头的。故在嘉靖三十三年（1554）六月，就有到日本贸易的漳州人苏毛等30余人被福建官兵捕获后遭诛杀。④ 由此可知，当时到日本从事走私贸易的漳泉商人数量是很多的。

从嘉靖二十八年（1549）起，贻害中国东南沿海的倭乱开始影响到繁华一时的月港及其周边的地方，从此老百姓们陷入了灾难之中。《海澄县志》记载："二十八年，倭寇犯月港，檄壮士陈孔志往援，当贼冲死之，倭亦随遁。倭患自此始。三十六年夏六月廿五日，海寇许老、谢老犯月港，义士张季夏奋拒死之，贼焚千余家，掳千余人而去。冬十二月，倭寇泊浯屿，寻出潮州。三十七年夏五月，倭寇由沧泉庵至月港，

①［明］洪朝选：《洪芳洲先生文集》卷四《瓶台潭侯平寇碑》，商务印书馆，2018，第70—74页。

②［明］朱潮：《天马山房遗稿》卷四《海寇志》，福建师范大学图书馆藏明刊本，第24页。

③《嘉靖倭乱备抄》，载四库全书存目丛书编纂委员会编《四库全书存目丛书》第49册，齐鲁书社，1995，第552页。

④《明世宗实录》卷四一一，第7162页。

焚九都庐落殆尽，夺舟出海。冬十月，海寇谢老、洪老诱倭二千余人再泊浯屿。三十八年春正月，倭寇由岛尾渡浮宫抵月港，夺民舟，散劫八九都、珠浦、冠山等处，复还浯屿。三月，倭寇数千由东厝岭劫月港八九都，转寇石码、福河、丹洲、水头。三十九年春正月，倭寇由同安屯三都。二月，倭寇流劫丰田至佛潭桥。三月，倭寇焚劫长泰、高安，还屯月港两月，散掠。"① 由此可知，漳州与泉州之交的浯屿岛是当时海寇商人的一个重要贸易据点。而谢策、许朝光、严山老、洪迪珍、张维、吴平、曾一本等人则是当时赫赫有名的海寇商人，他们均是漳泉一带人氏。

浯屿天妃宫（郑云供图）

浯屿天妃宫石碑（郑云供图）

谢老，名谢策，又名谢和，与"王清溪皆漳州人，悉节年贩海通番为奸利者"。② 他以浯屿为巢穴，联合其他海寇商人集团，在福建、广东沿海从事亦商亦寇的活动。嘉靖三十六年（1557），谢老与许朝光"犯月港，义士张季奋拒死之，贼焚十余家，掳千余人而去"。第二年，又与洪迪珍"船泊浯屿"。次年正月，再犯月港等地。嘉靖三十九年（1560）七月，突入诏安梅岭走马溪，"势极猖獗，把总徐廉沉其数艘，贼大败遁去，官兵乘胜追至广东南澳外洋而回"。

严山老，"亦月港积年通番巨寇也"。嘉靖三十七年（1558），犯福州、福宁等地，后又转攻安平港、闽安镇等，均为官兵击败。后攻陷福

①［清］陈瑛、王作霖修，叶廷推、邓来祚纂《海澄县志》卷十八《寇乱》，第211—212页。

②《明世宗实录》卷四五三，第7676页。

清县城，又攻兴化、惠安、泉州等城。次年，为官兵所败，"山老就擒，贼舟沉者七八十艘，贼死者数千人"。

洪迪珍，又名洪泽珍，俗称洪老，福建漳州人。"洪迪珍初止通贩。嘉靖三十四、五年载日本富夷泊南澳得利，自是岁率一至，致富巨万"。他曾与王直一起通番贸易，"后直败，其部下残倭，乃依迪珍，往来南澳间"①，以浯屿为基地，进行走私和海盗活动。此后"漳泉福兴之祸连绵不已，皆泽珍为之也"。嘉靖四十二年（1563），洪迪珍就伏于福建海道副使邵楩，"诏即其地诛之"。

嘉靖三十七年（1558），曾有两三千名日本商人在洪迪珍、谢策等人的引领下到浯屿进行走私贸易。② 嘉靖二十六年（1547），葡萄牙人载货私泊浯屿，引来漳泉商人汇集贸易。而后，朱纨、柯乔、卢镗等人领导的明朝军队与之展开了走马溪之战。战后，葡萄牙人离开了漳州海面。然而，浯屿岛并没有随着葡萄牙人的离开而安静下来，漳泉一带的海寇商人以此为据点，转而骚扰九龙江沿线的一些繁华市镇。

到了嘉靖四十年（1561），月港当地发生了张维等二十四人通番，并公开对抗明朝政府的重大事件。史载："四十年春正月，月港二十四将张维等反，巡海道邵楩遣同知邓士元、县丞金璧等往抚之……先是丁巳间，九都张维等二十四人共造一大船，接济番船，官府莫能禁。戊午冬，巡海道邵楩差捕道林春领兵三百捕之。二十四将率众拒敌，杀死官兵三名。由是益横，遂各据堡为巢。旬月之间，附近地方效尤，各立营垒，各有头目名号，曰二十八宿、曰三十六猛。是年春，攻破虎渡城，又攻田尾城、合浦、渐山、南溪诸处，滨海之民，害甚于倭。是年，龙溪县二十三、四等都并海沧、石美、乌礁等处士民俱反。闰五月十二夜，饶贼袭陷镇海卫。"③ 可见，早在嘉靖三十六年（1557）之时，龙溪

① ［明］徐学聚：民国精印本《嘉靖东南平倭通录》，盍山精舍印行，1932，第51页。

② ［明］罗青霄修纂、福建省地方志编纂委员会整理《漳州府志》卷十二，第1238页。

③ ［清］陈瑛、王作霖修，叶廷推、邓来祚纂《海澄县志》卷十八《寇乱》，第212页。

县九都县民张维等二十四人私造大船，接济番船，当地官府无可奈何。次年，巡海道邵梗派遣军队前往拘捕，张维等人与之周旋，期间杀死官兵三人，公开反抗明朝官府。于是，他们在地方上攻占土堡作为据点，引得附近地方纷纷效尤，一时之间，地方上各立山头，各有名目，普通百姓陷于危难之中。

关于张维等二十四将在当地活动的情况，龙溪《高氏族谱（卿山）》中有这样的描述："昔嘉靖之季，土寇有巨魁二十四勾连倭贼遍肆剽残，一二遗老为予言：尔时庐宇荡拆，徒有四壁，绝无人声。"另外，从其活动的范围可知，他们基本上都是生活于九龙江下游及其支流边上的居民，如月港、

港滨许氏家庙

海沧、石美、乌礁等地，而且他们的相关活动亦是沿着江河支流的路线前进或者撤退。在长达二三十年的倭乱中，月港及其周边老百姓深受其害。例如，圭海港滨派许氏家族的聚居地也不能幸免于难。根据其族谱的记载，嘉靖倭乱之际，海寇进入港滨，许世谟倡议招募丁壮修筑峨山废寨以供族人居住，同时组织人们昼夜进行巡视，以确保族人的安全。

嘉靖末年，包括张维等在内的贼寇继续为害地方。例如，"四十一年春正月，饶贼寇郡城，巡海道邵梗调月港兵与战，败贼屯东山，流劫至北溪，檄漳州卫镇抚林以静御于沙州，力战死之。四十二年春三月，倭贼猝犯长屿堡，不能害。四十三年，张维等复叛，巡海道周贤宣檄同知邓士元擒解斩之。是年，倭寇自莆田取道三都。"[①]

此外，还有吴平、曾一本等通海巨寇。

吴平，福建诏安四都人。"曾为人奴，其主善遇之，主母尝苦平，

___

① ［清］陈瑛、王作霖修，叶廷推、邓来祚纂《海澄县志》卷十八《寇乱》，第212页。

遂逃去为盗"。初不过数十人，"寻入倭中为别哨，遂肆掠劫，及倭灭，而吴平统有其众"；"设三城海上，纵横南澳、浯澳间"。嘉靖四十三年（1564），攻略闽广沿海各地，拥有大小商船 200 余艘，徒众近万人。吴平海盗集团的壮大，引起明朝政府的惊恐，通令福建、广东两省会剿。在明军的追击下，吴平遁去海外。

曾一本，福建诏安人，本为吴平部下。后收吴平旧部，在海上继续从事走私贸易和海盗活动。隆庆元年（1567），聚众数万，攻略闽广。翌年，直犯广州。隆庆三年（1569），明军大举进剿，曾一本企图突围北上，或到澎湖、小琉球建立新的据点，或去日本经商，均未成功。

虽然说从景泰年间开始，月港及其附近百姓的私人海上贸易活动一直在暗中进行。但是，除了偶尔一两起因通番失败而被拿获乃至上报的案件之外，明朝政府一直没有太多关注。等到了嘉靖年间，因海上贸易繁荣而获得"南方小苏杭"之称的月港成为倭乱的重灾区后，月港的海洋社会才逐渐进入到明王朝的统治视野之中，日益受到重视。

总而言之，九龙江下游两岸区域自明代宣德年间便开始有漳州卫官兵私通番国的记录。景泰年间，月港、海沧等处居民亦多以通番为生，私人海上贸易自此开始。经过成化、弘治、正德年间的发展和积累，月港渐有"南方小苏杭"之称。嘉靖年间参与治理闽浙的朱纨，也称其为"闽南一大都会"。然而，尽管月港因私人海上贸易而繁华一时，但是本时期的繁华景象是建立在扭曲的海禁政策之上，繁华的背后，是明朝政府对地方社会的失控，嘉靖倭乱也随之出现并产生严重后果。

三、军事管理的加强与海澄设县

对于漳州九龙江下游两岸区域的乱象，明朝政府首先做出的反应是加强对该地方的军事控制。在倭乱日益严重的嘉靖年间，明朝政府针对福建，特别是漳州月港的情况，出台了以下措施："嘉靖九年，都御史胡琏议以漳州海寇纵横，巡海使者远在数百里外，缓急非宜，疏请开镇于漳，是巡海虽全制闽中海上事，而漳若其专制者，盖四十有余年。万

历中，承平既久，巡海道复归会城，而漳州奏请特设分守漳南道。"①
"嘉靖九年，当路议设安边馆于海沧，择诸郡卒之贤者镇之，一岁两
易……嘉靖三十年，设靖海馆，以安边馆卒往来巡缉……嘉靖四十二
年，中丞谭公纶疏请，增设海防同知一员，镇抚兹土。"②

此前谈到，月港自正德年间起，就有豪民私造商船，冲破明王朝的
海禁防线，走向海洋。有的为了利益甚至不惜充当倭寇的向导，危害地
方社会，而国家的法律却奈何不了他们。月港及其附近地区大规模的倭
乱始于嘉靖二十八年（1549）。然而，早在嘉靖九年（1530），都御史胡
琏就曾经针对漳州海面盗贼猖獗的情况，上疏建议将远在省城福州的巡
海道移镇漳州。同一年，明朝政府还在龙溪县属的海沧设置了安边馆，
并且派遣漳州府的官吏进行管辖，一年更换两次。三十年（1551），设置
靖海馆；四十二年（1563），中丞谭伦上疏请求增设海防同知一人，以加
强管理。从刚开始将巡海道移驻漳州，到不断设置军事机构——不管是
海沧的安边馆，还是月港的靖海馆、海防馆，都是以加强地方军事管理
为目的。

与此同时，从嘉靖三十六年（1557）起，福建开始有了专任巡抚的
设置，不久继而"兼提督军门"。明人郭造卿在《闽中经略议》中说道：
"闽，经略之大者，系于督镇。盖闽之巡抚，自正统前侍郎杨勉始也。
至成化末，王继而后或罢遣矣。嘉靖间，胡琏、朱纨、王忬兼闽浙巡
视，事平而不常设。专设自阮鹗始，未几而兼提督军门矣。"③ 军事建制
的一步步提高，显示了明朝政府对治理倭乱的努力，同时也是漳州月港
地方海洋社会日益受到中央重视的表现。

紧接着，明朝政府还采取了中原王朝的传统做法——增加行政治
所，以加强对地方社会的控制。有明一代，福建地区新增的几个县都是

①［清］顾炎武：《天下郡国利病书·福建篇》，载《四部丛刊三编·25·史部》，上
　海书店，1985，第112页。
②［清］陈瑛、王作霖修，叶廷推、邓来祚纂《海澄县志》卷六，第74—78页。
③［明］郭造卿：《闽中经略议》，载［清］顾炎武《天下郡国利病书·福建篇》，
　1985，第10页。

在地方多盗、社会秩序混乱的背景下设置的，不论是内陆山区的寿宁、永安、漳平、宁洋等县，还是沿海地区的诏安、海澄二县，都是如此。《闽中分处郡县议》中提到："历考闽属，自明朝来，每因寇乱，设县即定。建宁之设寿宁，延平之设永定、大田，漳州之设漳平，及近日宁洋、海澄，而无不定者，独汀州当三省之交，成化六年设归化，而其地盗少。"① 这样的措施是中原体制的体现，官修史书《明实录》的记载更是言简意赅地说明了这一观念的根深蒂固："初设福建海澄、宁阳二县，以其地多盗故也。"②

早在嘉靖二十七年（1548），巡海道柯乔、都御史朱纨、巡按御史金城等官员就建议在月港增设县治以安地方，后来由于地方已平静下来就没有付诸具体实践："二十七年，巡海道柯乔议设县治于月港，都御史朱纨、巡按御史金城咸具疏闻，会地方宁息，事寝不行。"③

前文已提及，面对海乱之后的月港地方，嘉靖四十二年（1563），中丞谭纶上疏明朝中央，奏请增设海防同知一员，坐镇月港，成为"建县置长之先声"。④ 后来，张维事件结束之后，沿海社会重新恢复到相对平静的局面。混乱过后，民心思定。地方士绅李英、陈銮等人叩请明朝政府同意在月港增设新县，以利地方。其中，李英还从官员设置、设县的利益冲突、设县以弭寇乱以及新县城建设费用来源等几个方面加以展开论述。⑤

设置海澄新县是明朝政府的又一项新措施。可以说，这也反映了当时月港当地老百姓的心声。在月港兴起私人海外贸易的背景下，成弘以来"南方小苏杭"的称号固然是当地人的骄傲，但同时也引来了海盗的窥视，老百姓的正常生活秩序被打乱。因此，代表地方利益的社会精英

---

①［明］《闽中分处郡县议》，载［清］顾炎武《天下郡国利病书·福建篇》，第24页。

②《明世宗实录》卷五六六，第9062页。

③［清］陈瑛、王作霖修，叶廷推、邓来祚纂《海澄县志》卷一《舆地》，第17页。

④ 同上书，卷六《秩官》，第74—78页。

⑤［明］李英：《请设县治疏》，载［清］陈瑛、王作霖修，叶廷推、邓来祚纂《海澄县志》卷二一《艺文·疏》，第241页。

提出了在月港设立县治的要求。而明朝政府之所以选择在月港设立海澄县，是因为这个地方民间走私贸易猖獗，倭乱严重，对东南沿海的海防安全已然构成威胁。为此，明朝政府考虑在月港增加行政治所，来加强对地方海洋社会的管理。这也反映了海防政策是明清海疆政策的基础和前提。① 只有国家的海防安全得到了保障，才有讨论其他政策的可能。这一原则在后来的"隆庆开海"中也有体现。

嘉靖四十四年（1565），当地官员奏设海澄县治，其具体过程如下："知府唐九德议割龙溪一都至九都及二十八都之五图并漳浦二十三都之九图，凑立一县，时嘉靖四十四年也。巡抚汪道昆、巡按王宗载咸具疏闻，报可，锡名海澄。又逾年，隆庆改元，唐守躬复，海上定基，鸠工不移。时县治告成，辖三坊五里，东抵镇海卫、西界龙溪、南界漳浦、北界同安，境内凡广八十里、袤五十里。夫海澄向故多事之区也，置邑未久而衣冠文物殷赈外区，可谓盛矣。"②

始建于明代隆庆年间的海澄城隍庙

海澄城隍庙（郑云供图）

海澄设县的具体时间在各种文献中的记载基本一致，均为隆庆元年（1567）。如《海澄县志》有云："隆庆元年设县，将二都分为二堡，八都……"③ 明人柯挺也说："澄以寇盗充斥，龙邑鞭长不相及也。于是，

---

① 王日根：《明清海疆政策与中国社会发展》，福建人民出版社，2006，第 33 页。
② ［清］陈瑛、王作霖修，叶廷推、邓来祚纂《海澄县志》卷一《舆地》，第 17 页。
③ 同上书，卷二《规制》，第 27 页。

割龙邑为澄，其邑创自隆庆之元年……"①

县治是王朝体制下的最基层设置，寇盗充斥既是县治设置太稀疏的现实状况的反映，也是最能打动朝廷敏感神经的地方。县治设置需要增加行政运行成本，明朝廷往往是到万不得已时，才会主动增设县治。

始建于明代的海澄文庙

①［明］柯挺：《周侯新开水门碑记》，载［清］陈瑛、王作霖修，叶廷推、邓来祚纂《海澄县志》卷二二《艺文志·记》，第23页。

第三章
隆庆开海与中西贸易发展

第一节　隆庆开海的实现与舶税
征收的制度化

一、隆庆开海的实现

经过十几年的嘉靖倭乱，东南沿海地区好不容易有了喘息的时间，明朝政府内部也开始对以往的国家政策进行反思和调整。早在嘉靖末年，福建巡抚谭纶就在他离任之前，向朝廷上奏《善后六事疏》，把"宽海禁"列为善后未尽事宜之一。[①] 尽管当时的明朝政府没有立即反应，但其主张对后来隆庆开海的实现起了一定的作用。

学术界关于隆庆开海的描述，一般认为是隆庆元年（1567），当时的福建巡抚都御史涂泽民题请开海禁，得到朝廷的批准，同意在福建漳州月港部分开放海禁。然而，笔者通过对原始资料的阅读，发现其真实情况并非如此。

---

① ［明］谭纶：《善后六事疏》，载 ［明］陈子龙等选辑《明经世文编》卷三二二，第 3432 页。

（一）关于隆庆开海的时间

首先，在《明穆宗实录》等官方文献中，隆庆元年（1567）关于福建巡抚涂泽民的记载有几条，但并没有其请求明朝政府开放海禁、贸易东西二洋的相关记录。

其次，明代龙溪县人张燮应漳州地方官员之请而写成的《东西洋考》一书是专门描述隆庆开海之后漳州地区海外贸易情况的著述，是明代末期海外贸易的"通商指南"。① 《东西洋考》写成于万历四十四年（1616），次年即由漳州地方官员主持刻印出版。后来，张燮又参与了崇祯年间海澄历史上第一部县志的编修。故崇祯《海澄县志》的主要内容及观点大多承继《东西洋考》一书。可以说，张燮的《东西洋考》是今人了解当时情况的第一手资料。关于隆庆开海，张燮在《东西洋考》中是这样说的："（嘉靖）四十四年，奏设海澄县治。其明年，隆庆改元，福建巡抚都御史涂泽民请开海禁，准贩东西二洋。"② 由此可知，嘉靖四十四年（1565），奏设海澄县治。"其明年"应该是指嘉靖四十五年（1566）。这一年，明世宗朱厚熜去世，其子裕王朱载垕继位，改元隆庆。所以，张燮说"其明年，隆庆改元"，但是他并没有明确指出开海禁的时间就是隆庆元年。

再来看看同时代其他人的有关记载，如万历二十年至二十二年（1592—1594）在任的福建巡抚许孚远曾上《疏通海禁疏》，疏中有云："迨隆庆年间，奉军门涂右金都御史议开禁例，题准通行，许贩东西诸番，惟日本倭奴，素为中国患者，仍旧禁绝。二十余载，民生安乐，岁征税饷二万有奇，漳南兵食，借以充裕……于是，隆庆初年，前任抚臣涂泽民，用鉴前辙，为因势利导之举，请开市舶，易私贩而为公贩，议止通东西二洋，不得往日本倭国，亦禁不得以硝黄铜铁违禁之物，夹带

---

① ［明］谢方：《东西洋考·前言》，第5—12页。
② ［明］张燮：《东西洋考》卷七《饷税考》，第131页。

出海，奉旨允行，几三十载，幸大盗不作而海宇宴如。"① 又，顾炎武在《天下郡国利病书》中说道："隆庆初年，巡抚福建涂泽民题请开海禁，准贩东西二洋。"②

因此，由上面几则史料可以了解到：开海禁的时间大致为隆庆初年，但是具体为哪一年，由于材料的限制，并不能确定。

（二）关于隆庆开海的地点

隆庆初年，福建巡抚涂泽民请开海禁，其最开始选择的地点并不是在海澄县的月港，而是在诏安县。关于这一点，《东西洋考》一书中有这样的记载："先是发舶在南诏之梅岭，后以盗贼梗阻，改道海澄。"③可见，起初开放海禁的地点是在诏安县的梅岭，后来因为盗贼猖狂才改道海澄。关于这方面的内容，我们可以从清人顾祖禹（1631—1692）的《读史方舆纪要》一书中的记载中得到印证："（诏安）玄钟山：在县东南三十里，距玄钟所十里，滨海。漳舶出洋，旧皆发于此，原设公馆，主簿镇焉。后设县，镇废。以其地屡为倭寇所凭，发船移于海澄。"④

而诏安的梅岭与玄钟山之间的关系可见于《读史方舆纪要》一书："玄钟之北，又有梅岭，为戍守处。嘉靖四十四年，戚继光败贼吴平于此。"⑤ 顾炎武在其《天下郡国利病书·福建篇》中也有这样的记载："梅岭安边馆：在海滨。嘉靖甲子，贼寇吴平巢于此，都督戚继光追逐遁去，收其余党尽歼之，筑京观于此。"⑥ 此外，《诏安县志》中还有这样的说明："安边馆：在四都之梅岭，濒海有公馆，后废。漳之洋舶，其先实发于此。后以其地屡为倭寇所凭，发船移于海澄。旧设机兵二十

---

① ［明］许孚远：《疏通海禁疏》，载 ［明］陈子龙等选辑《明经世文编》卷四〇〇，第4332—4334 页。

② ［清］顾炎武：《天下郡国利病书·福建篇》，第 98 页。

③ ［明］张燮：《东西洋考》卷七《饷税考》，第 132 页。

④ ［清］顾祖禹：《读史方舆纪要》卷九九，《续修四库全书·史部·地理类》，上海古籍出版社，1995，第 271 页。

⑤ 同上。

⑥ ［清］顾炎武：《天下郡国利病书·福建篇》，第 117 页。

四名、小甲一名，置捕盗主簿屯驻。明嘉靖甲子间，吴平结巢于此，都督戚继光追逐远遁，歼其余党，筑为京观，亦一方要害也。后因南澳设镇，分游乃撤。"①

所以，诏安的梅岭作为隆庆开海讨论中最早议定的港口应属信史。同时，其他文献资料的相关记载也提供了一些背景信息。如《天下郡国利病书·福建篇》中有这样的记载："隆庆二年，吴平伙党贼首曾一本犯诏安。九月，复寇饶平、诏安，副总兵张元勋领兵由陆路截杀于盐埕，又大败之于大牙澳。三年五月，曾一本贼船数百屯于云盖寺、柘林等澳，闽广军门会兵，于六月内进兵剿灭之，边境始安。"② 这些关于隆庆年间兵事情况的记载，为前文提到的"先是发舶在南诏之梅岭，后以盗贼梗阻，改道海澄"的政策调整提供了佐证。

其实，海澄设县是明朝政府基于倭乱平定后，加强对地方社会实施控制的考虑。开海禁则成为明朝廷理顺地方海上贸易秩序的又一措施，当时具备条件的港口不仅有海澄的月港，还有泉州的安平港、诏安的梅岭港等。梅岭是沿海人民更习用的外贸港口，只是当时官方势力还不足对抗盗贼势力，才退而选择了反抗势力相对较少的海澄月港。

就今天所能见到的材料来看，张燮完成于万历四十四年（1616）的《东西洋考》一书是记载隆庆开海情况的第一手材料。后来，《海澄县志》《漳州府志》等各种地方志显然参考了他的观点。顾炎武的《天下郡国利病书》中的记载也可见其影子。而我们在官修《明实录》中却没有找到隆庆开海的记载，更无从了解到具体的开海地点。这或许是由于当时的编修官员认为开海违背了皇朝祖制，故意对这段实录做了删改。张燮体会到明王朝的这种主流意识，因此在具有官方色彩的《海澄县志》中淡化了这一内容。

《福建通史·明清卷》中提到，当时人们并未真正认识到这一政策内涵的实质。在许多人看来，这只是一个新设县的"土政策"，没有多

① 陈祖荫修、吴名世纂《诏安县志》卷八《武备志·关隘》，诏安青年印务公司，1942，第 8 页。
② ［清］顾炎武：《天下郡国利病书·福建篇》，第 8 页。

大意义。因此，不要说明代的史书，就连当地的《海澄县志》对此事发生的具体过程，亦是记载不详。[①] 其实，就张燮的《东西洋考》一书而言，前面已经提到，此书是记载明末海澄舶商海外贸易情况的专著，应海澄和漳州的地方官之请而作是其重要的成书背景之一。可以说，至少在当时的漳州，官府和普通百姓均已认识到隆庆开海的重要意义。作者张燮出生于万历二年（1574），当时海澄舶税的征收已经制度化，对于半个世纪之前隆庆开海的情况张燮虽然不是亲身经历，但就当时条件而言，是可以调查清楚的。因此，《东西洋考》一书的记载应该比较可靠，福建巡抚涂泽民请开海禁的时间应为隆庆初年。

海澄设县于隆庆元年，其治所选择在月港。但隆庆开海并非一开始即确定为月港，而是因为当时首选的诏安县梅岭存在"盗贼充斥"的特殊形势才退而选择了月港。因此，后人以为隆庆元年既设立海澄县治，同时又开海禁于月港的认识存在简单化的偏颇。

二、海澄舶税征收的制度化

前面已经提到，明朝政府于隆庆初年同意在漳州府诏安县的梅岭部分开放海禁，准贩东西二洋。但是刚开始的时候，明朝政府并没有制定出一整套相应的管理措施，只是在实践中才逐渐形成了一些规章制度。可以说，任职于当地的官员在海洋管理政策的制度化方面功不可没。如直到隆庆六年（1572），政府才开始对出海商民征收商税。《东西洋考》中有云："隆庆六年，郡守罗青霄以所部雕耗，一切官府所需倚办，里三老良苦。于是，议征商税，以及贾舶。贾舶以防海大夫为政。"[②] 由此可见，隆庆初年开放海禁之后，刚开始明朝政府并没有对商民征税。一直到隆庆六年，漳州知府罗青霄考虑到地方财政的收支情况，才开始提出对出海商民征税的方案，安排驻守在月港附近的海防同知进行征税，付诸实践。

---

① 徐晓望：《福建通史·明清卷》，福建人民出版社，2006，第 164 页。
② ［明］张燮：《东西洋考》卷七《饷税考》，第 132 页。

紧接着，万历初年，经福建巡抚刘尧诲奏请，将督饷馆所征收的岁额六千的舶税用于漳州地方的兵饷。顾炎武在《天下郡国利病书》中这样记载："万历二年，巡抚刘尧诲题请舶税充饷，岁以六千两为额，委海防同知专督理之，刊海税禁约一十七章。"[1] 而张燮在《东西洋考》中也说道："万历三年，中丞刘尧诲请税舶以充兵饷，岁额六千。"[2] 这一过程也表明通洋收利并非明朝统治者的初衷。明朝政府在海澄设县，开放海禁，一开始并不是为了征收商税，而是想让

始建于明代万历初年的晏海楼

当地混乱的社会秩序尽快地稳定下来，从而确保在中央政府的统一管治之下，避免其他的风波威胁到王朝的统治，也保东南沿海的一方平静。此时，朝廷考虑的政治利益要大于经济利益。海澄设县、隆庆开海使月港海商私人贸易的合法地位得到了确认，更重要的是让明朝政府对沿海地方社会的控制得到进一步的加强。与此同时，海澄舶税的收入对于福建军事方面的财政支出起到很大的支持作用。

再则，关于商税的具体征收，《天下郡国利病书》有这样的说明："东西洋每引纳税银三两，鸡笼（今基隆）、淡水及广东引纳税银一两，其后加增东西洋税银六两，鸡笼、淡水税银二两。万历十八年，商渔文引归沿海州县给发，番引仍旧。每请引，百张为率，随告随给，尽即请

① [清] 顾炎武：《天下郡国利病书·福建篇》，第 99 页。
② [明] 张燮：《东西洋考》卷七《饷税考》，第 132 页。

继，原未定其地，而亦未限其船。十七年，巡抚周寀议将东西二洋番舶题定只数，岁限船八十八只，给引如之。后以引数有限，而私贩者多，增至二百十引矣。"① 由此可知，明朝政府对出海商船首先征收的是引税，每艘商船必须向海防官员申请商引以获得出海的许可。刚开始，往东西洋的船只需缴纳税银三两，往鸡笼、淡水及广东的船只需缴纳税银一两，后来各增加一倍。这时候的督饷馆不仅是专门管理海外贸易的机构，还包括对沿海地区商船、渔船往来的管理。直到万历十八年（1590），朝廷才最终确定其对海外贸易进行管理的独特地位，督饷馆征收的商税也因此专称为洋税。此外，起初对于普通商民出海申请文引的数量、贸易的目的地和船只都没有明文规定，只以百张为限向上级申请，用完之后再补上即可。到了万历十七年（1589），巡抚周寀才提出把东西二洋的番舶数以政策的形式规定下来，明确每年给引八十八，后来又因为走私船只的增多，增加到二百一十引。

除了引税之外，出海商民还须向政府交纳其他的税种，如水饷、陆饷、加增饷等。首先，水饷是以船只的广狭为标准，其费用出于船商。万历三年（1575），"提督军门刘详允东西洋船水饷等第规则"。② 由此可知，以船只宽度为标准征收的水饷，是向船商征收的一种税，是万历三年（1575）刘尧诲担任福建巡抚时，在当时漳州海防同知沈植提出草案的基础上加以修订的，还包括其他一些关于征税的细节。

陆饷，是以货物的多少为标准来征收的一种商税，由铺商方面来交纳。根据《东西洋考》卷七《饷税考》中的记载："陆饷者，以货多寡计值征输，其饷出于铺商。又虑间有藏匿，禁船商无先起货，以铺商接买货物，应税之数给号票，令就船完饷而后听其转运焉。……万历十七年，提督军门周详允陆饷货物抽税则例。（万历三年，陆饷先有则例，因货物高下，时价不等，海防同知叶世德呈详改正。）"③ 由此可知，早在万历三年，相关征税措施出台的时候，政府就已经制定了陆饷的征税

① ［清］顾炎武：《天下郡国利病书·福建篇》，第 100 页。
② ［明］张燮：《东西洋考》卷七《饷税考》，第 140 页。
③ 同上书，第 132—141 页。

规则，但是由于陆饷的征收是依货物价格而定，而货物的价格会随着市场的变化而变化。因此，到万历十七年（1589），海防同知叶世德向上级官员作了汇报，要求就陆饷征收的标准作相应的调整，得到当时福建巡抚周寀的支持，出台了新的陆饷货物抽税则例。货物陆饷的征收标准依市场价格而变动，体现了地方政府的灵活性和能动性。万历四十三年（1615），督饷馆再次调整货物的陆饷抽税则例。

月港容川码头遗址

月港阿哥伯码头出土石碑（郑云供图）

月港溪尾码头遗址（郑云供图）

自隆庆开海之后，吕宋（今菲律宾）成为一个众商云集的贸易中心，通过和西班牙、中国进行海商贸易，漳州月港—马尼拉—阿卡普尔科之间形成了贸易链，美洲的白银源源不断地通过福建进入中国长达百年之久。在这种情况下，中国的海商们络绎不绝地把本土的货物运送到马尼拉贩卖，再把西班牙人从美洲运载回来的白银输送回月港。福建地方政府也注意到了这一现象，专门针对从吕宋运载白银回国的商船出台

了政策，规定除了对他们征收引税、水饷和陆饷之外，每艘船只还必须追加征收白银一百五十两，故称之为"加增饷"。《东西洋考》卷七《饷税考》中有这样的说明："加增饷者，东洋吕宋，地无他产，夷人悉用银钱易货，故归船自银钱外，无他携来，即有货亦无几。故商人回澳，征水陆二饷外，属吕宋船者，每船更追银百五十两，谓之加征。后诸商苦难，万历十八年，量减至百二十两。"① 后来，一些商人认为负担太重，于是，万历十八年（1590），加增饷调整为每船一百二十两。

众所周知，粮食问题对于国计民生有着重要的意义。古往今来，由粮食引发的一系列连锁问题成为中外政府不可忽视的重要课题。自明代中叶以后，福建地区就出现了缺粮问题②，特别是沿海地区的福州、兴化（今莆田）、泉州、漳州四府。"田尽斥卤"的现实情况让当地的老百姓饱受缺粮之苦。

于是，自明中叶以后，特别是隆庆开海之后，浙江、广东两省的米粮通过海运至闽，以缓解平民粮食之忧。在海氛较为平静的社会环境下，这样的情形是比较容易实现的，老百姓的日常生计也能较好地维持下去。但如果碰到旱灾或海氛混乱的年份，福建地区的粮食供给就会受到很大的影响，普通百姓泛海经商的活动会受到制约，社会不稳定因素也会加大。于是，福建沿海官府和民间各方开始致力于各种保障工作的开发，如在漳州九龙江下游两岸兴修各种农田水利工程，明末海澄知县梁兆阳在三都海沧设置义仓等。③

到了万历年间，开始有较多的出海商民从海外运载大米回国。起初，明朝政府对于这类米粮的进口是采取不征陆饷的政策。后来，随着海外大米的不断进口，福建地方政府才逐渐出台相应的则例以规范其操作。万历四十五年（1617），漳州府督饷通判王起宗请求对载米回月港的商船进行征税，《东西洋考》中记载："海澄洋税，上关国计盈虚，下切

---

① 《东西洋考》卷七《饷税考》，第132页。
② 朱维幹：《福建史稿》下册，福建教育出版社，1986，第474页。
③ ［明］梁兆阳：《三都建义仓记》，载［清］陈瑛、王作霖修，叶廷推、邓来祚纂《海澄县志》卷二一《记》，第249页。

商民休戚，职日夜兢兢，惟缺额病商是惧。然变态多端，有未入港而私接济者，有接济后而匿报者，甚欲并其税而减之者。即今盘验数船，除物货外，每船载米或二三百石，或五六百石。又有麻里吕船商陈华，满船载米，不由盘验，竟自发卖。问其税，则曰：'规则所不载也。'访其价，则又夷地之至贱也。夫陆饷照货科算，船盈则货多，货多则饷足，今不载货而载米，米不征饷，不费而获厚利，孰肯载货而输饷乎？诚恐贪夫徇利后，不载货而载米，国课日以亏也。查规则内番米每石税银一分二厘，今此米独非番地来者乎？今后各商船内有载米五十石者，准作食米免科。凡五十石外，或照番米规则，或量减科征，庶输纳惟均，而国饷亦少补也。"[1]

由此可知，在福建缺乏粮食而海外又有便宜大米的情况下，福建海商中有人开始调整其贸易策略，从海外载回大米，如上文中提到的麻里吕（今菲律宾马尼拉北部的马里劳）船商陈华等。根据原先的政策，并没有针对这类大米必须征税的规定，只是当督饷官员看到这样的事例慢慢多起来的时候，才意识到必须对他们进行征税，规定出海商船除了五十石食米之外的海外粮食都要依照番米规则纳税。从这一事件中，我们看到了从月港出发贩洋的商人在万历年间贸易情况的细微变化，以及当时海外大米对福建粮食问题有所缓解的一段历史。在督饷官王起宗看来，缺额和病商是他所不愿看到的两大问题，而缺额更是其中的关键点。例如，"海澄洋税，上关国计盈虚，下切商民休戚"，可以看出以王起宗为代表的福建地方官员对海澄饷税的重视。因此，从另一侧面，我们也看到海澄舶税对于地方财政收入的重要性。

除此之外，万历四十四年（1616），推官萧基眼看商困，"条上恤商厘弊凡十三事"，得到当时分守参知洪世俊的支持，并将此事上达中丞。[2]

由此，海澄舶税的征收一步步走向制度化，每年两万多两的税银数额是政府一直以来比较稳定的收入。现根据《东西洋考》卷七《饷税考》的记载，整理表3-1如下：

① ［明］张燮：《东西洋考》卷七《饷税考》，第146—147页。
② ［明］萧基：《恤商厘弊十三事》，载［明］张燮《东西洋考》卷七《饷税考》，第135—140页。

表 3-1　海澄舶税简表①

时　间	征收税银
隆庆六年（1572）	3000 两
万历三年（1575）	6000 两
万历四年（1576）	10000 多两
万历十一年（1583）	20000 多两
万历二十二年（1594）	29000 多两
万历四十三年（1615）	23400 两

　　由表 3-1 数据可以看到，海澄饷税在隆庆六年（1572）仅有三千两，到万历三年（1575）饷税就已经翻了一番为六千两。从万历四年（1576）开始，海澄的饷税突破一万两。万历十一年（1583），增加到两万多两。万历二十二年（1594），在相关政策的影响下更是一度达到两万九千多两。此后的数额一直保持在两万多两。可以说，饷税不断攀升的大好形势出乎明朝政府的意料。海澄这一弹丸之地，竟能实现岁有两万多两的饷银收入，自然日益引起明朝政府从中央到地方的各方关注。随着时间的推移，朝堂上甚至出现了"当事疑税饷赢缩，防海大夫在事久，操纵自如，所申报不尽实录"的言论，怀疑防海大夫是否利用手中的职权欺上瞒下，进而采取"岁择全闽府佐官一人主之"的办法，以流动性的官员来督海澄的饷税，使其"及瓜往还，示清核，毋专利数"。②

　　从海澄舶税征收的制度化过程来看，我们发现，刚开海禁的时候，朝廷并没有出台相应的措施对海外贸易进行有效的管理。尽管经朝廷允许开了海禁，但是嘉靖年间倭乱的往事还历历在目，福建各级官员，上至巡抚，下至督饷官，都小心谨慎地揣度着皇帝的圣意——这个政策究竟是长期的呢，还是朝廷的权宜之计而已？因此刚开始的时候，福建地方官员谁也不敢把事情往自己身上揽。而有着海外贸易传统的广东、浙

---

① 中共龙溪地委宣传部、福建省历史学会厦门分会编《月港研究论文集》，1983，第 168 页。

② ［明］张燮：《东西洋考》卷七《饷税考》，第 133 页。

江两省，其地方政府对于开放海禁并不热衷的情况也正好说明了官员的普遍态度——多一事不如少一事。其实，不只是福建地方官员，当时的明朝政府起初也不想实施带有指向性的举措，而是在庙堂之上时刻关注着地方的一举一动，琢磨开海的程度、力度大小，是否会对其统治秩序产生影响。

随着时间的推移，福建地方官员逐渐发现开海贸易不仅不会出什么乱子，相反还给地方带来了稳定的税收来源，对漳州的兵饷起到很大的支持作用。以至于崇祯十二年（1639），给事中傅元初上《请开洋禁疏》中说道："万历年间，开洋市于漳州府海澄县之月港，一年得税二万有余两，以充闽中兵饷。"[1] 万历二十年前后，关于"泉漳分贩东西洋"的讨论就是海澄洋利日益重要的反映。而明朝政府方面也觉得有限制的开海并不会对其全国统治构成威胁，相反还减轻了漳南的兵饷负担。因此，针对普通百姓出洋贸易的相应措施得到完善，并得到中央朝廷的允许、颁布、施行。林仁川教授认为，随着明中叶私人海上贸易的崛起，明朝政府不得不在月港推行一套新的管理制度，这种管理制度与贡舶管理制度不同，表现出新的特点：首先，贡舶贸易的国家有限制，入贡时间有定期，而新办法除了日本之外，取消这些限制；其次，贡舶贸易主要是为了怀柔远人，而新办法规定不论何种商品都要课以水饷和陆饷才能上岸交易；再次，贡舶输入的货物，大多由政府收买专卖；最后，贡舶贸易多是物物交换，新办法从抽分实物改为征收货币的饷银制。因此，月港督饷馆的出现及推行新的关税制度，是从传统的市舶司管理制度向私人海上贸易管理制度转变的重要契机。它的出现标志着中国海关管理制度开始萌芽，也反映了明代海外贸易发生了根本性的转变。[2]

综上所述，海澄舶税征收制度化的过程是中央与地方慢慢磨合的过程，是中央与地方共同努力的结果。

除此之外，万历六年（1578），在澳门的葡萄牙人被准许进入广州购

① ［明］傅元初：《崇祯十二年三月给事中傅元初请开洋禁疏》，载 ［清］顾炎武《天下郡国利病书·福建篇》，第 33 页。
② 林仁川：《漳州月港督饷馆的功能和性质》，《闽台文化交流》2010 年第 1 期。

第三章　隆庆开海与中西贸易发展

买中国商品。翌年，明朝政府要求他们支付出口税。此后不久，广州就设立专门税司征收出口税，但没有配备专门官员，仅由地方官履行这一职责。万历二十九年（1601），奉命到广东审理案件的王临亨在广州曾经亲眼看到3艘来自印度古里的葡萄牙船到达，每船以30万两银投税司纳税，而后则听其入城同百姓贸易。这缴付税司的30万两银就是葡萄牙船购买中国货物应付的出口税，并不是"包括水饷和陆饷在内"的进口税。明代广东的三十六行，是由36个铺行组成，实际上是由官方指定专营进出口货物的36个铺行。他们为了在交易中能准确地向外商提供出口商品，避免发生所卖非所买、买卖双方互不相投的现象，采用领银定货的办法，而市舶提举则从中征收百分之十的出口税。这些铺行经营进出口货物是由官方指定的，他们从官府那里获得"澳票"，随同抽分官下澳进行交易。①

这一时期，明代广州海外贸易的航线由广州起航经澳门外港出海，形成与世界各个国家和地区交通的三条重要航线。第一条是广州—菲律宾—拉丁美洲航线。这是哥伦布发现新大陆之后，于嘉靖万历年间开辟的新航线。因其贸易的商品主要是丝货，故称太平洋上的"丝绸之路"；又由于当时主要利用西班牙大帆船运输，故又有太平洋丝路上"大帆船贸易"之称。这条大三角贸易航线，全程分为两段：第一段由广州经澳门出海，经万山向东南行，再经东沙群岛，至马尼拉港；第二段，从马尼拉港启航经圣贝纳迪海峡进入太平洋，乘西南季风北行，到达北纬37度和39度之间的海域后，借西北风横渡太平洋，然后顺沿北美海域乘西北风和北风南行，到达墨西哥的阿卡普尔科港，并向北航至北纬40度和42度之间的水域，即到达今天美国中部海岸；向南航至南美的卡亚俄和利马港，全部航程约需5个月。第二条是广州—欧洲航线。这条航线也分两段，第一段从广州出发，经澳门出口，西行横过印度洋到印度西海岸的果阿。第二段由果阿起航，又分两条航线，一条是走印度洋中的官屿留（今马尔代夫群岛中的马累）、西航木骨都束，抵欧洲；另一条从亚丁渡海，绕葛儿得风（索马里瓜达富伊）和哈甫儿雨（索马里的哈丰

---

① 李金明：《明代广东三十六行新论》，《学术研究》1988年第3期。

角），再经须多大屿（索科特拉岛）沿东非海岸直下木骨都束、不剌哇、麻林和慢八萨（今蒙巴萨），远及坦桑尼亚海岸，绕好望角沿非洲海岸由大西洋北行到摩洛哥，抵达里斯本，转入欧洲各国。第三条是广州—日本航线。这条航线从广州出发，经澳门出口东行经过东海抵达日本的长崎港。通过这三条航线，广州与东南亚、非洲、欧洲和拉丁美洲等地的国家和地区进行了广泛贸易活动。[①]

第二节　隆万年间海澄舶税征收制度化过程中与福建官民的互动

前文提及，海澄舶税征收制度化过程是中央与地方慢慢磨合的过程。同时，这一过程也是官方与民间长期以来形成的自然默契状态的反映。本节内容注重考察隆庆、万历年间涉及海澄舶税征收制度化的福建地方官员，梳理其有关政绩情况，以期说明官方与民间之间的互动。

一、福建省级官员

历任福建巡抚除了隆庆初年请求开放海禁的涂泽民之外，还有万历年间确定东西洋船引数的周寀，以及反对海禁并为此作出努力的许孚远。

万历二十年（1592），日本侵犯朝鲜，当时有传言说日本也将入侵鸡笼、淡水[②]，进而对中国东南沿海构成威胁。于是，明朝政府再次实行海禁，不允许商民出海贸易。在这样的背景下，沿海百姓的生计又一次陷入困境，特别是"地临滨海、多赖海市为业"的海澄人民强烈要求海

① 黄启臣：《明代广州的海外贸易》，《中国经济史研究》1990 年第 4 期。
② ［清］顾祖禹：《读史方舆纪要》卷九九《福建五》，《续修四库全书·史部·地理类》，上海古籍出版社，1995，第 174 页。

外贸易能够正常进行。当时的福建巡抚许孚远从实际出发，在经过调查了解民情之后，向朝廷作了报告，希望中央政府能考虑到普通百姓的切身利益和海禁政策将带来的后果。于是，这次海禁并未维持多久，海澄商民就又可以申请文引，出海贸易了。①

《明神宗实录》"万历二十一年七月乙亥"条中亦记载了巡按福建的监察御史陈子贞在海禁问题上的相关看法。这些观点的上达对当时明朝中央政府的政策走向产生了一定的影响。陈子贞提道："闽省土窄人稠，五谷稀少。故边海之民皆以船为家，以海为田，以贩番为命。向年未通番而地方多事，迩来既通番而内外乂安，明效彰彰耳目，一旦禁之，则利源阻塞，生计萧条，情困计穷，势必啸聚。况压冬者不得回，日切故乡之想，佣贩者不得去，徒兴望洋之悲，万一乘风揭竿，扬帆海外，无从追捕，死党一成，勾连入寇。孔子所谓谋动干戈，不在颛臾也。今据布按二司、左布政使管大勋等及总兵官朱先等勘议，前来相应于东西二洋照旧通市，而日本仍禁如初，严其限引，验其货物，一有夹带硝黄等项，必加显戮。彼商民固有父母、妻子、坟墓之思者，方以生理为快，又何敢接济勾引，自蹈不赦哉！且洋船往来，习闻动静，可为吾侦探之助；舳舻柁梢，风涛惯熟，可供吾调遣之役；额饷二万，计岁取盈，又可充吾军实之需。是其利不独在民，而且在官也。"②

在陈子贞看来，福建"土窄人稠，五谷稀少"的实际情况，使得沿海居民"以船为家，以海为田"。特别是隆庆开海之后，"贩番"更成为百姓们重要的生活方式之一。而万历二十年前后，日本入侵朝鲜造成了东南海洋环境的一度紧张，沿海居民的贩洋活动受到影响，明朝政府也因此下达了海禁的命令。于是，沿海百姓不得出洋，贩洋之人不得归乡。因此，当时福建地方官员在深入调查民情之后得出结论：建议东西二洋的贸易应该照常进行，但日本仍旧在禁止通商之列，并且对出海商船的货物严加检查，违禁物品如硝磺等一律不得出口。另一方面，陈子

---

① ［明］许孚远：《疏通海禁疏》，载 ［明］陈子龙等选辑《明经世文编》卷四〇〇，第4332—4334 页。

②《明神宗实录》卷二六二，第 2396 页。

贞还认为，在开海贸易的情况下，洋船往来于海上，可以为政府带来关于海上情形的报告。因此，开放海禁不仅可以解决沿海居民的生计问题，而且极大地支持了明朝政府的军事活动，如每年两万有余的饷税收入以及出海商船带回来的情报等。可以说，沿海百姓和官府都是这一政策的受益者。这样的观点，无疑为明朝政府的政策走向打了一剂强有力的定心针。

二、督饷官员

督饷官员是海澄舶税征收具体操作过程中较为重要的官员。在此，我们将详细讨论这一群体的各种作为。

首先是沈植。从隆庆六年（1572）起，官府开始征收商税。万历元年（1573）以海防同知出任督饷官的沈植，于万历三年（1575）条陈海税禁约十七事，得到当时福建巡抚刘尧诲的支持，并在其基础上加以修订，出台了包括水饷等在内的相关征税规则。由于材料的限制，现今暂时无法查到海税禁约十七事的具体内容，但是至少可以知道其提出并付诸实施的大致时间为万历三年（1575）。也就是说，从隆庆六年开始收税，一直到万历三年才出现具体的法律条文对海税作出相应的规定。

后来，由于海澄舶税的不断增加，督饷官受到质疑。此后朝廷便不再让海防同知专署税饷，而采取由各府佐贰官轮流督饷的做法。但是，这种督饷方式实行的时间很短，仅有一年，即万历二十六年（1598）邵武府推官赵贤意以能声最诸郡来督漳饷。不久之后，明朝政府派遣税监高寀入闽，海澄舶税的征收遂由其把持。直到万历三十四年（1606），明朝中央政府下令关闭矿洞，税收之权等才重新回到地方官府的手中。也就是从这一年开始，海澄舶税的征收进入了由漳州府的佐贰官轮流督饷的时期。这一时期的督饷官员任期都不是很长，一般以一年为限。短短一年的时间，督饷官比较难有大的举措。虽然这样，但从罢税珰之后的万历三十四年（1606）开始，还是出现了不少的督饷官不断地为地方百姓谋福利，为商民提供方便，赢得地方士绅和商民的盛赞。根据张燮在

《东西洋考》中提及的督饷官员的具体情况，我们做了一个详细梳理，列表3-2如下：

表3-2 《东西洋考》中提及的督饷官情况梳理表

督饷官员	科举出身	籍贯	督饷年份	相关政绩
杜献璠	举人	南直上海	万历三十四年（1606）	以华胄起家，上任之后，不仅对出海商民没有妄取之行为，还为他们提供了各种便利措施。于是，当地商民为杜献璠立碑，郡人副使郑怀魁为之撰文，谓之：其最著者，督饷吾澄，率多惠政。彼逃命于龙堆鳞谷之险，争息于蜗角蝇头之间者，得侯如得艾也。单车诣船，城社塞渔猎之宝；诸饷投柜，豪猾绝乾没之阶。马如羊，金如粟，箕敛幸见息肩；门如市，心如水，貔铠为之夺气。货无逗留，商称便利。
沈有严	举人	南直宣城	万历三十五年（1607）	公强直自遂，风骨棱棱，而舶政乃更平易，贾人安之。
陈钦福	举人	江西南丰	万历三十七年（1609）	公门市心水，在脂不润，擢广东提举，商人至今思之。
吕继梗	举人	浙江新昌	万历三十八年（1610）	其为政详练周至，尝陈饷事十议，两台命悬象魏，以示来兹。商人立石颂德，郡人宫保尚书戴燿为之撰文。针对出海船只风涛叵测等实情，吕公建议饷税征收不要如额而行。于是，"诸不便国、不便商者，一切报罢。于是，船得从实报，报得从实验，验得从实纳"，谓之"吕侯十法"。

督饷官员	科举出身	籍贯	督饷年份	相关政绩
邵圭	举人	浙江余姚	万历四十一年（1613）	公长才亮识，倾心俊流。其督饷自足额而外，多从宽政，商人德之，立碑颂美。郡人御史林秉汉为之撰文。邵圭在任期间，深入调查民情，得商民之疾苦，而条陈两台以修正相关措施，为商民提供便利。
卢崇勋	举人	广东增城	万历四十二年（1614）	公莅事清谨，既满，人为立碑，邑人周起元为之撰文。当年海澄遭受风灾，商民损失严重，卢崇勋行变通之策。
王起宗	官生	应天上元	万历四十五年（1617）	隆庆开海之后，海外贸易日益蓬勃发展。与此同时，贸易带来的巨额利润使得各方力量都想从中分得一杯羹。于是，就出现了以官害、吏害、奸商之害等为主的三大商困。万历四十五年（1617），以督粮通判出任督饷官的王起宗一上任就兴利除弊，并取得了很好的效果。其具体措施如下：在洋船进港之时，亲自往验，不仅节省了洋船等待的时间，而且杜绝了饷馆吏书作弊的危害；针对红毛番威胁沿海的情况，从实际出发，对个别船只的税收进行减免；对于一些走私的洋船，既往不咎，仅要求他们补足饷额即可；严格禁止一切以上进方物为借口的额外征税；如果遇到洋船发生意外的情况，官府可以给予适当的宽恤。

督饷官员	科举出身	籍贯	督饷年份	相关政绩
林栋隆	进士	浙江鄞县	万历四十八年（1620）	轸念商瘼，随至随验，风清弊绝……贾舶遭风漂没及敛于寇者，饷尽蠲之。自莅权以至报成，未尝笞一人，民深德焉，为生立祠，后征入为御史。

由表 3-2 内容可知，督饷官员在海澄舶税征收的具体过程中起到较为积极的作用。自万历三十四年（1606）开始算起，到《东西洋考》成书之前，明朝政府总共向海澄派遣了 12 名漳州府佐贰官以督饷税，这 12 人中除了钟显（署三十六年饷）、龚朝典（署三十九年饷）二人因故被罢免之外，大多数的督饷官都能忠于职守，为出海商民提供各种便利条件，造福一方百姓，上面表格中详细谈到的 8 人更是其中的杰出代表。

就海澄饷税而言，相对于海商的巨大贸易额、高额利润率，整个月港税制的税率极低，巨额财富滞留海商手中，海商并未被"横征暴敛"。① 一方面，这一良好局面的出现，与历任督饷官员大多能尽心职守是分不开的。他们认识到：从实际出发，保障地方社会的长治久

月港帆巷古街街景 1（郑云供图）

安，既符合朝廷利益，也符合人民利益。另一方面，当地知识分子撰文、普通商民立碑颂德的举动，既是对在任督饷官员的肯定，同时也是对继任者的期望。这样的官民互动情形是官方与民间长期以来形成的自然默契的反映。

---

① 林枫：《明代中后期的市舶税》，《中国社会经济史研究》2001 年第 2 期。

月港帆巷古街街景 2（郑云供图）　　　月港帆巷古街街景 3（郑云供图）

三、漳州府、县地方官员

从海澄设县、隆庆开海乃至后来一整套商税制度建设的历史过程中，我们可以看到中央与地方之间正在慢慢地磨合，而官方与民间长期以来形成的自然默契也是昭然可见的。另外，虽然海澄舶税的征收权不在督饷官之外的其他地方官员身上，但是他们对地方的有效治理以及稳定地方社会秩序是舶税征收的有力保障。

首先是漳州府官员的努力。隆庆六年（1572），漳州知府罗青霄提出建议，对出海商船征收商税。[①] 虽然罗青霄建议征收商税主要是为了解决当地的财政问题，但客观上推动了海澄舶税制度化的进程。

作为舶税征收地海澄县政府所在地，海澄知县的为政情况也是我们关注

漳州浦头港万历十年大庙码头碑刻

①［明］张燮：《东西洋考》卷七《饷税考》，第 132 页。

的重要内容。下文将对海澄知县的有关情况作一个分析，列表3-3如下：

表3-3 海澄知县情况梳理表

知县	科举出身	籍贯	到任日期	备注
邓复阳	举人	广东番禺	隆庆元年（1567）十月	由崇安县调任，加五品服
李霁	举人	江南合肥	隆庆三年（1569）十月	
王穀	举人	浙江临海	隆庆五年（1571）八月	特祀，有传
周祚	举人	湖广蕲州	万历二年（1574）八月	有传
瞿寅	举人	江南上海	万历八年（1580）八月	十二年正月丁忧去
杜如桂	举人	湖广德安卫	万历十二年（1584）十月	十四年五月调去
周炳	举人	浙江上虞	万历十四年（1586）八月	十七年十月丁忧去
杨继时	恩贡生	浙江钱塘	万历十八年（1590）九月	繇宁洋服阕除补，有政声，二十年三月升任
毛凤鸣	举人	浙江余姚	万历二十年（1592）八月	二十五年八月升镇江府通判
龙国禄	乙未进士	广西桂平	万历二十六年（1598）三月	祀名宦，有传
姚之兰	辛丑进士	直隶桐城	万历三十一年（1603）二月	祀名宦，有传
俞思冲	壬辰进士	浙江仁和	万历三十四年（1606）	由德化县调任，三十六年三月升刑部主事
毛尚忠	甲辰进士	浙江嘉善	万历三十七年（1609）二月	
陶镕	庚戌进士	浙江嘉兴	万历三十八年（1610）十二月	莅事醇谨，有麦穗两岐之异，后历广西太平府同知
傅櫆	癸丑进士	江西临川	万历四十四年（1616）六月	宅心仁恕，莅政宽平，所部德之，后调龙溪，行取擢刑科给事中太常少卿

知　县	科举出身	籍　贯	到任日期	备　注
谭世讲	丁未进士	湖广沔阳	万历四十七年（1619）九月	天启元年八月，升都察院经历
刘斯𡎰	丙辰进士	江西南昌	天启二年（1622）三月	由零陵除补，在任七年，行取刑科给事，有传
余应桂	己未进士	江西都昌	崇祯元年（1628）	由龙岩调任，四年，行取擢陕西道监察御史，有传
梁兆阳	戊辰进士	广东顺德	崇祯四年（1631）十月	初授福安县，七年，选授翰林院检讨
金汝砺	甲戌进士	浙江仁和	崇祯八年（1635）	十四年行取擢给事中
毛毓祥	丁丑进士	江南武进	崇祯十五年（1642）	
季秋实	庚辰进士	江南新城	崇祯十七年（1644）	

资料来源：乾隆《海澄县志》卷六《秩官》。

地处漳州之滨的月港自明代中叶以来，号称难治，就连身为海澄人的周起元都说"澄，故难薮也"，[①] 另外，龙溪人蒋孟育也说："以海为业，得则潮涌，失则沤散。不利则轻弃其父母妻子，安为夷鬼。利则倚钱作势，以讼为威。至罔常难治也。"[②] 由表3-3可知，从隆庆元年（1567）至崇祯十七年（1644）明朝灭亡，明朝政府总共向海澄派遣了22个知县。其中首任知县邓复阳系由崇安县调任，在到海澄上任之前是有从政经验的。与此同时，海澄知县多为沿海人氏这一现象也显示了明朝政府治理沿海县份的考虑。此外，我们还注意到这样一个现象：从万历二十六年（1598）开始，海澄知县的科举出身从以举人为主上升至进士。前面已经提到："当事疑税饷赢缩，防海大夫在事久，操纵自如，所申

---

① ［明］张燮：《东西洋考》卷七《饷税考》，第151页。

② ［明］蒋孟育：《赠姚海澄奏续序》，载［明］梁兆阳修、蔡国桢等纂《海澄县志》卷十九《艺文志》之四，书目文献出版社，1992，第219—221页。

报不尽实录，议仿所在，推关例，岁择全闽府佐官一人主之"，故于万历二十六年派遣邵武府推官赵贤意来督漳饷，而海澄知县也刚好从这一年起，其科举出身上升为进士。对于这两者之间的联系，我们可以做这样的解读：与其说是明朝政府对海澄县地方治理的日益重视，还不如说是中央政权基于对海澄地方社会秩序稳定的考虑，通过派遣优秀的人才对其进行有效的治理，保证饷税的顺利征收。这些措施均为沿海地方治理提供了有力的保障。

四、福建地方士绅相关言论分析

从嘉靖二十年（1541）开始，中国东南沿海海洋社会遭遇了二三十年的混乱局面，称为嘉靖倭乱。嘉靖末年，因应形势发展的需要，明朝政府内部开始对原先的政策进行反思，并逐步加以调整。隆庆初年，最终确定了月港开海的决策。隆庆年间，福清人郭造卿对隆庆开海后"市舶通，民安生，不为盗"的情况有一段这样的论述："闽语有云：三山六海一田……民之常赋不加，鱼盐处之得宜，而市舶又善通之，何不安生而为盗乎？"① 可见，在郭造卿看来，鉴于福建"三山六海一田"的实际情况，政府应该不加常赋，开海通市舶，这样老百姓才会安生，不至于为盗。

另外，万历二十年前后任福建巡抚的许孚远对明朝政府的海禁政策发表了自己的看法，他认为在明朝政府的海禁政策之下，百姓私自下海贸易，吴越地区的世家大族也参与其中，东南沿海出现了"急之而盗兴，盗兴而倭入"的情况。许孚远在给万历皇帝上的奏疏中提到："先是海禁未通，民业私贩，吴越之豪，渊薮卵翼，横行诸夷，积有岁月，海波渐动，当事者尝为厉禁，然急之而盗兴，盗兴而倭入。"② 从许孚远

① [明] 郭造卿：《闽中兵食议》，载 [清] 顾炎武《天下郡国利病书·福建》，第14—19 页。
② [明] 许孚远：《疏通海禁疏》，载 [明] 陈子龙等选辑《明经世文编》卷四〇〇，第4332—4334 页。

的奏疏中，我们看到了海禁政策下"盗"与"民"相互转化的内在关系。可以说，这样的观点逐渐成为当时中央朝廷和福建地方政府的主流思想，故而因势利导，开东西洋之贸易，自隆庆以来"几三十载，幸大盗不作，而海宇宴如"。①

万历二十年（1592），日本侵犯朝鲜，对中国东南沿海构成威胁。明朝政府再次实行海禁，不允许商民出海贸易。这次的海禁持续时间较短，经福建巡抚许孚远的上疏奏请，商民又可以继续申请文引，出海贸易。万历三十年（1602），倭寇船只骚扰中国东南沿海，并流窜到台湾。万历三十七年（1609），荷兰人入侵澎湖。这两次的军事行动，均以都司沈有容指挥的明朝军队的胜利而告终。根据上述内容可以看出，自嘉靖倭乱之后，明朝政府进一步加强了对东南沿海区域的控制。尽管其间偶有波折，但是东南沿海基本上还是在明朝政府的控制之下。

虽然隆庆开海动摇了明朝政府的海禁政策，但从一开始，这种开放政策就是有限制的，即"于通之之中，寓禁之之法"，开海贸易仅限于海澄一地，日本亦在禁通之列。② 尽管如此，福建沿海其他地区的百姓仍然不断地突破明朝政府的海防线，从事违禁贸易，大闽江口区域就是利用其地处通倭航线的优势发展起来的。③ 根据《明神宗实录》的记载，万历四十年（1612）八月丁卯，兵部奏称：通倭之人皆闽人也，合福、兴、泉、漳共数万计。④

在这样的历史背景下，身为闽人的叶向高、董应举站在明朝政府的立场上，坚决反对通倭贸易，特别是以福州为中心的省城地区。例如，万历四十年（1612）十月，时任吏部文选司员外的董应举给万历皇帝上了《严海禁疏》。奏疏中提及，嘉靖倭乱，推其祸始，即是闽、浙沿海百姓私自与日本进行通商贸易所致，而闽浙地方大家族亦在其背后支持

① [明] 许孚远：《疏通海禁疏》，载 [明] 陈子龙等选辑《明经世文编》卷四〇〇，第 4332—4334 页。
② [明] 张燮：《东西洋考》卷七《饷税考》，第 131—132 页。
③ 崔来廷：《明代大闽江口区域海洋发展探析》，《中国社会经济史研究》2005 年第 1 期。
④《明神宗实录》卷四九八，第 10245 页。

着走私贸易。同时，董应举对于福州百姓的通倭情况有这样的一番描述："今之与倭为市者，是祸闽之本也；而省城通倭，其祸将益烈。臣闻诸乡人：向时福郡无敢通番者；即有之，阴从漳、泉附船，不敢使之知。今乃复福兴界出，一人得利，踵者相属。岁以夏出，秋冬归；倭浮其值以售吾货，且留吾船倍售之，其意不可测也。昔齐桓欲取衡山，而贵买其械；欲收军实，而贵籴其粟。即倭未必然；然他日驾吾船以入吾地，海之防汛者民之渔者，将何识别乎？万一有如许恩、曾一本者乘之，不贾白衣摇橹之祸乎？又况琉球已为倭属，熟我内地，不难反戈；又有内地通倭者为之勾引，变何可测乎？此非独闽忧，天下国家之忧也。"①

通过分析可知，董应举（1557—1639）于嘉靖末年出生于福建闽县，十岁之前是在嘉靖倭乱中度过。可以说，嘉靖倭乱在其脑海中留下了不可磨灭的烙印。"闽在嘉靖之季，受倭毒至惨：大城破、小城陷，覆军杀将，膏万姓于锋刃者千万而未厌"。②另外，从董应举的奏疏中还可以了解到，福州的通倭贸易一直存在，并不是万历四十年（1612）才出现的新情况，只不过之前的情况是福州人偷偷地搭附漳州人和泉州人的商船出洋，而今则是从福州沿海直接驾船赴日。在董应举看来，福州作为福建的首郡，关系重大，一旦有事，将会影响到整个福建地区，故而提出了针对日本的"严海禁"的主张。而自隆庆初年开海贸易以来，日本一直是明朝政府的禁止通商之国，董应举的主张本身无可厚非。因此，我们与其说是董应举主张海禁，倒不如说是他对万历末年明朝政府内外交困状况的忧心。这一点，从董应举自己的阐述中也可以得到印证："世庙末年东南多故，当时国家财力尚饶、材武尚众、法令尚严，而荡平祸乱犹尚如是之难……今财力匮乏、法令废弛，天下仓库如洗、国储不能支三年，加以建酋佯顺卑翟以俟……粤东夷市变煽难知，沿海倭患

---

① [明] 董应举：《严海禁疏》，载周宪文等编《台湾文献史料丛刊》第八辑第 237 种，台湾大通书局，1987，第 2 页。

② 同上。

旦夕不测，而虏未就封、羌变时作，水旱妖怪无处不有。"①

另外，成书于万历四十五年（1617）的《东西洋考》描写了隆庆开海之后的盛况，带有鲜明的时代特色。著者张燮认为，嘉靖年间都御史朱纨严海禁的措施并不能解决福建沿海地区"岁岁苦兵革"的问题，而明朝政府部分开放海禁，制定相关政策征收舶税，带来了每年两万余两的财政收入，以充闽中兵饷。因此，与张燮同时代的海澄人周起元对此亦充满自豪之情，喻之曰"天子之南库"。周起元与张燮是好友，在《东西洋考》的序文中，周起元这样评论道："我穆庙时除贩夷之律，于是五方之贾，熙熙水国，刳艅艎，分市东西路。其稇载珍奇，故异物不足述，而所贸金钱，岁无虑数十万。公私并赖，其殆天子之南库也。"②

综上所述，从明朝政府在月港设置海澄县治、开放海禁、设馆征税等一系列的措施中，我们看到了明朝政府如何对月港进行治理和当地社会的实际反应，以及明朝政府如何因应海洋社会局势发展的需要逐步调整自己的统治政策。海外贸易的经济利益在明王朝一步步地走向海洋的过程中与维护王朝统治秩序的政治利益相融合。有学者指出，中国官僚对于海贸与政治利益的关系曾发生观念上的改变，其转折点在 16 世纪中叶，此前中国官僚们绝大多数相信海贸与政治利益互相矛盾；1567 年后，尽管海禁派的言论还是时有所闻，但肯定海贸的意见一直是官僚阶级的主要思潮。③ 因此，隆庆开海的实现，是明朝政府对原有海禁政策的修正，而福建地方各级官员也在舶税征收的具体过程中充分发挥了主观能动性，使得海澄舶税的征收日益走上规范化的道路。值得注意的是，地方士绅和商民们也充分扮演了各自的角色，发挥着不可忽视的作用。

① [明] 董应举：《崇相集选录》，载周宪文等编《台湾文献史料丛刊》第八辑第 237 种，第 3—4 页。

② [明] 周起元：《东西洋考·序》，第 17 页。

③ 张彬村：《十六—十八世纪中国海贸思想的演进》，载中国海洋发展史论文集编辑委员会主编《中国海洋发展史论文集》第二辑。

第三节　高寀入闽横征暴敛与
地方官绅联合反抗

一、高寀入闽

　　万历年间，朝廷派遣矿监税使，四处搜刮财富。万历二十七年（1599），太监李凤被派往广东，"开采雷州等处珠池，兼征市舶司税课"。李凤利用皇帝赋予的特权，干预地方事务，与地方争夺商业、采珠、采矿、盐政诸部门利益。尤其对于商舶管理，他把权力重新转移到市舶司，并纳入自己的控制之下，改变了此前海道副使主管贸易的"地方主导"体制。① 同一年，"上大榷天下关税，中贵人高寀衔命入闽，山海之输，半搜罗以进内府，而舶税归内监委官征收矣"。② 关于万历年间税监高寀入闽之后的所作所为，张燮在《东西洋考》中用专门的篇幅记录了当时的情况，这些宝贵的第一手资料为今天的人们了解那段尘封的往事提供了重要的历史依据。

　　根据张燮的记载，高寀的生平简历被初步勾画了出来——高寀，顺天府文安县人，幼时进宫成为宦官，后来得到万历皇帝的宠信，累升迁至御马监监丞。万历二十七年（1599），中贵人高寀奉万历皇帝之命来到福建，开始了其在福建的税监时代，一直到万历四十二年（1614）结束，前后长达 16 年之久。高寀入闽，给福建地方社会带来了极大的危害。张燮详细记载了高寀入闽的情形："比寀衔命南下，金钲动地，戈旗绛天，在在重足，莫比其生命。而黜吏、逋囚、恶少年、无生计者，率望羶而喜，营充税役，便觉刀刃在手，乡里如几上肉焉。寀在处设关，分遣原

---

① 李庆新：《地方主导与制度转型——明中后期海外贸易管理体制演变及其区域特色》，《学术月刊》2016 年第 1 期。
② ［明］张燮：《东西洋考》卷七《饷税考》，第 134 页。

奏官及所亲信为政，每于人货凑集，置牌书圣旨其上，舟车无遗，鸡豚悉算。"① 由此可知，衔命入闽的高寀在入闽途中就开始大张声势，旗帜飘扬，途中更是收罗社会流氓以充当税役，作威作福，鱼肉沿途乡里百姓。此外，高寀还命令其亲信在一些贸易集散地设置重重关卡，以奉皇帝圣旨为名，向过往商民征收税款，就连鸡和猪等家禽都在收税之列。

此外，海澄县的巨额舶税引起了高寀的极大关注。因此，高寀每每亲自前往海澄巡历，而且不将地方官员放在眼里。

二、漳州地方官民配合以抗高寀

高寀在海澄的所作所为对当地产生了极大的危害，日益引起漳州府、县官员的不满。他们并不屈服于高寀的淫威，与其展开了争斗。

龙国禄，广西桂平人，进士出身，万历二十六年至三十一年（1598—1603）出任海澄知县，后祀名宦。《东西洋考》中记载："澄令龙国禄者，强项吏也。分庭入见寀，不为屈。严约所部不得为寀驱使，每事掣肘，不令飞而食人。寀遣人诣令白事，其人铺张自豪，国禄庭笞之。"② 由此可见，作为海澄县令的龙国禄，不仅严格约束自己的下属不得为高寀所驱使，而且还在公堂上责打高寀派来的傲慢使者。于是，高寀透露上疏弹劾龙国禄的意图。在这种情况下，当时的漳州知府韩擢却对高寀说："澄故习乱，所不即反者，以有龙令在也。倘令危，民何能即安，激而生变，若亦岂有赖焉？"③ 高寀因此才作罢。通过这一事件，我们看到漳州府、县地方官员联合起来，成功抵制明朝中央政府所派恶劣官员的案例。经过进一步的分析，"澄故习乱"固然是海澄强悍民风的写照，但在这里却成为一个借口，地方官员成功地借用百姓的舆论力量，阻止了高寀对龙国禄的报复。可以说，这是地方官员应对不熟悉地方实情的上级官员的一种办事策略。正是这种策略，有时也可成为地方

第三章 隆庆开海与中西贸易发展

---

① ［明］张燮：《东西洋考》卷八《税珰考》，第 155 页。

② 同上。

③ 同上书，第 156 页。

官员向中央提政策要求、为地方谋利益的一种手段。福建地区由于特殊的地理环境，其地形相对封闭，历代中央政府制定的各项政策，在福建的执行程度历来是令人怀疑的。号称"南方小苏杭"的月港，其兴起的主要原因之一就是"官司隔远，威命不到"。因此，隆庆开海后海澄舶税能够一步步地走向制度化，不能忽视地方官员能动地执行中央政策、一定程度地代表人民利益等因素所起的作用。

龙国禄事件之后，高寀并没有因此而收敛自己的行为，而是变本加厉地盘剥海澄地方社会。根据《东西洋考》卷八《税珰考》中的记载："自后每岁辄至，既建委官署于港口，又更设于圭屿；既开税府于邑中，又更建于三都。要以阑出入，广搜捕。稍不如意，并船货没之。得一异宝，辄携去曰：'吾以上供。'"[1]

圭屿（郑云供图）

自此，海澄遍布高寀的爪牙，海澄县城、圭屿和三都（今厦门海沧）纷纷修建了官署等机构，往来的出海船只均须接受其检查，受其盘剥。稍有不如意的地方，高寀便下令将船只及货物全部没收，看到比较贵重稀少的宝贝时，往往借口说要将其上供中央而无偿抢夺。万历三十年（1602），有出海商船返回海澄，高寀下令船上人员均不许上岸，必须等到饷税交纳完毕才能回家。其中，有一些人因私自回家而被逮捕，一时之间，系者相望于道。很多商民为此感到极其不满和愤怒，放出风声说要杀高寀。最终，高寀手下的参随被当地愤怒的百姓捆绑，扔至海中。高寀惊吓之余连夜离开海澄，自此不敢再来。

---

① ［明］张燮：《东西洋考》卷八《税珰考》，第156页。

高寀入闽，鱼肉百姓，破坏了福建地方社会秩序的稳定，特别是给正在发展中的漳州海洋社会带来了威胁。在这种情况下，漳州地方府、县官员与其展开了一场智勇之斗。漳州府、县官员相互配合，不仅智斗高寀，而且还能把地方海洋社会维持在一个可以控制的范围之内，"漳民汹汹，赖有司调停安辑之，不大沸"。① 与此同时，身处地方海洋社会的普通商民是当时反抗高寀斗争的主力之一。

三、荷兰人东来及其与高寀之间密谋的失败

万历二十九年（1601）冬天，荷兰人驾着船只来到广东濠镜，想要与明朝政府建立通商往来关系。当地人根据其"深目长鼻、毛发皆赤"等相貌和服饰上的特征，称之为"红毛番"。然而，广东地方官员并没有允许他们上岸。至此，荷兰人与明朝政府的第一次接触宣告失败。

之后，有海澄人名李锦者，久住大泥（今泰国南部马来半岛中部北大年一带），另有商人潘秀、郭震也在大泥。他们与荷兰人均有贸易往来的联系。有一天，他们与荷兰人首领麻韦郎谈论起中国的事宜。李锦对麻韦郎说，若要赚钱乃至大富的话，无过于前往漳州进行贸易了，而且漳州地界有澎湖屿远在海中，可以派兵扎营加以守卫。麻韦郎考虑之后提到，如果明朝政府地方守土官员不同意的话要怎么办？李锦进一步说明，福建方面有税珰高寀，而高寀其人有金钱之癖，如果能买通他的话，可以通过他将荷兰人欲与明朝通商往来的意愿上达中央政府，得到中央的支持而下达政令，这样福建的地方官员就不敢违抗圣意了。于是，他们经过一番商量之后，就以大泥国国王的名义给福建方面写了三封文书，分别要求送递中贵人高寀、观察使和海防同知，这三封文书都是李锦起草的。②

万历三十二年（1604），潘秀、郭震等人携带大泥国王的文书，为荷兰人请求与中国进行通商往来，并声称漳州海面不远的浯屿岛乃是元代

① ［明］张燮：《东西洋考》卷七《饷税考》，第 134 页。
② 同上书，卷六《外纪考·红毛番》，第 127—128 页。

中外的通商处所，乞求明朝政府同意他们在浯屿继续贸易。海防同知陶拱圣得到消息之后，将此事向上级作了汇报，并将潘秀捉拿入狱，而郭震则将相关文书藏匿起来，不敢再有行动。迫不及待的荷兰人没等到福建方面的消息，便驾驶四艘船只尾随而来，于这一年七月抵达福建外海的澎湖。李锦驾渔船进入漳州打探消息，虽对外声称是被夷人抓走而逃跑回来的，但也逃脱不了被捕入狱的下场。后来，福建地方政府决定让李锦和潘秀前往澎湖告知荷兰人，让他们离开福建海面。然而，李锦等人却单方面地认为这是明朝政府推诿的借口罢了。因此，荷兰方面继续逗留澎湖。与此同时，漳州海滨的老百姓们也载货前往澎湖与荷兰人展开贸易活动。这样一来，荷兰人更加不想就此离开，继续停留在澎湖观望。福建方面几次派出官员前往劝导都没有作用。①

当时的福建巡抚徐学聚专门给万历皇帝上了《初报红毛番疏》一折，其中谈到："海澄弹丸而能设关以税者，以商航必发轫于斯，可按而稽也。若番船泊彭（澎）湖，距东番、小琉球不远；二千里之海滨、二千里之轻艘，无一人一处不可自赍货以往，何河能勾摄之？渔船小艇，亡命之徒，刀铁硝黄，违禁之物，何所不售？洋船可不遣，海防可不设，而海澄无事关矣。"② 紧接着，徐学聚分别从利国和利民的角度，分析了荷兰人不得在福建澎湖一地滞留的原因。

于是，当荷兰人的船只继续在澎湖活动时，明朝方面的军队前往驱赶，不允许他们滞留其间。此时，荷兰人在一些漳州海商的建议下，拿出重金前往福建贿赂高寀，希望能通过高寀打通与明朝政府的通商之路。于是，高寀伙同其干儿子——时任大将军的朱文达，与荷兰人暗中进行接触，并且还派人向荷兰人索要财物。至于荷兰方面，首领麻韦郎向高寀输送了大量奢侈物品，如以 3 万金为高寀做寿等，同时派遣通事等 9 人前往福州等待消息。正当高寀等人自以为万事顺利的时候，参将施德政已经接到上级部门关于处理与荷兰人关系的命令，派出沈有容告

---

① [明] 张燮：《东西洋考》卷六《外纪考·红毛番》，第 128 页。

② [明] 徐学聚：《初报红毛番疏》，载台湾史料集成编辑委员会编《明清台湾档案汇编》第一册，远流出版事业股份有限公司，2004，第 216—217 页。

诚荷兰人不要被高寀所误。与此同时，施德政带领一批军队到达料罗湾，从军事上给予荷兰人威慑。事毕，当时率兵驱逐荷兰人的施德政满怀壮志豪情，在从澎湖凯旋回师铜山之后写下了《横海歌》，其诗曰："大国拓疆今最遥，九夷八蛮都来朝。沿海边开几万里，东南地缺天吴骄。圣君御宇不忘危，欲我提师制岛夷。水犀列营若棋布，楼船百丈拥熊罴。春风淡荡

铜山远眺

海水平，高牙大纛海上行。惊动冯夷与罔象，雪山涌起号长鲸。主人素抱横海志，酾酒临流盟将吏。扬帆直欲捣扶桑，万古一朝悉奇事。汪洋一派天水连，指南手握为真诠。浪开坑堑深百仞，须臾耸拔山之颠。左麾右指石可鞭，吒咤风霆动九天。五龙伏鬣空中泣，六鳌垂首水底眠。舟师自古无此盛，军锋所向真无前。君不见汉时将军号杨仆，君王所畀皆楼船。又不见安南老将称伏波，勋标铜柱喜凯旋。丈夫既幸遭明主，不惜一身为砥柱。试将蚁穴丸泥封，莫使游鱼出其釜。鲸鲵筑京观，军容真壮哉！椎牛飨壮士，铙吹喧天来。座中珠履歌横海，酒酣争比相如才；漫把升平报天子，从今四海无氛埃。"①

　　直到这个时候，荷兰首领麻韦郎才知道明朝政府方面无意与其通商互市，在明朝军队的压力下被迫离开福建海面。其间，高寀虽上疏万历皇帝，希望朝廷能同意与荷兰人互市的要求，但明朝政府没有采纳。②

---

① 此诗刻在东山水寨大山石壁上。题注"时万历壬寅年四月既望"，即万历三十年（1602）四月十五日。《东山县志》卷二《大事记》记载："四月十六日水师提督施德政率兵至澎湖征剿倭寇，奏凯还师铜山，在水寨大山宴请将士，题《横海歌》一首。"

② [明] 张燮：《东西洋考》卷八《税珰考》，第156—157页。

最终，李锦、潘秀、郭震等人都受到明朝政府的惩处。张燮仅用"麻韦郎知当事无互市意，乃乘风归"等简单的字眼来描述发生于万历三十二年（1604）明朝政府与荷兰人之间在福建海面的军事冲突。虽然荷兰人欲与明朝政府建立通商往来的意图再次受挫，但是荷兰人的脚步并没有因此停滞。不久之后，荷兰人再次来到中国东南沿海，继续挑战明朝的海防安全。学者包乐史在《中国梦魇——一次撤退，两次战败》一文中，充分利用荷兰东印度公司的档案，详细分析了17世纪中国与荷兰人在澎湖、金门料罗湾以及大员发生的三次军事冲突，认为相对于中国的海上武力，荷兰东印度公司船队的武力优势十分有限，而荷兰人在天时、地利、人和各方面的劣势，更限制了他们在武力优势上的发挥。因此，这三场军事冲突绝不是荷兰侵扰中国沿海的突发事件，而是一个传统海上秩序开始发生巨变的信号。①

四、高寀横行福州与福建官绅的联合反抗

前文谈到，高寀在漳州的横征暴敛引起了当地官民的公愤。高寀害怕被报复，在万历三十年（1602）离开海澄，不敢再来。之后，高寀为了个人利益，暗中私通荷兰人，接受贿赂，但最终没有得逞。除此之外，高寀在福建省城福州到处横行，日益引发福建官员以及闽籍士绅的联合抵制。"其在会城，筑亭台于乌石山平远台之巅，损伤地脉，又于署后建望京楼，规制宏壮，几埒王家。诸棍受寀意指，讽人为立碑平远台，颂寀功德，恬不为怪"。② 不仅如此，高寀在福州城还生取童男童女脑髓和药食之，致使"税署池中，白骨累累"，其恶行令人发指。与此同时，不管是士绅富户，还是市井贫民，高寀及其属下均不放过，一律进行横征暴敛："簪绅奉使过里，与寀微芥蒂者，关前行旅并遭搜掠。里市贫民挟货无几，寀朝夕所需，无巨细悉行票取，久乃给价，价仅半

---

① ［荷］包乐史：《中国梦魇——一次撤退，两次战败》，载刘序枫主编《中国海洋发展史论文集》第九辑。

② ［明］张燮：《东西洋考》卷八《税珰考》，第157页。

额，而左右司出入者又几更横索，钱始得到手，如是者岁岁为常。"①

尽管按照当时的政策，自万历三十四年（1606）之后，海澄的舶税征收之权已经收归地方官府，高寀虽然不敢亲身前往当地，但还是派出自己的心腹来到海澄，诡名督催，实为勒索，看到比较珍奇的方物，便强迫商人减价卖给他，商民们对此亦无可奈何。

高寀在福建地方的恶行不仅在福建省内掀起了轩然大波，就连广东也有所耳闻。以至于万历四十二年（1614）广东税珰李凤病死，明朝中央有意让高寀兼督粤饷的时候，粤人早就已经歃血订盟，准备等高寀等人的船只到达广东时，对高寀发起攻击。② 最终，高寀没有赴粤。此后，朝廷也没有再往广东派遣税使，市舶司重归广东地方政府体系，继续掌管广州、澳门贸易，并兼有协助海禁、防范接济走私等职责。③ 除此之外，高寀还无视明朝政府关于禁止百姓通倭的明令。"遂造双桅二巨舰，诳称航粤，其意实在通倭。上竖黄旗，兵士不得诘问。时施德政为闽都督，尼之海门，无从速发。中丞袁一骥檄所部缉治之。而浦城人有为珰役所苦者，匍控两台。袁逮其役，使材官马仕骐下之理"。④ 从上面的这则史料可以看出高寀的霸行，为了达到通倭的目的，甚至在出海商船上竖黄旗，以防止驻港兵士的盘问。但是，当时负责海防的都督施德政将其拦截，使之不能快速离开。同时，中丞袁一骥发出檄文，让部下将相关人等缉捕。此外，浦城遭受苦难的百姓们也前往福建省一级官府状告高寀。于是，袁一骥将部分高寀手下逮捕归案。

万历四十二年（1614）四月，福州城内发生一起因高寀拖欠数百余商人钱财而导致的冲突。这一冲突引发福建全省大小官员以及闽籍士绅对高寀的集体抗议，最终迫使高寀在同年的九月九日离开福州，返回京城。

---

① ［明］张燮：《东西洋考》卷八《税珰考》，第157页。

② 同上书，第157—158页。

③ 李庆新：《地方主导与制度转型——明中后期海外贸易管理体制演变及其区域特色》，《学术月刊》2016年第1期。

④ ［明］张燮：《东西洋考》卷七《饷税考》，第158页。

万历四十二年（1614）四月十一日，福州数百余商人因为高寀拖欠自金缯到米盐等数万余金钱，一起前往其署衙要求领回自己的份额。期间，双方言辞稍微过激，高寀命令手下的亡命之徒动手殴打商人们，当场造成数人伤亡。其他商人鱼贯而出，高寀手下从署中高楼放箭射击，甚至还放火烧了数十家民屋。于是，第二天早晨，心中愤愤不平的远近百姓集合了数千人前往高寀的官署，欲讨回公道。这时，高寀却跃马携带武器，率领200多名甲士，突犯中丞台。而当时正值皇太后新丧，衙门解严，高寀却全然不顾，斩关进入，遭到中丞袁一骥的怒斥。但是，高寀并没有将其放在眼中，反而将袁一骥劫出。当副使李思诚、金事吕纯如、都司赵程等人先后赶到的时候，高寀才将袁一骥释放让其归署，而将这些官员一并带走。从这一事件的整个过程来看，高寀专横跋扈的一面展露无遗。在这样的情形下，福州城的百姓们极为愤怒，奔走相告，欲置高寀于死地。后来相关官员考虑到对国体有伤等问题，极力劝解百姓，聚集的百姓才逐渐散去。

福建巡抚都御史袁一骥一连向万历皇帝上了五个奏折，详细地汇报了高寀入闽之后，特别是万历四十二年（1614）四月发生在福州城与普通商民和官员之间的冲突，一时之间，"大小臣工叩阍之牍为满"。袁一骥在其奏折中不厌其烦地反复说道：高寀不只拖欠商民钱款，还为此造成数名商民死亡，甚至劫走中丞袁一骥以逼退百姓，以及要挟官员签订城下之盟。另外，同知陈豸因为盘诘高寀洋船出海的原因也被其拘禁。①

在福建官绅联合对抗高寀的事件中，值得一提的还有时任湖广道御史的海澄人周起元。从小生长于海滨的周起元念切桑梓，以其耳闻目见的亲身经历，也向明朝中央递交了奏折，其中谈到："臣生长之地，耳而目之久矣。溪壑既盈，虐声久播……臣闻省会人情汹汹，防川不决，决必滔天；宿火不发，发必燎原。万一戈矛起于肘腋，海滨因而摇动，倭夷乘以生心，寀粉骨不足惜，皇上岂善为社稷计乎！"②

这样，就连久不视事的万历皇帝也终于隐忍不住，下令将高寀调离

---

① ［明］张燮：《东西洋考》卷八《税珰考》，第159—164页。
② 同上书，第164—165页。

福建。万历四十二年（1614）四月发生于福州城的高宷事件，可以说是福建官民对高宷入闽以来暴行抗议的总爆发。高宷入闽以后的种种恶行已经严重影响到了地方海洋社会秩序的正常进行，普通百姓特别是商民们的日常生计已经受到极大的打击和破坏，无怪乎他们义愤填膺，欲置高宷于死地，也无怪乎福建地方各级官员联合起来，共同抵制高宷。这场由福建各级官员、地方士绅和普通商民一起参与的反对税监的联合斗争取得了最后的胜利。福建地方海洋社会恢复了平静，百姓们的日常生计得以正常进行。

第四节　贩海经商，往来东西二洋

一、贩海经商带来社会经济的诸多变迁

隆庆初年，明朝政府开始实行有限制地开放部分海禁的政策，福建沿海的老百姓们可以通过申请船引，以合法的形式出海贸易，其数量远超之前的走私贸易时代。在当时的海洋社会当中，伴随着商民们贩洋成风的势头，当地的经济模式、经济结构、社会结构等社会生活的方方面面均发生了巨大的变化。

（一）贩海经商，日益融入中西方贸易网络

早在隆庆开海之前，关于月港附近居民贩海经商的场景，《海澄县志》中有这样的记载："（月港）田多斥卤，筑堤障潮，寻源导润，有千门共举之绪，无百年不坏之程；岁虽再熟，获少满簣，霜洼夏畦，个中良苦。于是，饶心计者，视波涛为阡陌，倚帆樯为耒耜，盖富家以财，贫人以躯，输中华之产，驰异域之邦，易其方物，利可十倍。故民乐轻生，鼓枻相续，亦既习惯，谓生涯无逾此耳。方其风回帆转，宝贿填舟，家家赛神，钟鼓响答。东北巨贾，竞鹜争驰。以舶主上中之产，转盼逢辰，容致巨万。若微遭倾覆，破产随之，亦循环之数也。成弘之

际，称'小苏杭'者，非月港乎？"①

隆庆初年，月港开海之后，海澄当地的老百姓们获得合法从事海外贸易活动的权利，走洋之人日益增多。明人萧基曾经说过："澄，水国也。农贾杂半，走洋如适市。朝夕之皆海供，酬酢之皆夷产。闾左儿艰声切而惯译通，罢褪畚而善风占，殊足异也。"② 由此可见，在当时的九龙江下游地带，"田多斥卤"的现实情况使得本区域的农业生产难以保障，百姓们饱受潮患之苦。而与从事农业生产相比，贩海经商可以带来丰厚的收入。因此，不论是富裕之家，还是贫寒之户，他们都积极地投入到海洋贸易的大潮中，富者出资，贫者出力，将中国的土特产转运至海外贩卖，往往可以赢得10倍的收入。不仅月港附近一带如此，在当时漳州沿海的许多地方，贩洋已经成为老百姓日常生计的重要模式。明人王起宗也曾说道："盖漳，海国也。其民毕力汗邪，不足供数口。岁张馀艎，赴远夷为外市，而诸夷遂如漳变奥间物云。"③

在这股海洋贸易的浪潮中，漳州九龙江下游两岸迎来了社会经济发展的高峰时期，到处呈现出欣欣向荣的景象，正所谓"风回帆转，宝贿填舟，家家赛神，钟鼓响答。东北巨贾，竞鹜争驰"。地方海洋社会蓬勃发展的盛况由此可见一斑。自从隆庆初年月港开海之后，九龙江下游两岸的居民便可以通过申请船引的方式，以合法的手段走出国门，贩海经商，往来东西二洋。一时之间，月港周边海洋贸易如火如荼。根据《流传郭氏族谱》的记载，龙溪二十八都流传社郭氏，十一世孙启祠公，应柏公次子也，卒于吧国；妣姓氏未详，生于万历二十六年戊戌二月廿五日戌时，卒于顺治五年戊子九月十二日卯时，寿五十一，坟墓无考；生男三：长曰仕英、次曰仕雄、三曰仕杰。又有龙溪翠林郑氏，"十一世忠房，銮，号苍水，住番；五姐，住番。十三世睦房民护、元炤，名瑞，往番，卒于番。十三世睦房，宋朝，往吕宋。十二世尔练，名一

---

① ［清］陈瑛、王作霖修，叶廷推、邓来祚纂《海澄县志》卷十五《风土志》，第171页。

② ［明］萧基：《东西洋考·小引》，第15页。

③ ［明］王起宗：《东西洋考·序》，第13页。

郎，往番，卒于番。莹，往番。继康，万历二十八年往暹罗"。再有龙溪卿山高氏，十七世仲镇，号次仰，振寰次子，生于万历丁酉年，卒于崇祯己卯年十二月十一日。次仰亡在番邦。十七世褒，字孺衷，生于万历癸巳，卒在番邦。十七世殿，字萃区，娶王氏，生子曰寅，萃区生于万历乙未年，往番邦吕宋国，王氏别配。此外，还有福建《安海霞亭东房颜氏族谱》记载："七世嗣祥……生于成化丁亥年，正德辛巳年七月二六日卒于暹罗。"嘉靖年间又有颜贤良、颜森器、颜森礼、颜侃等4位族人去暹罗。其中，颜森器1526年卒于暹罗。南安石井《许氏族谱》也记载，嘉靖癸未年（1523）其族祖到暹罗谋生，终其一生，埋葬该地。明末清初，许多闽南人移居暹罗，主要住在宋卡一带。[①] 隆庆时期，民间贸易成为中国对暹罗经济联系的主要形式。这一时期，暹罗也把重点放在与中国民间的海外贸易上。暹罗华商势力因此迅速增长，他们在暹罗的对外贸易中逐步起到重要作用。明代后期，暹罗宫廷根据国王的旨意在财政部设立帆船局，专门管理对华贸易。暹罗首都阿瑜陀耶城是当时国际贸易的重要市场之一，来自中国、印度、马来亚、安南、日本等国的商人经常集聚于此地。[②]

中国东南沿海地区百姓出洋贩海经商，饶有成绩。有的人甚至在海外担任中国商人与当地政府沟通往来的华人首领。例如，龙溪文苑郑氏十一世祖逸坡公。根据《文苑郑氏（长房四世东坡公世系）族谱》的记载："长房逸坡公，十世孙思显之子启基，生于明隆庆元年，卒于万历四十五年，又名郑芳扬，是马六甲第一任甲必丹，爱国侨领。卒葬彼处三宝山南坡，祀位中国式青云寺，给后人凭吊。"

此外，南洋地区的猫里务、爪哇、浡泥等地，也有很多华人活动的痕迹。例如："合猫里……又名猫里务。近吕宋，商舶往来，渐成富壤。华人入其国，不敢欺凌，市法最平，故华人为之语曰：'若要富，须往

① 黄素芳：《明代东南沿海闽粤人移民泰国的历史考察》，《八桂侨刊》2010 年第 4 期。

② 李未醉、李魁海：《明代海禁政策及其对中暹经贸关系的影响》，《兰州学刊》2004 年第 5 期。

猫里务'"；"爪哇……人有三种：华人流寓者，服食鲜华；他国贾人居久者，亦尚雅洁……其国有新村，最号饶富。中华及诸番商舶，辐辏其地，宝货填溢。其村主即广东人……"；"浡泥……华人多流寓其地……漳州人张姓者，初为其国拿督，华言尊官也"。①

月港开放后的 40 余年，是漳州海商主导东亚贸易网络的黄金时代。② 当时由月港出洋的商船，"舟大者广可三丈五六尺，长十余丈。小者广二丈，长约七八丈"。这些海外贸易的船只遍布于东西洋各地，但大多数集中到马尼拉贸易。《东西洋考》有云："吕宋……其地去漳为近，故贾舶多往……华人既多诣吕宋，往往久住不归，名为压冬。聚居涧内为生活，渐至数万，间有削发长子孙者。"《明史》中也说："吕宋居南海中，去漳州甚近……先是，闽人以其地近且饶富，商贩者至数万人，往往久居不返，至长子孙。"这些中国商人和华人在马尼拉居住的地方被称为 Parian，西班牙语意为"生丝市场"，中国译为"涧内""八联"，相当于唐人街。由此可知，生丝贸易在菲律宾马尼拉的兴盛情况。明代中后期，海外最大的华人社会是菲律宾的马尼拉。1571 年，西班牙人占领马尼拉，当地只有 150 余名华人，从事丝织品、棉布及其他杂货贩卖。西班牙经营菲岛初期，采取优待华商政策，鼓励华人前赴菲岛贸易。而且西班牙利用美洲白银与华人交易，这对"银荒"的明代社会无疑具有巨大的吸引力。1588 年，到马尼拉的中国商船多达 30 余艘，载有大量华人，连同原来的菲岛华人，总数已达万人以上。仅华人聚居的涧内就有华侨商店 150 家、华商 600 名，还有从事渔夫、园丁、猎人、织工、砖瓦、烧石灰、木匠等各种行业的华侨。何乔远也有类似的记载："其地迩闽，闽漳人多往焉，率居其地曰涧内者。其久贾以数万，间有削发，长子孙。"当时，福建巡抚许孚远说："东西二洋，商人有因风涛不齐，压冬未回者，其在吕宋尤多。漳人以彼为市，父兄久住，子弟往

---

① ［清］张廷玉等：《明史》卷三二三至卷三二五，第 8374—8415 页。
② 杨国桢：《十六世纪东南中国与东亚贸易网络》，《江海学刊》2002 年第 4 期。

返，见留吕宋者盖不下数千人。"①

　　这些移居海外的华人都为侨居地早期的开发与经济繁荣作出了较大的贡献。②　福建巡抚徐学聚曾经言及："吕宋本一荒岛，魑魅龙蛇之区，徒以我海邦小民，行货转贩，外通各洋，市易诸夷，十数年来，致成大会。亦由我压冬之民，教其耕艺，治其城舍，遂为隩区，甲诸海国。"③对于这一点，即使是西班牙殖民者也不得不承认，如马尼拉总督摩加在16世纪末宣称："这个城市如果没有中国人确实不能存在，因为他们经营着所有的贸易、商业和工业。"居住于此的胡安·科博神父（Father Juan Cobo）亦公正地说过："来这里贸易的是商人、海员、渔民，他们大多数是劳动者。如果这个岛上没有华人，马尼拉将很悲惨。因为华人为我们的利益工作，他们用石头为我们建造房子，他们勤劳、坚强，在我们之中建起了最高的楼房。"④　一些菲律宾史学家对此也作了公正的评价。《菲律宾通史》的作者康塞乔恩（Joan de la Conception）在谈到17世纪初期的情况时，写道："如果没有中国人的商业和贸易，这些领土就不可能存在。"如今尚屹立在马尼拉的许多老教堂、僧院及碉堡，大多是由当时移居马尼拉的华人所建。约翰·福尔曼（John Foreman）在《菲律宾群岛》一书中亦谈到："华人给殖民地带来了恩惠。没有他们，生活将极端昂贵，商品及各种劳力将非常缺乏，进出口贸易将非常窘困。真正给当地土著带来贸易、工业和有效劳动等第一概念的是中国人，他们教给这些土著许多有用的东西，从种植甘蔗、榨糖到炼铁，他们在殖民地建起了第一座糖厂。"⑤

　　通过与西班牙人的贸易往来，中国的丝织品大量外销，其中以江

①［明］许孚远：《疏通海禁疏》，载［明］陈子龙等选辑《明经世文编》卷四〇〇，第 4332 页。

②李金明：《明代后期的海外贸易与海外移民》，《中国社会经济史研究》2002 年第 4 期。

③［明］徐学聚：《报取回吕宋囚商疏》，载［明］陈子龙等选辑《明经世文编》卷四三三，第 4728 页。

④Felix，*The Chinese in the Philippines*，vol.1，1966，p.137.

⑤John Foreman，*The Philippines Islanda*，London，1899，p.118.

苏、浙江地区的生丝与丝织品为最，为中国输回了大量白银。因此，生丝和白银也成为西班牙人在太平洋贸易往来的主要商品。根据相关统计记载，当时西班牙人购买中国丝织品再转卖美洲获取的利润高达100％～300％。① 这样的高额利润吸引了许多国家前来贸易。除了西班牙之外，秘鲁人与墨西哥人也竞相与中国商人交易，大量购入中国所产丝织品。而当时秘鲁的波多西是全世界银矿产量最为丰富的地方。在西班牙人占领菲律宾之前，波多西的白银大量运到西班牙。当西班牙人占领菲律宾并以此为中西贸易的据点时，这些白银便大量输入中国。激烈的竞争使得中国的丝织品市场不断扩大，需求量迅速激增，价格自然也随之上涨，西方的贸易利润率便降低。为了阻止秘鲁和墨西哥人与自己竞争，西班牙人便禁止其来菲律宾贸易。西班牙政府更是下令若来菲律宾，必须在有人担保的情况下，在殖民地长居 8 年或成为菲律宾公民，以此避免秘鲁等其他国家的商人来菲贸易。就这样，中国商人将大量的丝织品、瓷器等中国商品源源不断地输入菲律宾，经由西班牙商人之手，辗转贩卖到美洲各地。

明漳州窑五彩开光阿拉伯文瓷盘　　　　　明漳州窑五彩龙纹罗盘航海图瓷盘
（漳州市博物馆供图）　　　　　　　　（漳州市博物馆供图）

　　1630 年至 1640 年在荷兰东印度公司暹罗商馆工作的范维里特（Van Vilet）记录了当时的情况："在暹罗有许多华人居留，他们不管在什么地方都享有自由交易的权力，并为国王所敬重；有不少人被任为崇高地位或官职；亦有不少华人被认为最有能之代理商，商贾及船户。"即使

① 全汉昇：《明清经济史研究》，第 26 页。

菲律宾收藏的漳州窑瓷器（漳州市博物馆供图）

菲律宾收藏的漳州窑瓷器（漳州市博物馆供图）

荷兰吕伐登普利西霍夫博物馆收藏的漳州窑瓷器（漳州市博物馆供图）

在巴塞通王限制私人贸易的时候，"每年也有两三艘中国帆船从闽南来到大城，同时也有一至三艘中国帆船从大城被派到印度支那去"。曼德斯罗（Mandelslo）在叙述1639年的情况时特别写道："国王派到海外的代办官员、仓库员及会计员，都是华人。"① 在暹罗国王统治不及的南部半岛地区，华侨常常结群成队，前往开垦建港。在开发初显成效之后，华侨领袖有可能被封为酋长等。林道乾就是其中的典型代表。林道乾是1560年至1570年间闽粤两省有名的海商。他本来在沿海进行贸易活动，后来为了寻找一个可以永久栖身之地而前往南洋。在昆仑岛逗留了一段时间之后，林道乾带了一批人来到了北大年。此后，林道乾致力于垦殖和建设，动员人力，开山砍木，构筑房舍，垦荒辟野，从事耕种，辟建海港，以利出海捕鱼。同时，他注重振兴对外贸易和航运，港口落成之后，命名为道乾港。除了贸易，华侨还在来往于中泰两国港口之间的泰国海船上充当水手，对暹罗的航海事业作出了巨大贡献。②

移居印度尼西亚的华人同样为巴达维亚的开发与繁荣作出了贡献。荷兰东印度公司不仅使用华人劳力和华人建筑技术建造巴达维亚的城堡，而且把城里的财政开支都转嫁到华人农民的税收上，大凡城市的供应、贸易、房屋建筑，以及巴达维亚城外所有穷乡僻壤的垦荒工作都由华人来承担。③ 英国学者博克瑟（C.R.Boxer）曾说过："假如马尼拉的繁荣应归功于移居那里的华人的优秀品质，那么当时作为荷兰在亚洲总部的巴达维亚的情况亦一样。大多数华人劳工负责兴建这座城市，华人农民则负责清除城市周围的村庄并进行种植，华人店主和小商人与马尼拉的同胞一样，经营着商业、贸易。我们实事求是地说，荷兰东印度公司对其首府的迅速兴起应极大地感激这些勤劳、刻苦、守法的中国移民。"④ 1959年，印度尼西亚前总理沙斯特罗阿米佐约访华时，仍多次谈

---

① 黄素芳：《明代东南沿海闽粤人移民泰国的历史考察》，《八桂侨刊》2010年第4期。

② 张莲英：《明代中国与泰国的友好关系》，《世界历史》1982年第3期。

③ J. C. Van Leur, *Indonesian Trade and Society*, The Hague, 1960, pp.149-194.

④ C.R.Boxer, *Notes on Chinese Abroad in the LateMing and Early Manchu Periods Compiled from Contemporary Sources*（1500—1750）, in Tien Hisa Monthly, 1939 Dec., vol.9, no.5, pp.460-461.

到当时的海外贸易与海外移民。他说道："自从具有冒险精神的中国远洋帆船第一次开通两国间的航路以来，中国和印度尼西亚的人民就一直是友好的邻邦"，"中国的航船不仅带来了货物，随之而来的还有许多中国商人、工人、手工业者。他们在我国定居下来，带来了中国的技术和古老的文化。直到现在，我们的许多岛屿上还保留着这些中国文化的精华。"[1]

印尼雅加达国立博物馆收藏的漳州窑瓷器（漳州市博物馆供图）

明末清初，有一些不满清朝统治的福建人逃亡国外。例如，漳州府龙溪县陈养纯，因"避难南来生理，衣服仍存明制"。还有漳州府海澄县潘文彦及其妻子，也因"义不事清"而流亡越南。

除此之外，根据中外文献的记载，大约在 16 世纪末到 17 世纪前半期，即我国明清之际，已经有一些中国商人、工匠、水手、仆役等沿着当时开辟的大帆船贸易航路到墨西哥和秘鲁侨居经商或做工。由于他们是经由马尼拉辗转而来，因而被称为"马尼拉华人"，其中绝大多数为福建籍移民。[2] 由于吕宋地近漳州，漳州海商往马尼拉贸易的人络绎不

---

①《沙斯特罗阿米佐约总理在北京机场的谈话》《沙斯特罗阿米佐约发表广播演说》，《人民日报》1955 年 5 月 27 日第 1 版、6 月 8 日第 1 版。

②廖大珂：《福建与大帆船贸易时代的中拉交流》，《南洋问题研究》2001 年第 2 期。

绝，这其中漳州籍移民占有相当的比重。他们通过新航路前往墨西哥等地，将中国文化传入了拉丁美洲。

综上所述，当时国人海洋活动的范围遍及吧国（今印尼雅加达）、吕宋、暹罗、马六甲等地，以及一些笼统称为"番""番邦"的国家和地区。

另外，我们从《东西洋考》中关于陆饷征收则例的记载中可以看到，月港开海之后，中外进出口贸易的商品多达上百种。① 其中，有月港附近的土特产，也有江南地区的丝绸物品等。以月港为主要代表的福建海商日渐活跃在南中国海。

自隆庆年间月港开海之后，中国沿海与吕宋马尼拉之间的贸易日益兴盛。当时，正值西班牙殖民者侵占菲岛并开辟太平洋航路之际。中国船货在马尼拉一经转卖，便立即被装上马尼拉帆船，待 6 月西南季风起时启航，乘风北上，直达墨西哥西岸的阿卡普尔科港，全程万余里，历时 3 个月。传统中国与菲律宾之间的贸易因此扩展为中国与拉丁美洲之间的贸易。以江南丝绸为主的中国商品源源不断地沿着这条航线驶向墨西哥，畅销拉丁美洲。② 通过与西班牙人、葡萄牙人、荷兰人等西方人的贸易往来，将中国的国内市场与世界市场联系了起来，月港逐渐成为当时中外贸易网络中的重要一环。原先经南海向西到印度洋、波斯湾、阿拉伯等地，转而向东至日本，或经马尼拉越过太平洋到美洲大陆，然后再经阿卡普尔科和塞利维亚把中国生丝和丝织品运往欧洲市场，形成一条联系东西方贸易的"海上丝绸之路"。与此同时，葡萄牙人和东印度公司除了将中国生丝和丝织品转贩到日本赢利外，也利用返程船只把中国生丝、丝织品和瓷器运往欧洲各地销售，遂使海上丝绸之路逐渐从区域贸易航线发展为全球贸易航线。③

隆庆、万历年间开放海禁之后，漳州月港的兴起虽然削弱了福州港

---

① ［明］张燮：《东西洋考》卷七《饷税考》，第 141—146 页。

② 范金民：《16～19 世纪前期海上丝绸之路的丝绸棉布贸易》，《江海学刊》2018 年第 5 期。

③ 李金明：《中国古代海上丝绸之路的发展与变迁》，《新东方》2015 年第 1 期。

在海外贸易中的地位，但福州港仍然在海外贸易中起重要作用，主要体现在对西属菲律宾吕宋岛的贸易上。在马尼拉大帆船贸易即中国—菲律宾（马尼拉）—南美洲的三角贸易中，也有自福州港启航的福建商人，这也说明福州港在明代后期的海外贸易中仍然具有一定的历史地位。[①]

（二）白银大量进入福建，改变地方社会生活

福建沿海的老百姓们贩海经商，将国内的商品运至海外，返程之时又将海外的商品运回本国贩卖，长途转运之后，往往可以获得丰厚的利润。1571年，西班牙人征服菲律宾，开始了其在菲岛的统治，而从中国到东洋吕宋的商人们也与西班牙人展开了贸易往来，换回西班牙人从美洲运来的白银。从吕宋不断进口的白银，使得明朝政府在万历年间专门出台政策，对其征收加增饷。

与此同时，美洲的秘鲁和墨西哥的银矿被大肆开采，西班牙人和葡萄牙人用马尼拉大帆船把大量白银转运到亚洲。16世纪80年代，葡萄牙人每年向果阿运送约30吨白银。16世纪末，欧洲通过葡萄牙人和地中海东部的商道向东方输送了约72吨白银。[②] 有明一代，流入中国的白银主要来自西属美洲和日本，这两个地方是当时世界的主要白银产地。流入中国的白银主要用来购买中国丝绸和瓷器，当时中国丝绸的海外市场以日本为首，其次是欧洲和美洲。根据全汉昇先生的研究，从1586年至1643年期间，西班牙人每年从菲律宾输入的中国货物价值约133万元，明末从菲律宾输入中国的白银当在7500万元以上。[③] 而就海澄饷税来说，相对于海商的巨大贸易额、高额利润率，整个月港税制的税率极低，巨额财富滞留海商手中，海商并未被"横征暴敛"。[④]

---

① 谢必震：《略论福州港在明代海外贸易中的历史地位》，《福建学刊》1990年第5期。

② ［澳］安东尼·瑞德：《东南亚的贸易时代：1450—1680》第二卷，孙来臣、李塔娜、吴小安译，商务印书馆，2013，第38页。

③ 庄国土：《16～18世纪白银流入中国数量估算》，《中国钱币》1995年第3期。

④ 林枫：《明代中后期的市舶税》，《中国社会经济史研究》2001年第2期。

第三章 隆庆开海与中西贸易发展

119

因此，通过月港进口的白银绝大部分留在了海商手中。一方面，他们将一部分财富用于再次出海的行动中；另一方面，他们开始丰富各自的生活内容，奢华气息一时充斥着海洋社会。这样的繁荣景象引发了多少文人墨客的不绝赞叹，他们用诗赋的形式进行了记录。例如，当时闽县名士徐㷆来到海澄之后，作诗描写了隆庆开海之后地方社会的繁华景象。其诗云："海邑望茫茫，三隅筑女墙。旧曾名月港，今已隶清漳。东接诸倭国，南连百粤疆。秋深全不雨，冬尽绝无霜。货物通行旅，赀财聚富商。雕镂犀角巧，磨洗象牙光。棕卖夷邦竹，檀烧异域香。燕窝如雪白，蜂蜡胜花黄。处处园栽橘，家家蔗煮糖。利源归巨室，税务属权珰。里语题联满，乡音度曲长。衣冠循礼让，巫蛊重祈禳。田妇登机急，渔翁撒网忙。溺人洪水涨，摧屋飓风狂。永日愁难遣，清宵病莫当。羁怀写不尽，期尔早还乡。"[1] 月港从之前士人不关注的海滨之地变成了连接海外市场的重要场所，大量的货物在这里被装载运走，换回的钱财也汇聚到富商的手中。因此，富商们开始享受起雕梁画栋的奢华生活，夷地所产的商品处处可见，犀角和象牙在这里简直是司空见惯，家家户户，不管是农人还是渔翁，都在为自己的生计而积极忙碌着。

与此同时，白银大量流入福建沿海地区并留存于商民手中，对地方海洋社会新一轮的建设提供了财力上的支持。这一时期商民们踊跃捐资，兴修了很多公共设施等。例如，万历八年（1580），海澄知县周祚在其任上主持新开县城西北隅水门。事竣，柯挺撰《周侯新开水门碑记》："令甫下，民争捐赍，伐石鸠工，帑不及官，浃旬告成，言言将将，汲者欢呼于道，贾肆星列，商舟云达，手额交口称，而城址靡所委溃，俨然金汤，称雄镇焉。"[2]

大量美洲白银源源不断地输入中国，这在一定程度上促进了中国国

---

①［明］徐㷆：《海澄书事寄曹能始》，载［清］陈瑛、王作霖修，叶廷推、邓来祚纂《海澄县志》卷二〇《艺文志·诗》，第 227 页。

②［明］柯挺：《周侯新开水门碑记》，载［清］陈瑛、王作霖修，叶廷推、邓来祚纂《海澄县志》卷二二《艺文志·记》，第 267 页。

内流通白银量的激增。明代中叶，中国各地已经能普遍使用白银作为流通货币。明朝政府也废除了实物租税和徭役，改用以银纳税的"一条鞭法"。

17世纪墨西哥手工打制银币正反面（漳州市博物馆供图）

（三）商人地位大幅度提升，成为一股不可忽视的社会力量

自汉唐以来，重农轻商日益成为中国传统社会发展过程中的一个特色。历代统治者为了更好地管理帝国，相继出台了一系列政策和措施，以鼓励百姓从事农业生产。甚至为了实践安土重迁的理念，统治者还制定了一些不利于商人的政策。此外，士农工商的排列顺序也使我们对传统商人的地位有一个比较直观的把握。可以说，在传统中国的社会中，商人们的地位不高已经成为事实。然而，月港时代的商人们经过自身努力，逐渐争取到一定的社会地位并形成一定的社会影响力。

例如，万历年间，有一部分从月港出发的海商前往东洋吕宋从事贸易活动，而与之交易的西班牙人将他们从美洲带来的白银用于支付。于是，商人返程之船除了少量的货物之外，均载银而归。明朝政府针对这一类商船征收加增饷，每船150两。但是，过了一段时间，有一些商人开始提出负担过重。经过他们的努力，万历十八年（1590）的时候，明朝政府同意将原来的标准下调至每艘船120两。[1]

再如，万历二十七年（1599），税珰高寀南下，主政福建税收，看到

---

① ［明］张燮：《东西洋考》卷七《饷税考》，第132页。

海澄区区弹丸之地而每年有两万多两的舶税收入。于是，他亲自来到海澄，对商人们横征暴敛。高寀为了达到收敛钱财的贪婪目的，竟然要求回港商船上的人不许上岸返家，并将私自回家的人们逮捕。在这样的情况下，当地商人愤愤不满，声言欲杀高寀。同时，愤怒的商人们更是将高寀手下用绳子捆绑，扔至海中。听到消息的高寀吓得连夜离开，从此不敢再来海澄。通过张燮的描写，我们看到的不是唯唯诺诺、任人宰割的商人形象，相反，他们敢于向高寀发起冲击。尽管高寀肆意欺压商人，引起商人们的严重不满，但是他毕竟是明朝中央派遣下来的税珰专员。海澄当地商人对于高寀的挑战，从另一个角度来看，也反映出他们地位的提升。

又如，万历四十二年（1614），在省城福州发生了一起因高寀拖欠钱款而引发的商人集体赶赴官署催讨事件。当年的四月十一日，"寀所未偿直商人数百辈，自金缯以迨米盐，所负金钱巨万，群赴阉署求领，辞气稍激"。① 尽管后来这一事件的形势因高寀的无赖行为而急转直下，商人们处于劣势，但是从一开始，商人聚集前往官署的行为已表明商人们的社会地位并不低，他们俨然已经成为影响社会的一股重要力量了。

当然，隆万年间商人们社会地位的提升，与月港开海之后海洋贸易的繁荣有着密切的关系。一方面，我们在上一章节中提到，在厉行海禁时期，就有势家大族积极参与通番活动，如同安人林希元等。势家大族一直是明代中叶以来海洋贸易大军中的重要一员，他们原本就具备士绅的身份，又通过海

海商蔡志发修建的容川码头碑刻

① ［明］张燮：《东西洋考》，卷八《税珰考》，第158页。

外贸易积累了大量的财富。这些因素加到一起，使得他们在当地社会拥有重要的发言权。特别是隆庆开海之后，海外贸易成为合法化的经济行为。因此，他们在贩海经商的同时不再有后顾之忧。另一方面，就普通百姓而言，他们贩海通商，往来东西洋，也有了一定的经济积累。在当时贩海成风的社会中，他们成为白手起家的典范，逐渐赢得了世人的认可，其社会地位当然不可同日而语了。在这样的情形下，商人们表达相关看法并为政府所接受，甚至敢于挑战明朝政府中邪恶势力的具体行为也就不难理解了。

二、海交著作交相辉映

（一）吴朴与《渡海方程》

吴朴（约 1500—1570），初名雹，补邑诸生后，改名朴；字子华，又字华甫，明代福建诏安县梅岭人。自小勤奋好学，博览群书，过目不忘，凡天文、地理、兵法，无不深研。嘉靖年间，同安人林希元从毛温伯征安南，聘请吴朴为参军。期间，吴朴积极为其出谋划策。安南平定，林希元为谗言所害，降官贬谪；吴朴"功竟弗录"，反遭诬陷，致"以他事下狱"。于是，吴朴奋而著书，锲而不舍，在狱中完成了八卷本的《龙飞纪略》。《龙飞纪略》一书详细记载了"南海傍海诸国，碛外如西域大小部落，塞外如辽东兴和、大宁、东胜，极微国邑，海陆道路，远近顺逆，亦悉加考证"。对外邦各国，该书又详细记述其土产、资源。在书中，吴朴主张发展海外贸易，十分有远见。

吴朴的家乡梅岭是明代漳潮海外贸易区除了月港之外的另一个民间走私贸易港口。当地居民以宗族势力为基础，从事私人海上贸易。吴朴从小耳濡目染，对这些情况有深刻的了解和认识，因此有机会接触到流传于民间的各种水路簿。这些因素都为他撰写《龙飞纪略》和《渡海方程》提供了必要条件。

嘉靖十六年（1537），吴朴的另一部著作《渡海方程》问世，这是我国最早刻印的水路簿，比欧洲第一本水路簿《意大利口岸簿》早了 47

年。根据有关学者的研究，该书是在对郑和下西洋的路线以及15世纪以来流传于民间的诸多水路簿进行综合整理的基础上形成的，对于沿海山形水势、航路远近、水道深浅都有记述，并附有山屿识别图。因此，这是一部航海针经，有经有图，"经"以记述海中诸国里程为主，"图"以海中诸岛屿山崖为标志，并且突出牵星过洋在航程中的重要作用。后来，"经"入《顺风相送》，"图"入《郑和航海图》。《渡海方程》付印之后被辗转传抄，又被改为《海道针经》《郑和航海图》等多种书名。其中，由我国东南沿海经钓鱼岛往日本的针路等一些内容，被茅元仪的《武备志》、胡宗宪的《筹海图编》、郑开阳的《使倭针经图说》、顾炎武的《天下郡国利病书》等引用，并都在开头注明"见《渡海方程》及《海道针经》"。郑舜功撰写《日本一鉴·桴海图经》也参考了《渡海方程》及《海道针经》，并指出"此两本书同出而异名"。

(二) 张燮与《东西洋考》

张燮（1574—1640），字绍和，号海滨逸史，出生于漳州龙溪官宦之家。张燮的父亲张廷榜，万历甲戌（1574）进士，曾经担任四川太平县知县，以"不善事上官"而得罪当路者，迁江苏镇江丞，后改任吴江县令。后来，张廷榜目睹朝政黑暗，小人当道，愤而归乡，在漳州府城芝山之麓设馆讲学，居乡三十年。张燮自幼受到父亲的悉心教导，及长博览群书，万历甲午年（1594）乡试中举，却绝意科举。张燮在漳州府城与蒋孟育、郑怀魁、高克正、林茂桂、王志远、陈翼飞等人诗赋唱和，被誉为"漳州七才子"。张燮晚年在漳州城南的石狮岩筑"万石室"，与黄道周、徐霞客、陈继儒、曹学佺、何乔远等人往来密切。

明代中叶，在私人海上贸易日益兴起的年代里，漳州月港因"官司远隔，威令不到"而成为重要的民间贸易港口。早在明代正德年间（1506—1521），月港的私人海上贸易就进行得如火如荼。当时，龙溪张氏家族有族人私造巨舶将通番，恰逢其族人张绰奉调两广顺道过家时发现，对其进行了规劝和阻止，以焚舟告终。

漳浦黄道周讲学处　　　　　　　　　黄道周讲学处天方盘

黄道周故里

　　直至隆庆初年，明朝政府正式在月港实行有限制地开放海禁的政策，月港成为合法的民间海外贸易港口，被誉为"天子南库"。到了万历年间，当地的海外贸易盛况空前。在这样的历史背景下，张燮应海澄和漳州地方官之请而作《东西洋考》，详细描述了隆庆开海之后漳州地区海外贸易情况。本书亦是明代末期海外贸易的"通商指南"。①《东西洋考》成书于万历四十四年（1616），次年即由漳州地方官主持刻印出版。后来，张燮又参与了崇祯年间海澄历史上第一部县志的编修，故崇祯《海澄县志》的主要内容及观点大多承继《东西洋考》一书。

①［明］谢方：《东西洋考·前言》，第5—12页。

《东西洋考》共分十二卷，分别是《西洋列国考》四卷、《东洋列国考》一卷、《外纪考》一卷、《饷税考》一卷、《税珰考》一卷、《舟师考》一卷、《艺文考》二卷和《逸事考》一卷。全书的主要内容包含：其一，比较详细地记载了16世纪东南亚各国的历史，特别是西方殖民者掠夺和奴役东南亚人民的历史。其二，保存大量明代后期漳州地区有关对外贸易和商品经济发展的资料。其三，有关台湾社会各方面的重要记述。其四，记载了西沙群岛等我国固有领土的地理方位与特点。其五，最早记录了西方殖民者迫害海外华人的相关事件。其六，详细记载了月港海商的管理机构和办法，如商船进出港口的管理办法、商税的征收办法等。其七，对海交史籍体例有所创新。《东西洋考》一书的特点和优点，在于它大量搜集和记录了16世纪中叶以后的社会资料。该书大量地利用当时政府的邸报、档案文件和从航海商人、舟师采访得来的实际见闻。同时，张燮本人又游览天下名山获取我国东南沿海山川地理等资料，尤其是港口的第一手资料。然而，由于时代的局限和条件的制约，《东西洋考》也不可避免地存在着一些问题。例如，作者从来没有到过海外，书中记载的内容难免有疏漏之处；对漳州以外地区的海外贸易情况基本不涉及等等。①

三、月港繁华背后潜藏的危机

可以说，自隆庆年间月港开海以来，漳州九龙江下游两岸获得了长足的发展，"天子南库"的称誉可谓是当之无愧。然而，海洋社会繁荣的背后却也潜藏着危机。

（一）机易山事件与1603年马尼拉大屠杀

漳州地近菲律宾，当时很多出洋贸易的商人选择前往马尼拉，用中国商品换回西班牙人从美洲运来的白银，数量之多以至于明朝政府出台

---

① 郑镛：《张燮与〈东西洋考〉》，《漳州师范学院学报（哲学社会科学版）》2004年第2期。

专门措施以征收商税，即为"加增饷"。而当时，马尼拉聚集了数量众多的华人，他们开始形成早期的华人聚居区，如涧内等地。菲律宾华人数量的不断增加，使得西班牙人开始担心统治地位受到威胁，而机易山事件的发生无疑是造成菲律宾西班牙人与华人关系紧张乃至对华人实行大屠杀的催化剂。

机易山事件的经过：有一奸商名叫张嶷，他串通宦官高案，向明朝政府谎称吕宋有一座机易山，山上出产金豆，前往掘取的话可以获得不可计数的黄金。当时，福建地方官员大多认为张嶷的说法极其荒谬。海澄籍士绅高克正专门撰写了《折吕宋采金议》三则，驳斥张嶷的谬论。在《折吕宋采金议》中，高克正有如下分析："辄云海上开采，岁输精金十万，白金三十万，将取之寄，抑输之神乎？夷德亡厌，好利更甚，安有瓦铄黄白，坐锢以待我者！取之，能必夷之不攘臂争乎？能必我之取不为大盗积乎？明命已颁，奸商已扬，扬乘隙而来。要若曹亦未知澄事耳，采金海上，非余皇十余艘，卒徒千余人不可行。而是十余艘、千余人者，非可空手而具，亡米而炊也，谁为备之？而谁为给之？至计穷而欲夺商船，以应上命，敛民财以应上供，则土崩之形成，而脱巾之势见。吾所虑者，不在风涛之外也。桑梓之地，疾痛与俱，惟台台为万姓请命，以杜乱萌，澄邑幸甚！"[1]

由《折吕宋采金议》一文内容可知，高克正对于吕宋采金案一事的分析和理解是比较透彻的。与此同时，以高克正在当时地方社会的影响力而言，他的言论无疑是当时福建地方政府的重要参考来源之一。因此，我们也看到了地方士绅对于政府施政的间接影响——"郡邑每重其言为转焉"。

无奈，朝廷受奸人蛊惑，派出海澄县丞王时和百户于一成前往吕宋进行勘查。吕宋殖民当局听闻这个消息非常紧张，后在当地华人的解释下才稍微宽心。但他们也目睹了明朝方面官员进入吕宋的一切情形。其实，关于吕宋机易山产金豆的说法是当时"中国月港—吕宋马尼拉—墨

---

① ［明］高克正：《折吕宋采金议》，载 ［明］张燮《东西洋考》卷十一《艺文考》，第 222—223 页。

西哥阿卡普尔科"航线之间"大帆船贸易"情况的神化，中国商人可以在吕宋换回美洲白银。而海澄一地作为国人海外贸易的始发站，"澄民习夷，什家而七"是当时社会的真实写照。因此，他们亦是吕宋华人群体中的重要组成部分。

机易山事件过后，西班牙人面对着数量众多的华人，担心他们的统治受到威胁，双方之间的冲突一触即发。万历三十一年（1603），统治菲律宾的西班牙人开始对华人发起了攻击，马尼拉的华人受到极大的迫害。消息传回闽南，一时之间，整个闽南沿海地区到处充斥着痛失亲人的悲愤之情。所有在马尼拉和吕宋岛上的华人都被西班牙人、日本人以及菲律宾当地联合武装力量屠杀，受害者估计在 15000 至 30000 人之间。而马尼拉大屠杀使闽南地区出现了很多寡妇，她们跟她们的丈夫一样，是大屠杀中无辜的牺牲品。[①]

1603 年的马尼拉大屠杀给蓬勃发展中的闽南海洋社会蒙上了一层阴影，特别在"澄民习夷，什家而七"的月港及其周边地区。根据崇祯年间《海澄县志》的记载："华人在吕宋者，为吕宋王所杀，计捐二万五千人，为澄产者十之八。"[②] 此外，《海澄县志》卷十《人物志三》中还有这样的记载："江光彩妻谢八娘，赠中宪谢君礼之女也。光彩家贫远商，万历癸卯，吕宋酋戕杀华人无数，彩死焉。八娘闻讣欲绝……并时有马鹏振妻林氏者，振以夷变死，闻讣绝食自经而捐，姚令之兰旌其门曰节烈遗风，今梁令兆阳旌谢曰贞淑芳型……谢三娘，谢士栋女，许配杨应钧。万历癸卯，钧以吕宋之变身殒异域……"[③]

除了地方志书的相关记录之外，在今天所能看到的族谱中，我们可从《福河李氏宗谱》中看到当年惨剧的一丝痕迹。福河是地处九龙江西溪与北溪交汇处南岸区域的一个村落，明代隶属于龙溪县十一都福河社。根据《福河李氏宗谱》的记载，十五世（大潭埭）默，字志学，生

① 张彬村：《美洲白银与妇女贞节：1603 年马尼拉大屠杀的前因与后果》，载朱德兰主编《中国海洋发展史论文集》第八辑。

② ［明］梁兆阳修、蔡国桢等纂《海澄县志》卷十四《灾祥志》，第 152 页。

③ 同上书，卷十《人物志三》，第 106 页。

万历五年，往吕宋，遭兵变，终万历三十一年；松，字绍坚，生嘉靖二十七年，终于吕宋。榆，字绍春，发船吕宋，破家亡身，贻累宗族，生嘉靖四十年，终于吕宋，子崇鲁。十六世（大潭墘），思涵，号绍养，生万历六年，终万历三十一年，往吕宋，遭兵变以丧其驱。

（二）海澄舶税体制上的缺陷分析

明隆庆开海之后，伴随着海外贸易的蓬勃发展，月港（海澄）地方海洋社会到处呈现出欣欣向荣的景象。然而，在地方海洋社会经济日益发展的同时，我们也注意到了繁荣背后存在的隐患。尽管从中央到地方各级政府都在积极地摸索有效治理地方社会的路径，努力适应新形势的发展。但是，由于明朝政府在海澄饷税的分配问题上缺乏长远的规划，始终没有处理好各方关系在饷税利益分配上的冲突，对海澄后来的发展有着不可忽视的影响。

首先，中央与地方的利益冲突。随着海外贸易形势的不断发展，海澄饷税开始进入到明王朝的统治视野，日益受到关注。早在万历二十年前后，朝廷就曾经"疑税饷赢缩，防海大夫在事久，操纵自如，所申报不尽实录，议仿所在榷关例，岁择全闽府佐官一人主之。及爪往返，示清核，毋专利薮"。万历二十七年（1599），"上大榷天下关税，中贵人高寀衔命入闽，山海之输，半搜罗以进内府，而舶税归内监委员征收矣。正税外索辨方物，费复不赀。诸虎而冠者，生翼横噬"。从此，饷税之利收归中央。直到三十四年（1606），"有旨封闭矿洞，各省直税课，有司照常征解"，饷税的征收权才又还给地方。但是，中央与地方在海澄饷税方面的冲突，至四十一年（1613），"上采诸臣议，撤寀珰还"，才暂告一段落。

其次，漳泉二府在海外贸易所带来的经济利益的分配问题上存在争执。早在万历二十年前后的时候，漳泉二府就曾经为了海澄饷税的分配问题而发生争执，其具体过程如下：

而泉人以兵饷匮乏，泉观察议分漳贩西洋，泉贩东洋，各画陇无相搀越，欲于中左所设官抽饷，如漳例。漳郡守持之，谓割漳饷以给泉兵，则漳饷当匮，且有不漳不泉，黄缘为奸者，将奈何？奏记力言其不

可。独榷税不属海防，官听上裁。详文略曰：本府军需往往告匮，即隆庆间开设舶税，仅数千金，万历间增至万两，以此佐之，犹且不敷。动请司饷济急，往牒具在也。迨十三年增税至二万余，兼以尺土寸田，凡属官者，靡不括以充饷。即铁垆、牛行、渡船、渔税，搜无遗利，始免仰给司牧。然亦必尽数追完，方克有济。见在十县饷额，共三万七千七百九十余，凑船税二万余，大都六万上下，而水陆官兵月粮、修船、置器、犒赏诸费，岁不下六万。如二十一年禁海饷诎，则括府县帑藏支用，岂有赢余积藏于库哉！饷在漳则漳利，饷在泉则泉利，其便均也。漳饷匮则请在漳，泉饷匮则请在泉，其不便均也。今欲东西洋分属漳泉，割漳饷以赡泉兵，不惟漳之兵食无从措给，从此私贩之徒，缘为奸利，不漳不泉，东影西射，公然四出，不可究诘者，又什百于昔日。本府筹之，未见善画，在彼府计，其无弊何如耳。于是，漳、泉分贩议罢不行，而上章请改设饷馆，给关防。①

虽然以上的争执最终以漳州府的独享饷税利益而告终，但是漳泉二府在地方财政利益上的冲突并没有因时间的推移而结束。如崇祯十二年（1639），给事中傅元初上《请开海禁疏》，其中谈到："……倘以此言为可采，则今日开洋之议，洋税给引，或仍于海澄县之月港，或开于同安县之中左所；出有定引，归有定澳，不许窜匿他泊。即使漳泉两府海防官监督稽查，而该道为之考核；岁报其饷于抚臣，有出二万余之外者，具册报部，以凭支用……"② 通过上述史料可知，漳泉二府在海澄饷税利益问题上的矛盾及争执，有明一代始终存在。另外，在后来17世纪福佬海盗商人（海商）内部不同籍贯之间势力此消彼长——在海贸史上占有重要一席的漳州系统为泉州系统所取代的历史背景下③，郑芝龙（1604—1661）后来居上，终执东西洋海外贸易的牛耳。而此时，漳泉二

① ［明］张燮：《东西洋考》卷七《饷税考》，第133—134页。
② ［明］傅元初：《崇祯十二年三月给事中傅元初请开海禁疏》，载［清］顾炎武《天下郡国利病书·福建》，第33—34页。
③ 翁佳音：《十七世纪的福佬海商》，载汤熙勇主编《中国海洋发展史论文集》第七辑。

府在对郑芝龙是剿或是抚的问题上产生了分歧。对此，明人沈颐仙在《遗事琐谈》中所作的评论可谓是一语中的："芝龙泉人也，侵漳而不侵泉，故漳人议剿，泉人议抚，两郡相持久不决。"① 可见，漳泉两地的官府时刻不忘海外贸易所带来的税收利益，其立场的选择皆源自于与海外贸易相伴随的经济利益。

正因为明朝政府在海澄饷税的分配问题上缺乏长远的规划，使得各方利益冲突不断。在利益的驱使下，甚至有不法官吏、奸商以身试法，对正常的海外贸易活动构成威胁，如万历四十四年（1616），推官萧基条上《恤商厘弊凡十三事》，认为官害、吏害和奸商之害是商困的主要因素。②

关于月港衰落的原因，学术界已有比较多的研究，如李金明在《漳州港》一书中，对目前学界的主要观点作了总结，认为大概有如下几个方面：第一，荷兰殖民者的劫掠；第二，海禁过于频繁；第三，明朝统治者横征暴敛；第四，当地人贩海通商日益增多，农耕渐弛，且多种甘蔗、烟草等经济作物，故养蚕业及丝织业逐渐凋零，使出口海外的丝织品逐渐减少；第五，诸多港口并开，使月港失去了作为唯一私人海外贸易港的地位，必然暴露出其地理位置差、港口条件不好等弱点，从而在竞争中渐遭淘汰；第六，海寇活动的猖獗、明末的政治动乱等因素，也对漳州月港的衰落有着一定的影响。③

月港衰落的原因，还包括明朝政府未能妥善处理好各方关系，在洋税分配问题上的冲突，特别是漳泉二府在这方面的利益争执，以及17世纪以后福佬海盗商人内部不同籍贯之间的势力此消彼长、漳州系统为泉州系统所取代等多种因素都为日后历史发展的走向埋下了伏笔。后来，清朝政府于康熙二十三年（1684）开海禁、设海关。泉州府同安县之中左所（厦门）成为四海关之一，最终完成海外贸易管理机构从漳州府到

① 张海鹏：《中国十大商帮》，黄山书社，1993，第96页。

② ［明］萧基：《恤商厘弊凡十三事》，载［明］张燮《东西洋考》卷七《饷税考》，第135—140页。

③ 李金明：《漳州港》，福建人民出版社，2001，第124—128页。

泉州府的转移，月港亦从此失去了复兴的机会，下降为厦门的附属港继续运作。①

作为中国近代海关先声的月港，其督饷制度为后来的海关制度留下了重要的历史经验和教训。尽管后来月港作为海外贸易港口的繁华不复存在，然而，其区域内的百姓们仍在继续书写着海洋人的动人篇章。时至今日，漳州九龙江下游两岸的众多族谱、碑刻等民间文献资料中大量记载的关于国人贩海经商、移民异域等内容，即是月港人传统海洋生计的历史延续。

第五节　中琉贸易

有明一代，中国管理琉球朝贡贸易的组织有三种：福建市舶司、会同馆和琉球进贡厂（后为琉球馆）。明朝政府早在明朝初年就规定，出使琉球的官员及随行人员可以携带物品，每人限带百斤。例如，万历三十四年（1606），夏子阳出使琉球的时候，就在广石海防馆盘验各役从所带货物，以防封舟超重。琉球入明朝贡，所携带贸易货物多种多样。其中，手工业品类有靶、鞘、腰刀、扎把、衮刀、镀金铜结束、皮铁甲、锁子甲手套、镀金铁面、铜护胸、铁护腿、金银酒海、金银粉匣、折子扇、泥金扇、磨刀石；医药类有乳香、降香、木香、速香、丁香、檀香、黄熟香、乌木、胡椒；矿产品类有硫磺、番锡、生红铜；纺织品类有生丝熟夏布；皮货海产有牛皮、螺谷、海巴；木材类有苏木；畜类有马；珍奇类有犀角、象牙、玛瑙。而琉球从中国带走的货物主要有陶瓷、漆器和丝绸三大类。②

自从宣德年间停止了郑和下西洋等海外贸易活动以后，再到隆庆万历年间开放海禁这一时期，海外诸国入明朝贡出现了"贡使渐稀"的现

---

① 杨国桢：《闽在海中：追寻福建海洋发展史》，江西高校出版社，1998，第64页。
② 谢必震：《试论明代琉球中介贸易》，《南洋问题》1986第1期。

象。中国私人海外贸易力量在明朝统治者严厉的海禁政策打击下步履艰难，只有福州与琉球的贸易盛极一时。这一时期的福州港可以说是明代海外贸易的中心港口，日本、朝鲜及东南亚诸国与中国的贸易关系在福州与琉球的贸易之中均有体现，福州港的历史地位达到了最高峰。隆庆开海之后，随着漳州月港的兴起，削弱了福州港在海外贸易中的地位，但福州港仍然在海外贸易中起重要作用。① 1609 年，日本九州南部的萨摩潘入侵琉球，将琉球国王尚宁和官员 100 多人作为俘获带回日本，琉球主权受到严重侵害，给琉球带来了深重的灾难。中琉贸易也受到了损害。

这一时期，福建东南沿海区域孕育出漳州航海贸易势力的两个子系统：以漳州府龙溪、漳浦县和泉州府同安县人为主体的九龙江口海湾地区；以漳州府梅岭、铜山和潮州府饶平、南澳人为主体的诏安湾地区。这两个子系统均以闽南方言为纽带，结成十百成群、各自活动的地域海上群体。他们通过琉球国的中介贸易，间接恢复了和南海诸国的经济交往。而琉球国则利用中国海商在传统东亚贸易网络的缺位，进入"大交易时代"。② 明代沉船"南澳Ⅰ号"发现于广东汕头南澳县，2008 年起启动发掘，出水瓷器超过一万件，主要为福建漳州窑、江西景德镇窑产品。其中约有八千件漳州平和窑瓷器，包括青花大盘、碗、钵、杯、罐、瓶、釉陶罐、五彩瓷器，另有铁锅、铜钱、铜板、锡壶、火炮等器物。瓷器纹饰有人物、花鸟、动物等图案以及"十八学士登瀛州"等典故情景。直径 30 厘米左右的青花大盘数量最多，内壁常绘麒麟、牡丹、仕女、书生与花草等纹饰。经水下考古出水的器物可确定，"南澳Ⅰ号"是明代万历年间的古沉船，长 27 米，宽 7.8 米，共有 25 个舱位，估计是从福建漳州月港出发的商船。

根据记载，万历年间，题准补闽人三十六姓的有王立思、阮明、毛国鼎、陈华等人。

第三章　隆庆开海与中西贸易发展

---

① 谢必震：《略论福州港在明代海外贸易中的历史地位》，《福建学刊》1990 年第 5
　期。
② 杨国桢：《十六世纪东南中国与东亚贸易网络》，《江海学刊》2002 年第 4 期。

"南澳Ⅰ号"古沉船出水的漳州窑瓷器
（漳州市博物馆供图）

"南澳Ⅰ号"古沉船出水的漳州窑瓷器
（漳州市博物馆供图）

王立思，号肖国，龙溪人。万历十九年（1591）奉圣旨始迁中山，以补三十六姓。万历二十八年（1600）奉使为补贡通事到闽地，卒。嗣后尸棺，由其弟王立威带回故土。

万历二十六年（1598）四月，中山王尚宁特遣使者坐驾小船前往闽省飞报倭情，王立思是该船的"管船舍人"。王立思之弟王立威也移居琉球，曾任琉球通事。至清康熙年间，琉球王氏家族已经传至第六代。

和王立思同时至中山的龙溪人阮明，于万历三十三年（1605）授都通事职，随长史郑俊赴闽上京"进贡谢恩"；万历三十五年（1607），再次为进贡事赴闽上京，"公事已竣回闽病故"。

万历二十二年（1594），中山王尚宁差人进贡，迷途，明朝廷派"漳人阮国护送回国"。于是，阮国奉福建巡抚金学曾之命，护送琉球贡使返国，尚宁遂赐阮国"都通事色目"。万历二十八年（1600），又与毛国鼎奉命护送琉球长史蔡奎返国。此后，阮国、毛国鼎留居琉球。万历三十三年（1605），琉球国又任命阮国为正义大夫、毛国鼎为都通事，随王舅毛凤仪上京"进贡谢恩"。

万历三十五年（1607），明朝政府批准琉球国国王的请求，旨令阮、毛"为三十六姓，补抵中山"。阮明之子阮士乾、阮国之子阮士元，皆于崇祯年间任琉球国通事，多次奉使来闽。

陈华，万历四十五年（1617）因泛海经商遭遇台风漂至琉球庆良间诸岛，入籍定居。此间，陈华被琉球王府通事郑子帘赏识，并向琉球王举荐挽留，补三十六姓之缺，赐第唐荣，籍贯久米，崇祯年间任都通事来闽。陈华年老之后，由其子陈初源继承家业。陈初源 15 岁便考取秀才。顺治二年（1645），陈初源刚满 20 岁便独立出海当火长，主针盘罗经导航事，驾船送王舅毛泰久等人赴北京庆贺清朝皇帝登基。陈初源三次受封采地，拜授"地头"职，官至正议大夫，在琉球士族中初露头角，为陈氏在琉球的繁衍和发展奠定基业。他的后裔世代相承，从事与航海朝贡有关的职业。有明一代，因遭遇台风或因走私事发而避往琉球的入籍定居者还有很多。①

除此之外，琉球政府还通过各种渠道吸收人才。闽南与琉球交往密切，经常有人由于各种原因滞留于琉球，后被琉球政府委以重任。他们有的为琉球政府修船造船，有的驾舟航海。如漳州人黄□"被掳掠到倭国时，幸乡亲并银物两取身，至（万历）二十五年逃入琉球外山"。次年，中山王世子尚宁派遣报信船往中国，他就担任"管船冠带舍人"。另有漳州人林元，流落琉球，被充任为"看针舵工"。这些落籍琉球的漳州人成为琉球王国对外交往中的重要组成部分。

此外，琉球政府为了加强与中国的联系，还特派留学生来华学习。从明洪武二十五年（1392）到清同治八年（1869）止，共派遣官生 24 次81 人。其中，多为久米村人的闽人后裔。这些官生把华夏文化连同闽南文化传播到了琉球，对琉球的文学、医学、工艺、社会风俗等都产生了重要影响，为中琉关系的发展奠定了深厚的思想和社会基础。

闽人三十六姓移居琉球后，与琉球民族逐渐融合，他们在琉球都修有本族的祖墓、祠堂和族谱，还创制了家族的"家纹"。

第六节　中日贸易

嘉靖二年（1523），宁波发生了日本贡使争贡之役。此后，日本被明朝政府禁止来华朝贡，而一些原先以"朝贡"名义来华贸易的日本商人

---

① 陈自强：《明代漳州与琉球》，《福建乡土》2002 年第 1 期。

只好潜至中国沿海一带从事走私贸易。在当地百姓的接济和一些地方豪门望族的勾引下，这种走私贸易越来越猖獗，遂迫使明朝政府不得不在福建漳州月港部分开放海禁，准许私人出海贸易。而此后的中日贸易走向也将发生变化，成为仅有中国商人载运货物到日本的单向贸易。①

当时，日本商人的足迹几乎遍及漳泉沿海的偏僻小岛与港口，比如厦门南面的浯屿岛。据记载，嘉靖三十七年（1558），漳州富商谢策、洪迪珍等人就曾把3000余名日本商人招引到浯屿岛上进行走私贸易。② 另外，根据明代安海人黄堪在《海患呈》一文中的记载，嘉靖二十四年（1545）三月，有日本船数十艘，其中的船主、水梢大多是漳州人。他们熟悉当地情况，不待勾引就直接驶至围头、白沙等澳停泊，进行贸易。周围四方的土产货物，如月港新线、石尾棉布、湖丝、川芎等货物，以及各国走私商人，都汇聚在这里交易，而当地群众亦乘机"以酒肉柴米络绎于海沙滩上，形成市肆"。由于日本商人以白银做交易，因而漳泉滨海民众都喜欢与日本商人做买卖。他们事先把各地出产的货物收藏于自己家中，待日本商人来时售之。他们对日本商人何时来，来多少人，一般都能提前知晓。③

与此同时，逐渐有漳州人前去日本贸易。嘉靖二十三年（1544），"忽有漳通西洋番舶为风漂至彼岛（日本），回易得利，归告其党，转相传语。于是，漳泉始通倭。异时贩西洋恶少无赖，不事产业，今虽富家子及良民靡不奔走；异时维漳缘海居民，习奸阑出物，虽往仅什二三得返，犹几幸少利，今虽山居谷汲，闻风争至；农亩之夫，辍耒不耕，赍贷子母钱，往市者，握筹而算，可坐至富也。于是，中国有倭银，人摇

① 李金明：《十六世纪漳泉贸易港与日本的走私贸易》，《日本问题研究》2006年第4期。
② ［明］罗青霄修纂、福建省地方志编纂委员会整理《漳州府志》卷十二《漳州府·杂志·兵乱》，第19页。
③ ［明］郑若增、邵芳：《筹海图编》卷四《福建事宜》，台湾商务印书馆，1986，第1238页。

倭奴之扇，市习倭奴之语，甚豪者佩倭奴之刀"。① "至于私通日本，舟容万斛，所受皆富商大贾，所载皆绫缎茧丝，积日旷时，乃能集事"。②

根据记载，因当时闽商多走日本，有时被台风刮到朝鲜，朝鲜便将这些漂流民送返中国。朝鲜方面记载："（嘉靖）二十五年二月，朝鲜署国事李峘，遣使南洗健、朴菁等，解送通番人颜容等六百一十三人，皆漳泉人也。二十六年三月，朝鲜国王李峘遣人解送福建下海通番奸民三百四十一人，咨称福建人民故无泛海至本国者。顷自李王乞等始以往日本市易，为风所漂。今又获冯淑等，前后共千人以上。皆挟带军器货物。前此倭奴未有火炮，今颇有之。盖此辈阑出之。故恐起兵端，贻患本国。"③ 按照当时明朝的法律规定，犯禁到日本贸易是要杀头的。故在嘉靖三十三年（1554）六月，就有到日本贸易的漳州人苏毛等30余人被福建官兵捕获后遭诛杀。④ 由此可见，当时到日本从事走私贸易的漳泉商人数量较多。

隆庆年间，明朝政府实行有限制地开放海禁政策，日本被列为禁通之国。万历二十年（1592），日本侵略朝鲜，明朝政府对日本更加严防。当时的福建巡抚许孚远在其《疏通海禁疏》中说道："案照先准兵部咨为申严海禁，并御倭未尽事宜，以弭隐患事。内开凡有贩番诸商告给文引者，尽行禁绝，敢有故违者，照例处以极刑，官司有擅给文引者，指名参究等因，题奉圣旨是着该抚按官严加禁缉，犯者依律究治，钦此。"⑤ 明人徐光启在其《海防迂说》中说道："自时厥后，倭自知衅重，无由得言贡市。我边海亦真实戒严，无敢通倭者；即有之，亦渺小商贩，不足给其国用。于是，有西洋番舶者，市我湖丝诸物，走诸国贸

① ［明］洪朝选：《洪芳洲先生文集》卷四《瓶台潭侯平寇碑》，商务印书馆，2018，第70—74页。

② ［明］朱濂：《天马山房遗稿》卷四《海寇志》，福建师范大学图书馆藏明刊本传抄本，第24页。

③《嘉靖倭乱备抄》，载《四库全书存目丛书》第49册，第552页。

④《明世宗实录》卷四一一，第7162页。

⑤ ［明］许孚远：《疏通海禁疏》，载《敬和堂集疏卷》，日本东尊经阁藏明刊本，第19—21页。

易；若吕宋者，其大都会也。而我闽浙直商人，乃皆走吕宋诸国；倭所欲得于我者，悉转市之吕宋诸国矣。倭去我浙直路最近，去闽稍倍之。吕宋者，在闽之南，路迂回远矣；而市物又少，价时时腾贵，湖丝有每斤价至五两者。其人未能一日忘我贡市也。日本之赋民甚轻，其君长皆贸易，取奇羡；前者贡而市，与不贡而私市，与绝市而我商人之负其赀也，君长皆与焉。故日本之市与否也，其君臣士民皆以为大利病。"①

16世纪末，丰臣秀吉统一日本后，城市手工业和商业都有了很大的发展。之后的德川家康为了充实幕府的经济和军事力量，注意发展海外贸易，与荷兰、英国、西班牙、东南亚各国都有贸易往来。德川家康执政期间，曾希望与明朝政府恢复勘合贸易关系，1610年命本多正纯和长谷川藤广分别作书，托周性如带给福建总督陈子贞。本多正纯在信中说："家康素有与明朝和平通好之意，请于明年福建商船开来长崎时，秉承明帝旨意，送来勘合，果能如此，则在秋季信风起后，必派使船一艘赴明。"长谷川藤广在信中也说："如明朝发给勘合，自己当担亲任专使前往明朝重修两国旧好，年年往返船只，互相交易。"② 然而，德川家康的愿望并未实现。因此，德川幕府鼓励明朝商人私下前往长崎等地经商。1610年，广东和福建的商船都曾得到日本方面发给的朱印状："广东府商船来到日本，虽任何郡县岛屿，商主均可随意交易，如奸谋之徒，枉行不义，可据商主控诉，立处斩刑，日本人其各周知勿违。"③

另外，自从葡萄牙人入据澳门开展贸易后，澳门便成为广东至日本贸易的过渡港，以"广州—澳门—长崎"为完整航线，中日对外贸易十分繁荣。郑舜功在《日本一鉴》卷一"万里长歌"中曾对这条航线有所记载："钦奉宣谕日本国，驱驰岭海乘槎出。五羊歌鼓渡三洲，先取虎头出嵊头。大鹏飞鸣平海札，看看碣石定铁甲。靖海东头马耳还，大家井里傍牛田。天道南阳王莽天，诏安走马心旌节。镇海先涎定六鳌，下门平静金门高。"从"万里长歌"中，我们不难看出这条航行路径是从

---

① [明] 徐光启：《海防迂说》，载 [明] 陈子龙等选辑《明经世文编》，第5438页。
② [日] 木宫泰彦：《日中文化交流史》，胡锡年译，商务印书馆，1980，第625页。
③ 同上书，第624页。

广州虎门出发,经广东、福建沿岸向北航行,途经大鹏、碣石、靖海、南阳、诏安、镇海、金门等岛屿最终到达日本长崎。[1] 关于广东经澳门到日本长崎这一航线的海外贸易,许孚远也曾记载到:"日本长岐(崎)地方,广东香山澳佛郎机番,每年至长岐(崎)买卖。装载铅、白丝、扣线、红木、金物等货。"[2] 根据学者黄启臣的统计,自万历八年(1580)至崇祯三年(1630)间,来往于"广州—澳门—长崎"航线的商船共有94艘。1580年至1596年,从我国澳门至日本的商船多为0~2艘,1618年从0~2艘猛增至6艘之多,1619年又增至8艘,直到1628年,赴日商船几乎维持在5~8艘。1628年后则逐渐减少,皆降回至1618年前的1~2艘。这些赴日贸易的商船载重量一般在1000吨左右,较重者甚至高达1600吨至2000吨。在对日输出的货品中,有白丝、绸缎、棉线、棉布、黄金、水银、铅、白铅粉、锡、糖、麝香、茯苓、大黄、甘草、陶器等。[3] 在此期间,葡萄牙人以中间商的身份从贸易中获利甚多。根据学者全汉昇的研究,自1599年至1637年这38年间,葡萄牙商船自长崎输出银58000箱(每箱1000两),共58000000两。这些从日本运往澳门的银子大部分都转运入中国,用来购买输日丝货等货物和当时澳门葡人日常生活的消费品。[4]

尽管明朝政府把日本列为禁通之国,但是贩海贸易带来的巨大利润驱使着东南沿海地区的老百姓继续前往日本。当时商人出航时,先向西洋南行,驶到远离官府巡缉的范围后,就折而向东行驶,对日贸易较之前更为便利。这是隆庆开海以后,中国对日丝绸贸易日益兴盛的一个重要原因。从16世纪后期开始,日本的丝织业有了较大的发展,但养蚕业

① 荆晓燕:《明朝中后期广东地区的对日走私贸易》,《青岛大学师范学院学报》2011年第4期。

②[明]许孚远:《请议处倭酋疏》,载[明]陈子龙等选辑《明经世文编》卷四〇〇,第4336页。

③ 黄启臣:《明代广东海上丝绸之路的高度发展》,《黄启臣文集(二)——明清经济及中外关系》,中国评论学术出版社,2007,第48、76页。

④ 全汉昇:《略论新航路发现后的中国海外贸易》,载张彬村、刘石吉主编《中国海洋发展史论文集》第五辑。

仍然不发达，原料生产远远不能满足需要。根据西班牙人的记载，当时日本每年均要消耗生丝 22.05 万公斤，而本国在收成最好的年份至多才出产生丝 126000 公斤，约有一半左右的生丝需靠进口。①

对于中日贸易问题，福建晋江人何乔远曾经提到："日本国法所禁，无人敢通，然悉奸阑出物，私往交趾诸处，日本转手贩鬻，实则与中国贸易矣。而其国有银名长铸，别无他物。我人得其长铸银以归，将至中国，则凿沉其舟，负银而趋，而我给引被其混冒，我则不能周知。要之，总有利存焉。而比者，日本之人亦杂住台湾之中，以私贸易，我亦不能

平户城展示馆展出的漳州窑瓷器（施沛琳供图）

禁。此东洋之大略也。"② 何乔远认为中日两国之间的贸易一直存在，尽管按照明朝政府的规定日本属于禁通之国，但是通过交趾、台湾等地的转手贸易，中日贸易还是在间接地进行着。当时的同安名士洪朝选这样描述："漳人假以贩易西洋为名，而贪图回易于东之厚利近便，给引西洋者不之西而之东。及其回也，有倭银之不可带回者，则往澎湖以煎销。或遂沉其船，而用小船以回家。"③ 在 17 世纪荷兰侵占台湾南部之前，当地已经成为中日走私贸易的重要场所。当时的福建巡抚陈子贞在其《海防条议》中也说："近奸民以贩日本之利倍于吕宋，夤缘所在官司，擅

---

① 范金民：《16～19 世纪前期海上丝绸之路的丝绸棉布贸易》，《江海学刊》2018 年第 5 期。

② ［明］何乔远：《开洋海议》，转引自傅衣凌《休休室治史文稿补编》，中华书局，2008，第 370 页。

③ ［明］洪朝选：《洪芳洲先生文集·读礼稿》卷三《杂著》，商务印书馆，2018，第 241 页。

给票引，任意开洋，高桅巨舶，络绎倭国，将来沟通接济之害，殆不可言。"万历三十五年（1607），日本方面不断吸引中国商人赴日贸易，福建商人到日本贸易的人数日益增多。其中，有不少福州籍、漳州籍商人。这些商人与日本联系密切，贸易往来频繁，贸易地点主要集中在长崎与平户。

在日本江户时代，人们将来自中国及东南亚各口岸的船只称为唐船。嘉靖以来，中国商船满载丝绸、书画等物，络绎不绝地驶往丰后、肥前、平户、萨摩等地，以致在平户"大唐和南蛮的珍品年年充斥，因而京都、堺港等各地商人，云集此地，人们称作西都"。根据统计，1609年，明朝有 10 艘商船开到萨摩，其中已知 3 艘商船的船主为薛荣具、陈振宇、何新宇，仅陈振宇船就装有缎、绸等丝织品 603 匹。3 艘船所载物品除丝绸外，还有糖、瓷器、药材、矾、麻、毛毡、甘草、墨、书册、人参、扇、伞、布等。庆长年间（1596—1614），"南蛮船装载大量白丝开到长崎"，后来"又运来大批白丝，因而丝价暴跌"。根据日方资料记载，"勘合不成，然南京福建商舶每岁渡长崎者，自此逐年增多"。1612 年上半年，"明朝商船和从吕宋返航的日本商船共二十六艘，舳舻相接，同时开进长崎港，载来白丝二十余万斤"。①

日本收藏的漳州窑瓷器（漳州市博物馆供图）

---

① ［日］木宫泰彦：《日中文化交流史》，第 618—626 页。

1611 年 8 月，根据长崎奉行长谷川藤广到江户报告可知，这年开至长崎的外国船只共有 80 余艘，其中有不少船只是明朝商船；1612 年 7 月 25 日，明朝商船和从吕宋返航的日本商船共 26 艘，同时开进长崎港；1613 年 6 月 5 日，有 6 艘漳州商船开到长崎，26 日又有 2 艘载糖商船开到长崎；1615 年 3 月 6 日，有漳州商船载运大量砂糖开到纪伊的浦津。①

1639 年，日本实施"锁国政策"，禁止外商到日本贸易，仅准许中国人和荷兰人到长崎一港从事贸易。因此，在这一年内到日本贸易的明朝商船数量急剧增加，在 1639 年 3 月 24 日至 1639 年 9 月 17 日之间，有 93 艘明朝商船载运货物到达长崎市场；1641 年则达到 97 艘的空前数目。②根据日本学者岩生成一的估计，1610 年至 1633 年每年来日华船数目为 30～60 艘之间，1639 年增至 93 艘，1641 年则达到 97 艘。每年由这些商船载运到日本的货物数量较为可观，如 1641 年运入日本的中国货物有生丝 127175 斤、丝织品 234981 匹、棉麻织品 138543 匹、砂糖 5750500 斤、矿物 63480 斤、皮革 52950 张、苏木 98700 斤、药物 79960 斤。③

由于明代后期中日贸易日趋繁盛，日本华人社会也逐渐形成。福建"同安、海澄、龙溪、漳浦、诏安等处奸徒每年于四五月间，告给文引，驾驶乌船，称往福宁，卸载北港捕鱼及贩鸡笼、淡水者，往往私载铅硝等货，潜去倭国"。天启五年（1625），福建巡抚南居

长崎孔子庙（施沛琳供图）

益提到："闻闽粤三吴之人，住于倭岛者不知几千家，与倭婚媾长子孙，名曰唐市。此数百家之宗族姻识，潜与之通者，实繁有徒。其往来之

---

① ［日］木宫泰彦：《日中文化交流史》，第 626—627 页。

② ［日］大庭脩：《江户时代日中秘话》，徐世虹译，中华书局，1997，第 18 页。

③ ［日］山胁悌二郎：《长崎的唐人贸易》，吉川弘文馆，1945，第 30 页。

船，名曰唐船。大都载汉物以市于倭，而结连崔荷，出没泽中，官兵不得过问焉。”与菲岛华人一样，在日本的华人也是聚族而居，形成“唐市”。移居日本的华人数量急剧增多，日本幕府于 1604 年开始任命一些已加入日本籍的明朝人及其子孙作为“唐通事”；1635 年又任命一些住在长崎的明朝人为“唐年行司”，以掌管有关华人诸公事及诉讼。此间，到日本的华人还将中国文化、艺术、医术、佛教、武道等传入日本，对日本影响深远。

当时，日本政府规定中日贸易以长崎一港为限，因此华侨流寓长崎的人数不断增加，出现唐人街，形成了华侨社会。根据《长崎县志》的记载：“明万历崇祯年间，中土兵乱大作，人民逼于困厄，多携仆从数辈，前来长崎，以避危难。此种人民，与一般商人迥不相侔。”因此，不到 10 年，长崎华侨人数从 20 余人猛增至两三千人。随后，又有不少中国人前往日本避难。其中比较早迁来的，大多是宽永中叶（1630 年前后）以前来到日本，能得到日本当局政府特准，在长崎买地建屋，取得永久居留权。日本当局称之为“住宅唐人”。以这批唐人为中心，形成了三江帮、漳泉帮、福建帮等组织。每一帮华侨当中，各有一个“头人”管理本帮华侨事务。漳州海商欧阳华宇和张吉泉于万历年间从事“朱印船”来往南洋贸易而留寓长崎，成为侨居长崎华侨的“头人”。

与此同时，日本华侨也创建了中国式的寺院，以供民众敬仰。万历三十年（1602），由欧阳华宇、张吉泉二人发起，获得日本官方政府的同意，将长崎稻佐乡净土宗悟真寺改为菩提寺，专供当时华侨崇佛集会。同时，他们租得附近的一方土地，作为华侨坟地之用。福

长崎福济寺（施沛琳供图）

建华侨在长崎建立寺院以来，大都由国内各地延揽高僧前往住持。例如，泉州籍华侨建立的福济寺，就于崇祯元年（1628）由泉州籍出身的

僧侣觉悔法师开山。顺治六年（1649），漳州龙溪人通事陈冲一将福济寺扩建，扩建后的福济寺一跃成为长崎最大的寺院之一，并聘请晋江安海出身的僧侣蕴谦法师前往日本住持。在长崎的唐寺当中，福济寺兴建时最为辉煌壮观，但不幸在第二次世界大战期间被炸毁，战后重建，于1969年在寺中建立了一座高30米的观音塑像。福济寺在一定意义上是中国华侨在日本利用佛教形式所表现出的一种宗亲乡土观念。除了作为宗教寺庙以外，很大程度上更具有同乡团体的职能，在同乡间起着联谊团结和互相帮助的作用，具体表现在：日常生活上的宴集聚会，联络感情；在危难时的相互扶持；发生纷争时进行调解、仲裁等等。①

---

① 罗晃潮：《试论日本华侨同乡会馆的演变》，《学术研究》1987年第1期。

第四章
明末清初海洋秩序的整合与中西贸易发展

第一节　晚明海洋秩序的重新整合

一、晚明政府的海洋应对

17世纪初，世界贸易形势发生了巨大变化，东来的欧洲殖民者为贩运中国的生丝和丝织品，在东亚海域展开了激烈的商业竞争。葡萄牙殖民者在中国澳门立足后，经营着从印度经澳门至日本的三角贸易，把在广州购买的生丝和丝织品贩运到日本以赢利；西班牙殖民者占据菲律宾后，开辟了从马尼拉至墨西哥阿卡普尔科的大帆船贸易航线，把墨西哥银圆转运至菲律宾，换取中国商人载运到马尼拉的生丝和丝织品；荷兰东印度公司在印尼巴达维亚设立司令部后，又占据了中国台湾南部，并以此为基地，把中国商人载运到台湾的生丝和丝织品贩运到日本，以换取白银。因此，东南亚的香料、印度的纺织品，随同欧洲的商品一起被运到中国。中国的生丝和丝织品被载运到马尼拉，然后经马尼拉转运到拉美、欧洲等地。此外，中国的丝织品和瓷器还被出口到果阿，从果阿再分配到印度、非洲和欧洲各地。由此可见，全球贸易态势在东亚海域

已基本形成。① 明朝末期，东南海洋形势处于剧烈的变化中——中国的海寇商人与西班牙人、葡萄牙人、荷兰人、日本人在海上展开激烈的角逐。

明朝天启、崇祯年间，东南海洋形势因荷兰人的到来以及海寇商人的活动等诸多因素而发生着巨大的变迁。尽管明朝政府投入大量的人力、物力和财力捍卫海防，但是大都不见其效，致使明朝政府对海洋逐渐失控。学者杨国桢认为，此时的海洋社会再次脱离明朝体制，进入海洋权力大分化、大改组的时代。而后，郑芝龙独树一帜，势力迅速壮大，打破了以俞咨皋为代表的官府操控海洋社会权力的格局。崇祯元年（1628），郑芝龙受抚，海洋社会才又重新回到明朝体制。与此同时，郑芝龙开始以明朝政府的名义打击各方海上势力，逐步实现了对海洋的控制，直至郑成功建立海上政权。

明末海洋社会权力经历了从民间—地方官府—海上政权的整合。② 在明朝政府对海洋逐渐失去控制的同时，隆万年间以来的开海贸易政策一再反复，普通商民们的海洋贸易活动步履维艰。值得注意的是，明朝末年，在内外交困的背景下，一些闽籍士绅站了出来，他们忧国忧民，积极献策，以利社会。

天启二年（1622），荷兰人再次来到福建沿海的澎湖岛，希望能得到明朝政府的允许而达到通商往来的目的。根据崇祯《海澄县志》卷十四《灾祥志》的记载："天启二年，红夷既荐食彭（澎）湖，拥数巨舰，由鹭门入迫圭屿，沿海居民望风逃窜，邑令刘斯崍所为居守计，甚备。夷挂帆遁归，后诸将与夷连和，驿送夷酋高文律往还榕城，其归舟图欲入澄，刘令严拒之，仅望涯而返。盖夷为奸人所诱，垂涎互市，食指屡动欤。议迄无成画后，中丞南居益决计剪除，由澄抵海外誓师渡彭接战，

---

① 李金明：《17世纪初全球贸易在东亚海域的形成与发展》，《史学集刊》2007年第6期。

② 杨国桢：《瀛海方程——中国海洋发展理论和历史文化》，海洋出版社，2008，第285—305页。

久之，夷始撤城引去。"① 众所周知，荷兰人在万历三十年左右就曾率舟来到福建沿海，乞请互市，无果而归。十几年后，他们再一次来到福建海面。面对再次到来的荷兰人，沿海的官兵首先做出反应，他们坚守防线，严拒其人。后来，在福建巡抚南居益的命令下，明朝政府决定使用军事手段迫使荷兰人离开澎湖等地。因此，荷兰人这一次军事行动再一次以失败而告终，在武力不敌明朝军队的现实面前，他们只得选择再次离开。

天启三年（1623）四月一日，福建巡抚商周祚向明朝政府报告了红夷拆城徙舟离开的情况："红毛夷者，乃西南荷兰国远夷，从来不通中国。惟闽商每岁给引贩大泥国及咬留吧，该夷就彼地转贩。万历三十二年，有奸民潘秀贾大泥国，勾引以来，据彭湖求市，中国不许。第令仍旧于大泥贸易，嗣因途远，商船去者绝少，即给领该澳文。引者或贪路近利多，阴贩吕宋，夷滋怨望，疑吕宋之截留其贾船也。大发夷众，先攻吕宋，复攻香山澳，俱为所败，不敢归国，遂流突闽海，彭湖城而据之。辞曰自卫，实为要挟求市之计。但此夷所恃巨舰大炮，便于水而不便于陆，又其志不过贪汉财物耳，即要挟无所得，渐有悔心。诸将惧祸者，复以互市饵之，彼拆城远徙，故饵令听命，实未尝一大创之也。"②

天启四年（1624），由于荷兰人到来所引发的后续反应，明朝政府决定于当年再次实行海禁政策："天启以来，荷兰请市，盘踞水滨。至四年，当路一意剪除，严禁接济，且悉辍贾舶，使夷无所垂涎，辄寸板不令下水。是秋，夷既远徙。五年，始通舶如故，乃潢池弄兵又乘之而起矣。"③

然而，幸运的是，这次海禁政策仅持续了一年。第二年，明朝政府照旧开放允许商舶出海。但是，地方上却出现了"舶饷逾萧索，不能如

①［明］梁兆阳修、蔡国桢等纂《海澄县志》卷十四《灾祥志》，第207—211页。
②［明］商周祚：《为红夷遵谕拆城徙舟报闻事》，载台湾史料集成编辑委员会编《明清台湾档案汇编》第一册，第218页。
③［明］梁兆阳修、蔡国桢等纂《海澄县志》卷五《赋役志二·饷税考》，第64—65页。

额，主者苦之"的情况。① 崇祯六年（1633），荷兰人占据金门、料罗，海澄知县梁兆阳率兵夜渡浯屿，与之接战。后来，福建巡抚邹维琏督兵再战，击退荷兰人。②

崇祯九年（1636），日本德川幕府颁布了禁止出海令之后，日本商人退出了东亚市场的竞争。尽管终明之世，日本一直是明朝政府的禁通之国，但是在高额利润的驱使之下，还是出现了一批无视海禁王法，专门从事与日本贸易往来的走私海商，如李旦、郑芝龙、颜思齐、李魁奇、钟斌、杨六、杨七、刘香等走私海商集团。

这些走私海商集团开始在东南沿海活动，并已影响到普通商民的正常出海行为，致使中国东南沿海社会一直处于不稳定的状态。根据地方志书记载，从天启七年（1627）开始，海寇开始蔓延到福建漳州九龙江下游两岸地区："（天启）七年夏四月廿八日，海寇郑芝龙遣贼将曾五老劫海澄（所在村居醵金供应，免其蹂躏，方言'报水'，主者以兵少不任战，惟百备固围）。五月初四日，郑芝龙遣贼将杨大孙掠芦坑。六月十一日，贼入澄，沿江五十艘报水村落，七日始出。冬十二月二十日，贼泊澄港，自溪尾焚九都，把总蔡以藩无援力战死，哨官蔡春追及，破败之。廿一日，贼焚月港，掠儒山还，寇九都，围学宫城，训导李华盛奉先师牌退之。二十八日，贼退澄城，转寇丰田、浮宫及磁山，溯南溪抵龙井，沿虎渡入霞林，所在焚掠。崇祯元年春正月初四日，贼破溪头林家楼，血刃三十余人。初九日，贼泊南溪，赠南定知县甘汝楠却退之。"③ 由此可见，自天启末年开始，海寇问题又再次成为困扰地方海洋社会的一大难题。嘉靖年间倭乱猖獗的梦魇重新出现在普通老百姓的日常生活当中。海寇们不仅焚掠各个村社、劫杀百姓，而且还出现了向商船征收"报水"的现象。

在这样的情况下，明朝政府疲于奔命，渐感无力，遂决定采取"招

① ［明］梁兆阳修、蔡国桢等纂《海澄县志》卷六《秩官志》，第74—78页。

② ［清］陈瑛、王作霖修，叶廷推、邓来祚纂《海澄县志》卷十八《灾祥志》，第207—211页。

③ 同上。

抚贼党用贼攻贼"的办法以解决海寇问题。① 于是，崇祯元年（1628），明朝政府下令招抚郑芝龙、李魁奇等人。郑芝龙受抚后，开始以明朝政府的名义打击各方海寇势力，逐步扩大自己的势力范围。郑芝龙在海上用了八年时间，各个击破，终于攻灭了李魁奇、杨禄（六）、杨策（七）、钟斌、刘香等海盗集团。② 虽然明朝政府方面有了郑芝龙的加盟，但在刚开始的时候，地方上仍是贼情不断。明朝政府的海防时刻面临着挑战，例如崇祯二年（1629），短短三个月时间，海澄地方面临着诸方海寇的侵袭："二年③夏六月初六日，抚寇李魁奇复叛，寇青浦。知县余应桂遣澄营把总吴兆燫、澎湖把总张天威、哨官蔡春等击败之，擒其魁香公老魏二老，械郡被脱。

先是，芝龙与魁奇就抚，芝龙授游击，寻迁副将，盘踞海滨，上至台、温、吴淞，下迨潮、广近海州郡皆报水如故。同时，有萧香、白毛并横，海上俱为所并。未几，魁奇复叛，应桂遣将击败之。

初七日，贼寇高港，把总郑一龙领乡壮擒其魁二千老。廿七日，贼从中港犯许茂，澄营把总吴兆燫、澎湖把总张天威往援，斩首十三级，生擒五人。秋八月初八日，贼拥二百余舟犯福河、石码，毁庐以万计，吴兆燫、蔡春逆击之，获舰一，哨官贾希龙死之。贼复泊澄港，乡壮张宇移炮击碎之。贼又从中港，哨官叶景惠、张天威力战，斩数级，擒巨魁黄杰，总兵赵震释之。初十日，贼从普贤、溪尾、菜港三路入，指挥鲁文廷击之。又从九都入，哨官蔡昆遁、把总署营事袁德败之。贼复合，冲锋许界、壮士张明俱战死。九月初一日，贼寇青浦，壮士林翰帅众御之，擒其魁许子冠。转寇白沙，张天威、吴兆燫往援，天威力战

① ［明］王之丞等：《为官兵剿抚闽省海寇郑芝龙等失事并遵旨议处将弁事》，载台湾史料集成编辑委员会编《明清台湾档案汇编》第一册，第248页。
② 郑广南：《中国海盗史》，华东理工大学出版社，1998，第252—260页。
③ ［清］陈瑛、王作霖修，叶廷推、邓来祚纂《海澄县志》卷十八《灾祥志·寇乱》中作"是年"，而前文为"崇祯元年"，故此"是年"当指崇祯元年；然而崇祯《海澄县志》卷十四《灾祥志》中关于本件事情的记载时间为崇祯二年。崇祯《海澄县志》修订于崇祯六年（1633），乃时人所记时事，故笔者将"是年"改为"二年"。

死。初九日，贼焚劫溪东溪西，知县余应桂遣吴兆燫向援，斩首十四级，焚贼舰器械甚伙。贼又寇新安，延烧数十家，多所剽杀。"①

另外，《高阳圭海许氏世谱》记载了当时许氏族人的一些遭遇，为我们了解当时普通老百姓的一些生活场景提供了形象生动的资料。例如："老公，号端毅，行长，赋性沉静，尤好施与，远近咸称之。时海寇据澄，沿乡虐派，稍不遂则焚掠靡遗。一日，魁丑率其类剽及港滨，闻言老公居是里，咸曰：老舍，纯厚人也，不可以惊，遂他往，里社赖以安全。"又如："硕功公，字敏生，号毅烈，幼名敬……甲寅，海寇由浮宫登岸，肆掠峨山居民，飘至本族。公与太封英生公慨然振臂呼族中丁壮立里门，怒目以拒之。寇见公须眉轩翔，悉惊退，族赖以安。辛酉岁，重建祖庙，从兄豫生公推公往江右，而宫傅公取费躬赍旋里，无劳瘁色。及宫傅公修理新陂水利，又与同事者区处尽制，时乡族咸嘉其为人，谓有古豪杰遗风焉。"② 通过这些史料，我们看到了聚居于海澄的圭海许氏族人在海寇横行的社会环境下的具体因应。尽管许氏族人在许老、许硕功等人的带领下获得了短暂的稳定，但是这也从侧面反映出当时地方海洋社会老百姓生活的不易。

然而，海寇的横行也没能阻挡得住老百姓贩洋的脚步。熟悉海上情形的商人们依旧是"走死地如鹜"，然后在其安全返程之后便会举行一系列酬神祭祀活动："截流横吞，少不摧碎，然贾人岁岁苦贼，竟亦岁岁扬帆，盖走死地如鹜，乃其经惯且占风知贼所在，辄从水面改舵，期与贼远莫或逢之，则归而赛神雷大鼓矣。"③ 从这则材料中，我们可以看到地方老百姓的生计活动与民俗风情之间存在的密切关系。时至今日，月港区域的豆巷临江古街上还遍布着各种民间信仰的庙宇，这些庙宇是商民们出海前祈求平安的重要场所。

---

① [清] 陈瑛、王作霖修，叶廷推、邓来祚纂《海澄县志》卷十八《灾祥志》，第207—211页。

②《高阳圭海许氏世谱》卷二，清雍正七年编修，第207—211页。

③ [明] 梁兆阳修、蔡国桢等纂《海澄县志》卷五《赋役志二·饷税考》，第64—65页。

水仙王庙

容川码头关帝庙

广泽尊王庙

新宫庙

周阿哥爷庙

兴仁宫

　　在海寇横行的社会历史背景下，明朝政府内部出现关于是否海禁的激烈讨论。针对天启末年海寇横行的社会现状，福建地方政府"都下遥度者以盗贼纵横，多为劫掠贾舶，贾舶既息，杜其食指便可了其杀机。

于是，计臣上章请严海禁"。① 于是，福建巡抚朱一冯会同监察御史赵胤昌等官员向明朝政府上疏，建议于崇祯元年（1628）尽行禁止洋商下海，有违禁者治以重罪；等到崇祯二年（1629），海贼平定之后再行讨论开禁；尽管禁洋之后就没有了洋饷收入，但是为了福建的封疆大计，也只能这样。崇祯元年（1628）二月，兵部尚书阎鸣泰等人经商议之后，也赞同福建官员的看法，并为此向皇帝建议："为照通番之禁，法所甚严，而独于洋船不禁者，盖以洋税供军饷，饷无所措，故商不议禁，所繇来久矣。第今海寇猖獗，每掠洋货以自饶，又用洋船以自卫，税之所入无几，贼之所得甚厚，诚所谓资寇兵而赍盗粮，得不偿失也。今应照抚臣之议，将崇祯元年洋商严行禁止，不许下海。商有违禁、官有纵容者，治以通番重罪。其闽中兵饷或暂挪别项抵补，俟贼平之后，徐议开禁。"②

于是，明朝政府因海寇问题再一次实行海禁。尽管崇祯元年明朝政府还是派遣了清军同知范志琦出任督饷官，但实际情况却是"自天启六年以后，海寇横行，大为洋舶之梗，几无孑遗。饷额屡缩，自是不复给引。崇祯四年始更洋贩"。③ 由此可见，从天启六年（1626）至崇祯四年（1631），明朝政府又禁止百姓出洋贸易。直到崇祯四年，明朝政府才再次下令开海贸易，只是当年征收的舶税数额已经不复以前的规模。

然而，随着形势的发展，明朝政府在实行海禁政策的同时，海寇问题还是没能得到解决。在这种情况之下，明朝政府不仅须应对来自海上的盗贼，而且原来每年两万有余的舶税收入也没有了。由于军事行动和禁洋所引发的财政问题不断困扰着明朝政府，在现实的情形下，开始有人站出来，希望能矫正之前"禁洋船以止盗源"的观点："止盗之法无如通舶，非惟续命之膏，且亦辟兵之符。盖舶主而下多财善贾者元不数

---

① ［明］梁兆阳修、蔡国桢等纂《海澄县志》卷五《赋役志二·饷税考》，第64—65页。

② ［明］阎鸣泰等：《为禁洋船以弭盗源事》，载台湾史料集成编委会编《明清台湾档案汇编》第一册，第302—303页。

③ ［明］梁兆阳修、蔡国桢等纂《海澄县志》卷六《秩官志》，第74—78页。

人，间有凭子母钱称贷数金辄附众远行者，又有不持片钱空手应募得值以行者，岁不下数万人，而是数万人者留之海上，抵为盗资。散之，裔夷便可少数万人从贼也。海滨自中贼而后，井里萧条，有目共睹，仅此贸易，远酋一段生活旋复锢之。昔为泽国，今为枯林，东海之衔石既赊西江之借沫难俟讵忍言乎？且物极必变，防峻斯溃，每见豪门巨室阑出者，多或有给广南引去者，有持哨探票去者，又扬旗树帜，哮吼径行，而官不敢问者，国家不得操其利权，而私门乃私窃其利孔，岂混一之世所宜哉？"①

尽管崇祯四年（1631）明朝政府再次"始更洋贩"，商民又可合法出洋贸易，但是我们从崇祯十二年（1639）给事中傅元初的《请开海禁疏》中可以获知，至少在崇祯十二年之前，明朝政府又曾经下令海禁，所以也才会有该份疏请。经过梳理，我们发现，从天启四年（1624）到崇祯十二年（1639），短短十几年的时间里，明朝政府居然三次下令海禁。由此可见，明朝末年，原先因海外贸易而繁华一时的东南沿海区域，如今连进行一次正常的海洋贸易活动都是一种奢望。

二、频繁海禁中，地方官绅的作为

前文提及，万历三十七年（1609），荷兰人曾经入侵澎湖，不果。天启二年（1622），荷兰人再次入侵澎湖，被明朝军队再一次打退。事后，漳州诏安县人沈铁（1550—1634）上书福建巡抚南居益，并提出了六条建议："若澎湖一岛，虽僻居海外，实泉、漳门户也。""今欲使红夷不敢去住澎湖城，诸夷不得往来澎湖港，其策有六：一曰专设游击一员，镇守湖内；二曰招募精兵二千余名，环守湖外；三曰造大船、制火器，备用防守；四曰招集兵民开垦山荡，以助粮食；五曰议设公署营房，以妥

---

①［明］梁兆阳修、蔡国桢等纂《海澄县志》卷五《赋役志二·饷税考》，第64—65页。

官民；六曰议通东西洋、吕宋商船，以备缓急。此六议似当斟酌举行者。"① 从上述资料可知，在红夷肆虐东南沿海并两度被明军驱逐出澎湖的背景下，沈鈇提出了澎湖为漳泉门户的看法，主张在澎湖设兵镇以加强对东南沿海的控制。此外，沈鈇还认为，在海禁日严的情形下，普通百姓民生憔悴，而豪右奸民仍然可以利用种种关系私自出海，进行违禁贸易。于是，"禁愈急而豪右出没愈神，法愈严而衙役卖放更饱"，带来更大的隐患。故"不如俟澎湖岛设兵镇后，红夷息肩，暂复旧例，听洋商明给文引，往贩东西二洋"，并建议在澎湖对往来商民进行稽查。

与此同时，明朝政府因为东北满族势力的崛起而疲于奔命，北部边疆军事形势的紧张进一步加剧了明朝政府的财政危机。在这样的社会历史背景下，福建漳州、泉州籍官员诸如魏呈润、卢经、何乔远以及傅元初等人先后上疏中央政府，请求开放海禁，征收饷税以安民裕国，同时他们当中有些人还对郑芝龙投诚之后屡立奇功的行为给予了肯定。

魏呈润，漳州龙溪人，崇祯元年（1628）进士，后由庶吉士改兵科给事中。崇祯四年（1631），魏呈润上疏阐述了其关于弭盗问题的看法，其中谈到明朝政府应该酌洋饷以通商，具体内容如下："兵科给事中魏呈润弭寇疏略：其五曰酌洋饷以通商。闽食地小而居民稠，殚地之毛常不足饷民之半，其势不得不挈利于海。自海禁严而豪猾之私贩日盛，孱弱之粒食靡依，死于饥与死于贼等耳。今议开洋禁，惠此一方，其策甚善。第旧制东、西二洋，给引不过二月，出洋不过三月。夏至以后不许领引。若时逼引少，额饷二万余两，取盈斯艰。合无敕下抚按酌议，如果事在可行，一面给引，一面速奏。回澳之日，量商舶之多寡，为输饷之盈缩，诸陋规之在榷署者，悉行蠲免。胥役毋以意勒索之，庶乎茕茕遗黎，得赶春汛之期市舶为生，海上胁从者，且将潜就外洋变恶为善，或又解散之一机乎。"② 在魏呈润看来，闽地小而民稠，故老百姓不得不

① ［明］沈鈇：《上南抚台暨巡海公祖请建彭湖城堡置将屯兵永为重镇书》，载［清］
　　顾炎武《天下郡国利病书·福建》，第29页。
② ［明］梁兆阳修、蔡国桢等纂《海澄县志》卷五《赋役志二·饷税考》，第64—
　　65页。

从海洋上寻找生存的空间，而海禁之后百姓不能出洋贸易了，但有一些奸猾之人罔顾王法而私贩不止。这样，普通百姓们不仅温饱问题得不到解决，甚至有的百姓还"死于贼"。因此，魏呈润主张应该继续实行开海贸易的政策，呼吁明朝政府下令让福建地方巡抚和巡按御史等官员深入调查，若可行的话，希望明朝政府能早日开放海禁，使商民们的生业得以继续，同时"海上胁从者"也可以变恶为善，从而达到弭盗的最终目的。

卢经，漳州长泰人，天启五年（1625）进士。时任御史的卢经认为，海洋本自然之利，而当事者"禁洋就能止寇"的观点是不正确的。因为禁洋之后，渔船还是可以前往台湾，而且禁洋也只是禁止百姓出洋，并不能阻止外国船只的到来。在此基础上，卢经进一步提出："止寇者，惟当安辑地方，沿海设兵责备将领，若五游五寨乘风追之，边海备之，兹大将无开门之迎，则亦未可飞渡也。且洋开而商贾路通，可减饥寒之盗十之三四，又将岁饷数万以养防汛之兵，若撤洋而汛并撤，则贼有船我无兵，海滨之民将何赖乎？乃若此害则亦有之奸商，窃禁货通倭，勾引接济贼船。"①

何乔远，泉州晋江人，万历十四年（1586）进士，崇祯年间作《开洋海议》，并向崇祯皇帝进呈《请开海禁疏》，表达了自己对于海禁问题的若干看法。何乔远认为，海洋是闽人赖以生存的基础。闽地狭窄，又无河道可通舟楫，南北往来惟有贩海一路，这是福建老百姓的生业所在。故在海禁政策下，私贩"走死地如鹜者，不能绝也"，是以"海之不能禁明矣"。针对红夷生事导致明朝政府再次下令海禁的事件，何乔远认为"其实红夷颛悍重信不怕死而已，而其意只图贸易，别无他念"；与此同时，在海禁政策之下，红夷占据台湾、吕宋，亦来鸡笼、淡水之地，与沿海百姓私相贸易，致使"洋税之利不归官府而悉私之于奸民"。因此，何乔远提出建议："今日开洋之议，愚见以为旧在吕宋者，大贩则给引于吕宋，小贩则令给引于鸡笼、淡水；在红夷者，则给引于台

---

① ［明］梁兆阳修、蔡国桢等纂《海澄县志》卷五《赋役志二·饷税考》，第 64—65 页。

湾，省得奸民接济，使利归于我，则使泉州一海防同知主之。其东洋诸夷及大贩吕宋，则仍给引于漳州，使漳州一海防同知主之。"① 由此可知，何乔远赞成闽人与荷兰人之间的贸易往来，并提出了由漳泉二府的海防同知分别管理各自事宜的办法。另外，何乔远对漳州府海澄县月港或泉州府同安县中左所地点的选择，可以看出他对于当时厦门湾两岸老百姓从事海外贸易形势的了解。从何乔远所提的建议中，我们还可以做出这样的解读：自隆庆开海以后，吕宋一直是中国海商的主要贸易对象之一；明末，荷兰人进入南中国海，与郑芝龙等海寇商人相遇，中国的海洋形势处于剧烈的变化中。

此外，对于中日贸易问题，何乔远认为尽管按照明朝政府规定，日本属于禁通之国，但仍有百姓通过交趾（今越南北部）、台湾等地进行私下贸易，中日贸易还是间接地在进行着。

生长于东南海滨的何乔远对闽人的海洋活动有着深切的体会。他认为，行贾是天下之大利，因此老百姓应积极从事商业活动。而海外贸易的实现不仅可解沿海百姓生活之困，湖丝、瓷器等中国商品在海外市场上亦可获得丰厚利润。更为重要的是，海外贸易所带来的财政收入还可以达到弭盗和缓解北部军事支出压力的双重目的。因此，他进呈的《请开海禁疏》延续了他主张"开海"的思想。在其奏疏的开始部分，何乔远就提到了万历年间明朝政府开洋市于漳州府海澄县的月港，一年可以收得饷税两万余两，以充福建兵饷之用。此外，其奏疏中还提到了开海贸易不仅可以互通有无，还可以达到弭盗、安民、裕国等多重目的。②

在魏呈润、卢经、何乔远等闽籍士绅的共同努力下，从明朝政府到福建地方政府都展开了深入的调查和讨论。崇祯四年（1631）八月，兵部尚书熊明遇等人向皇帝作了总汇报，向明朝政府上达了"盗生有

---

① ［明］何乔远：《开洋海议》，转引自傅衣凌《休休室治史文稿补编》，第 370 页。
② ［明］何乔远：《请开海禁疏》，转引自傅衣凌《休休室治史文稿补编》，第 371—374 页。

源，不关洋船也"① 的观念，从而为明朝政府再一次开放海禁扫清了障碍。

傅元初，泉州晋江县人，崇祯元年（1628）进士。崇祯十二年（1639）三月，时任给事中的傅元初上疏皇帝，言明开海贸易的利弊。细读其奏疏，我们不难发现何乔远与傅元初二人在海禁问题上的前后继承关系，可以说傅元初主张"开海"的相关思想是在何乔远的基础上进行阐述的——开海不仅可以解兵饷之急，沿海贫民不致为盗，还可以杜绝沿海将领滥用手中职权而做出违法犯规的行为："窃谓洋税不开，则有此害。若洋税一开，除军器、硫磺、焰硝违禁之物不许贩卖外，听闽人以其土物往，他如浙直丝客、江西陶人各趋之者，当莫可胜计。即可复万历初年二万余金之饷以饷兵，或有云可至五六万，而即可省原额之兵饷以解部助边，一利也。沿海贫民，多资以为生计，不至饥寒穷困，聚而为盗，二利也。沿海将领等官，不得因缘为奸利，而接济勾引之祸可杜，三利也。"②

另外，从何乔远和傅元初等人的奏疏中，可以看到明朝末年中国东南海洋形势的大体状况。一方面，自嘉靖倭乱以来，明朝政府加强了对东南海洋区域的控制，其中包括强化军事和行政等方面的管理，原先的海禁国策亦有所松动，吕宋成为国人出洋贸易的主要目的地之一。另一方面，尽管明朝政府把日本列为禁通之国，但是贩日贸易带来的巨大利润仍驱使着闽人前往日本。另外，荷兰人于万历中后期进入南中国海，试图与明朝政府建立通商贸易关系。这些因素的存在都为明末的海洋形势增加了新的变数，使得东南海洋形势处于剧烈的变化中——中国的海寇商人与西班牙人、荷兰人、日本人在海上展开激烈的角逐。崇祯元年（1628），郑芝龙受抚，明朝政府借助其力量实现官民海防力量的结合，

① ［明］熊明遇等：《为敬陈闽寇当议事》，载台湾史料集成编辑委员会编《明清台湾档案汇编》第一册，第 347 页。

② ［明］傅元初：《崇祯十二年三月给事中傅元初请开海禁疏》，载［清］顾炎武《天下郡国利病书·福建》，第 33—34 页。

极大地增强了明朝的海防实力，海上的盗寇之患才得以平息。① 此时的明朝政府内外交困，财政危机突出，以何乔远、傅元初为代表的闽籍士绅站在明朝政府的立场，兼顾海洋社会的地方利益，重提开海之议。纵观明朝中后期开放海禁的发展历程，海氛的平静是开海贸易得以实现的重要条件。

三、海寇商人群雄并起

李旦，福建泉州人，早年到菲律宾经商，后来移居日本平户。他的商船往来台湾、厦门、澳门等地，远航到达柬埔寨、交趾，从事贸易。他经商致富，被日本长崎华人尊为领袖，郑芝龙到日本之后就是投身其门下。

日本平户李旦住迹（施沛琳供图）

当时，"自闽寇杨六老等，聚众数千，船至百数十艘，往来闽、粤之间，沿海羽书络绎，人情汹汹"。② 晚明东亚市场上，主要是福建人、西班牙人、葡萄牙人三股力量，但是这种三足鼎立的商业形势被后到的荷兰殖民者打破。③

明末，台湾海峡的海商、海盗活动逐渐兴起，两者不仅能够相互转化，而且可以合二为一。海盗与海商之间，甚至还存在着相互合作、相互妥协的关系。对海盗来说，抢劫船只固然是最为直接便捷的敛财手段，但如果一味强取豪夺，海商势必无法在其控制的海域内生存，最终

① 王日根：《明代东南海防中敌我力量对比的变化及其影响》，《中国社会经济史研究》2003 年第 2 期。

② 中国第一历史档案馆：《署兵部尚书霍维华为郑芝龙进攻铜山情形事题行稿》，载《郑芝龙海上活动片段》（上），《历史档案》1982 年第 1 期。

③ 徐晓望：《论 17 世纪荷兰殖民者与福建商人关于台湾海峡控制权的争夺》，《福建论坛（人文社会科学版）》2003 年第 2 期。

会伤及自身的利益。当海盗们初步摆脱了生存压力的困扰，有了更高的物质财富追求之后，就开始寻找一种更加长远的生财之道。与其"杀鸡取卵"，不如"养鸡生蛋"，他们改变了以往强取豪夺的方式，在其控制的海域内，通过向过往海商、渔民等征收船货税、通行税的方式，获取持续性的收益，这种方式被称为"报水"。[1] 例如，崇祯二、三年间，李魁奇盘踞厦门，导致厦门的许多海商不敢前往台湾大员进行贸易，因为"没有他的许可……会受到严厉处罚。如果去申请许可，必须付他很多税，多到无利可图"。[2]

李魁奇，福建惠安人。天启年间颜思齐与郑芝龙设寨于台湾笨港（今北港），李魁奇为郑芝龙部下。天启二年（1622），李魁奇进入粤海，攻破南头所城，直入虎门劫掠。崇祯元年（1628）七月，郑芝龙被明朝招安，李魁奇率部众下海为盗，与郑芝龙成为仇敌。崇祯二年（1629）春，李魁奇率巨舟170艘进入电白等洋面，攻莲头港，为官兵击退。[3]

荷兰人于16世纪末来到东方。其后，他们在爪哇岛建立了巴达维亚城。荷兰人不仅想切断葡萄牙人自澳门、马六甲，及西班牙人自马尼拉与中国进行的有利的贸易，甚至公然提出，非经荷兰人允许，中国航船不能随意到各地贸易。明末最先引来荷兰人的是漳州海澄人李锦。

"李锦者，久驻大泥，与和（荷）兰相习。而猾商潘秀、郭震亦在大泥，与和兰贸易往还。忽一日与酋麻韦郎（应为韦麻郎）谈中华事。锦曰：'若欲肥而橐，无以易漳者。漳故有彭湖屿在海外，可营而守也。'酋曰：'倘守臣不允，奈何？'锦曰：'寀珰在闽，负金钱癖，若第善事之，珰特疏以闻，无不得请者，守臣敢抗明诏哉！'酋曰：'善。'"[4]

这位将荷兰人引入福建的李锦久居马来半岛的贸易重地北大年，并曾在荷兰居住，接受过荷兰新教的洗礼而成为教徒，荷兰商人把他当作

---

① 陈思：《明末台海官、商、盗三角关系与台海贸易》，《厦门大学学报（哲学社会科学版）》2014年第4期。

②《热兰遮城日志》第1册，江树生译注，台南市政府，1999，第11页。

③ 李庆新：《16～17世纪粤西"珠贼"、海盗与"西贼"》，《海洋史研究》（第二辑）。

④ ［明］张燮：《东西洋考》卷六《红毛番》，第127—128页。

第四章 明末清初海洋秩序的整合与中西贸易发展

是荷兰人而不是北大年人。

尽管如此，荷兰人在发展东方贸易的道路上仍屡屡受挫。为了改变这一状况，他们在巴达维亚的荷兰评事会上作出了一项决定："应派船前往中国沿海，调查我们是否可夺取敌人与中国的贸易（对此我们盼望已久）。为此，我们暂时组成一支12艘船的舰队，配备1000名荷兰人和150名奴仆"。① 当时，台湾海峡是晚明东亚国际贸易线路必经的关键区域，所以荷兰人把目光投向了这里。1619年7月，荷兰和英国订立了军事同盟，约定各派5艘兵舰，在台湾海峡和菲律宾近海区域截捕葡萄牙、西班牙两国的船只，并阻止中国商船前往马尼拉进行贸易。荷兰人两次进攻澎湖，但都被明朝政府的军队打退。最后，由在中国台湾和日本活动的福建商人李旦出面周旋，达成协议：荷兰人退出澎湖列岛，福建官府默认荷兰人占用台湾开展贸易。从1625年开始，荷兰人与中国海商李旦、许心素等建立了贸易关系。根据史料的记载："游棍李旦，乃通夷许心素之流也。夙通日本，近结红夷，兹以讨私债而来，且祭祖为名目，突入厦门，岂有好意？不过乘官禁贩，密买丝绸，装载发卖诸夷，并为番夷打听消息者。"②

许心素，漳州籍海商，他依靠行贿福建总兵俞咨皋等实权官员，在当局默许下获得了从事与台湾、日本海上贸易的特权，并受封水师把总，拥有了"官商"的身份。依靠公权力的支持，许心素一度主导了台湾海峡的贸易，而官方则从中分享利润。③

著名海商颜思齐就是当时旅日的漳州华侨。颜思齐，福建海澄人，因与豪族发生冲突而逃往日本，先以裁缝为生，居有年，后在日本平户、长崎一带经商致富，积蓄颇裕，渐有名望。遂于1624年6月15日与当时旅居日本的福建船主杨天生（晋江人）、洪升（莆田人）、张宏

① 程绍刚译《荷兰人在福尔摩沙》，联经出版事业公司，2000，第7页。
② ［明］沈铁：《上南抚台移檄暹罗宣谕红夷书》，载陈荫祖修，吴名世纂《诏安县志》卷十六《艺文》，第8页。
③ 陈思：《明末台海官、商、盗三角关系与台海贸易》，《厦门大学学报（哲学社会科学版）》2014年第4期。

（南安人）、林福（同安人）、李俊臣（南靖人）、陈衷纪（海澄人）以及居于日本的陈勋、许妈、林翼、天平、张辉、黄昭、李英、陈德等 28 人，在长崎张灯结彩，祷告天地，立"生不同日，死必同时"之誓，结为契友。众拜思齐为盟主，思齐遂成头目，称为日本甲螺。这些人成为以后郑芝龙海商集团的基础。①

第二节　郑芝龙的崛起与中国海洋贸易的大发展

郑芝龙，字飞黄，号一官，福建泉州府南安石井人，少年时代赴澳门谋生，后来跟着日本华侨李旦的船到达日本，为其母舅黄程贩卖白糖、奇楠、麝香等物，侨居于日本长崎。后来，郑芝龙迁居到平户的河内浦。平户岛是当时日本对外贸易中心，各国商船都停泊于此，商馆鳞比，货物辐辏。该岛南北长 10 里，东西宽 2.5 里，隔平户濑户，与松浦半岛相对。平户港位于海峡最狭处，市街自港北岸沿南岸而成。郑芝龙初到日本，人地生疏，后得到旅日华侨的帮助。由于郑芝龙熟悉海外事宜，又善外交，不久就被日本政府重用，被召"屡访藩士家"，而且"受我松浦侯的优遇，赐宅地于河内浦。后称平户老一官，就藩士之门，学图明流的双刀法。屡乘商船往来于明国"。芝龙在平户期间，还学习了剑术。②

李旦是当时日本平户的华侨领袖，与其弟华宇同为最有势力的船商。1614 年至 1625 年间李旦商船经常往台湾、吕宋、东京、广南等地经商。郑芝龙不但帮助李旦做生意，而且"以父事之"。李旦觉得郑芝龙胆大心细、能干可靠，于是将其"抚为义子"，给他一部分资本和几只船货让他运到越南去做生意，获得很大利润。李旦作为中国商人在日

第四章　明末清初海洋秩序的整合与中西贸易发展

本的头目，在平户、长崎等港口均设有办事处。李旦死后，他的大部分资产为郑芝龙所得。日本"长崎王使芝龙主舶"，负责管理中国商船。在此期间，郑芝龙迎娶了肥前平户岛主田川七左卫门之女田川氏为妻，并在长崎结识了一批华侨，成为生死之交，他们成为郑芝龙海商集团的核心力量。不久之后，郑芝龙跟着颜思齐一伙到台湾从事海上贸易。

颜思齐死后，郑芝龙被推为首领，在台湾笨港一带"安设寮寨，抚慰土番"，开展对日贸易。樟脑"为台湾特产，当郑芝龙居台时，其

日本平户郑成功儿诞石（施沛琳供图）

徒入山开垦，伐樟熬脑……配售日本，以供药材"。① 又"置苏、杭两京细软宝玩，兴贩琉球外国等物"。早期西方传教士说芝龙"为人聪敏、干练而有热忱，不数年，即因经营贸易而获大利，遂拥有庞大船队"。1624 年 8 月，他们离开日本时只有 13 艘船，到了 1627 年，郑芝龙已是"联舟宗二百余艘"。

崇祯元年（1628），郑芝龙在厦门击败福建总兵俞咨皋，杀死许心素，后接受明朝政府的招抚，担任海防游击，继续打击多股海盗商人势力。例如，崇祯元年（1628）十二月，郑芝龙率众与李魁奇决战于浯屿，同安县知县曹履泰调发渔舟 50 余只、擅长海战的渔兵千余人，资以粮饷，协助郑芝龙作战。战胜李魁奇后，郑芝龙又与钟斌开战。福建巡抚

---

① 连横：《台湾通史》（下）卷十八，商务印书馆，1983，第 354 页。

熊文灿虽"苦于财匮",但依然不惜血本支持郑芝龙,斥重资打造新式大铳、坚船,"畀之以破敌"。就这样,崇祯二年（1629）四月,郑芝龙在明朝官兵的协助下,歼灭了杨六、杨七、钟斌等海上武装集团。

崇祯五年（1632）,福建海寇刘香老的船队势力庞大,拥有数千人、170余艘船。他本名叫刘香,海澄人,聚集沿海无赖,袭击福建和广东沿海。崇祯五年（1632）二月,两广总督熊文灿建议用招抚的办法,刘香伪降,将前往招抚的执参政洪云蒸、副使康承祖、参将夏之本、张一杰等留为人质。明朝政府以邹维琏代熊文灿巡抚福建,邹维琏命令郑芝龙攻打刘香。① 四月,刘香袭击南安、同安、海澄诸县后,又袭击连江县。此后,刘香不仅袭击福建,而且还袭击浙江沿海地区,如台州、温州等地。② 自崇祯五年至八年,郑芝龙与纵横浙、闽、粤三省沿海、拥众数万的刘香船队六战皆胜。崇祯八年（1635）五月,郑芝龙与刘香在广东田尾海面大战。最终,郑芝龙剿灭了刘香势力,开始称雄于海上。

这一时期,郑芝龙的活动中心由台湾移回福建老家——泉州安平,开辟了一条由泉州安海直达日本长崎的航线。1640年,郑芝龙首次派遣两艘大型商船载满货物直航日本。次年,郑氏又派出6艘大船出贩日本。为了加快对外贸易发展,郑芝龙"乃将在广东、澳门之织工一百五十家族召回安海城外,使就所业"。③ 郑芝龙集团不仅召集工匠回泉州,而且每年派遣商人到周边各县乃至江苏、浙江一带贩回棉花,将棉花运回安海当地加工成布匹,最后再运至日本出售。安海的布匹、磷灶村的陶器及曾棣村的米粉制品,都是当时出口外贸的热门商品。这些日常生活货物和安海当地出产的茶叶、柑橘一起外销日本,十分畅销。④ 安海镇也因为发达的海外贸易而在明末"屹为东南巨镇,周比阁联,万有余家","市镇繁华,贸易丛集,不亚于省城"。郑氏运往日本的生丝及丝织品分

---

① 李庆新:《16～17世纪粤西"珠贼"、海盗与"西贼"》,《海洋史研究》（第二辑）。

② ［日］松浦章:《明清时代的海盗》,李小林译,《清史研究》1997年第1期。

③ 杨绪贤:《郑芝龙与荷兰之关系》,载厦门大学历史系编《台湾郑成功研究论文选》,福建人民出版社,1982,第293页。

④ 朱亚非:《明代沿海城镇对日贸易浅谈》,《山东社会科学》1991年第5期。

别占当年中日贸易生丝总输入量的三分之一和丝织品总输入量的三分之二。① "自是往返于日本、漳泉之间之货船，月不停泊"。《华夷变态》亦载："芝龙为福建大将，每年有商船来长崎。"郑芝龙自"秉政以来，增置庄仓五百余所，楼船尚有五六百艘"，其"田园遍闽粤"。② 郑芝龙家乡的住宅异常豪华。《台湾外纪》描述到："芝龙置第安平，开通海道，直至其内，可通洋船。亭榭楼台，工巧雕琢，以至石洞花木，甲于泉郡。城外市镇繁华，贸易丛集，不亚于省城。"郑芝龙最得势的时候大小船只达万艘之多，"海舶不得郑氏令旗，不能往来"。他从"富甲全闽"跃至"富敌国"的地位。郑芝龙回到福建之后，继续与日本商人、日本华侨和田川氏家族保持着密切的联系，"每年有商船来长崎"。

当时，东南海面上较为平静，平静的海氛促进了中日之间的贸易和日本华侨经济的发展。当时在日本的华侨商人多依靠与中国和东南亚各国的贸易生存，历代德川幕府也鼓励日本华侨从事这项活动，故"侨商及侨领亦在日本对外贸易里面担任了重要的角色"。③ 日本华侨林三官、林五官、白庆、李旦等，迭次参加日本与南洋的贸易，日本封建主或商人甚至贷款给日本华侨往海外做生意。④

郑芝龙与日本政商和华侨之间维持着密切的商业往来。1641 年 6 月，郑芝龙派出 6 艘船自安海经台湾抵长崎，载有丝、缎子、天鹅绒、麻皮、鹿皮、鲛皮、茶壶、茶碗、白蜡、水银，偶或装载象牙等物。7 月，郑芝龙又派出 12 艘船前往长崎，诸船除满载白砂糖、黑砂糖、冰糖外，另有白蜡、麝香、茶壶、药品、白生丝、黄生丝、漆器、瓷器等货物。同年 8 月，郑又派 5 艘船满载各种绢织物开入长崎。其中，8 月 18 日的一艘船容积可达三千贯目。⑤ 短短 3 个月中，郑芝龙就有 23 艘船满

① 范金民：《16～19 世纪前期海上丝绸之路的丝绸棉布贸易》，《江海学刊》2018 年第 5 期。

②《华夷变态》，东洋文库丛刊本，第 46 页。

③ 陈荆和：《清初华舶之长崎贸易及日南航运》，《南洋学报》1957 年第 13 卷第 1 辑。

④《巴城日志》，荷兰东印度公司，1631—1634，第 306 页。

⑤ 杨绪贤：《郑芝龙与荷兰之关系》，载厦门大学历史系编《台湾郑成功研究论文选》，第 293 页。

载货物开往日本，可见贸易的频繁。当时郑芝龙的输日货物中，除了一部分供日本华侨日常所用外，大部分都通过日本华侨的关系转销给日本人民，而"其商品多数出现于市场"。不少华侨亦乘郑氏船只来往于中日之间。在"海舶不得郑氏令旗，不能来往"的年代里，更是如此。

台湾自古就是中国的一部分。汉人对台湾的开发，早在唐代就有相关的记载。

唐代以后，台湾已有不少汉人。到了元代，从大陆迁移台湾的人就更多了。"他们已在此建造茅屋，过着定居的生活，不仅到海上捕捞鱼虾，而且在岛上种植胡麻、绿豆，放牧成群的山羊，形成男子耕、

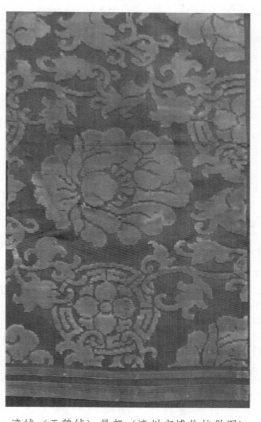

漳绒（天鹅绒）局部（漳州市博物馆供图）

渔、牧，女子纺织的聚落社会"。① 然而，在台湾历史上，真正意义上大规模、有计划性的汉民开垦，是漳州人颜思齐开创的。《台湾县志》有云："颜思齐之所部属多中土之人，中土之人入台湾自思齐始。"季麒光在《蓉洲文摘》中也说："台湾有中国民，自思齐始。"颜思齐等人在台湾西海岸的中部笨港登陆，后在诸罗山落居。颜思齐从诸罗山开始发展，命众人"辟土伐木，构筑寮寨，备首座巩固之滩阵地"，又将弟兄分为 10 寨在笨港、鹿仔草、龟佛山、南势山、井水港、水虞厝、土狮仔、大丘田等地屯垦谋生。同时，他又派人分乘 10 艘大船到漳州、泉州

① 陈孔立：《台湾历史纲要》，九州出版社，1996，第 26 页。

等地招收贫民来笨港屯垦，还给来台各户银两，一户给银 4 元，另给牛 1 头助耕，鼓励开垦荒地。

颜思齐死后，郑芝龙继承了他的事业。时值福建连年大旱，应福建巡抚熊文灿之请，郑芝龙招募饥民前往台湾，募集数万人。"人给银三两，三人给牛一头，用海舶载至台湾，令其开垦荒土为田"。郑成功入台以后，承袭颜思齐、郑芝龙的一贯主张，大力推行屯田政策，将大部分部队派往各地屯垦，并鼓励私人垦荒，同时积极发展海外贸易。在荷据时期之前，大陆东南沿海的汉族渔民和农民开始移居台湾，与当地少数民族共同开发台湾，中华文化已在台湾广泛传播。17 世纪初，颜思齐、郑芝龙治理台湾时，在台汉人已有一两万人，他们带着闽粤一带的生产技术和民间文化到达台湾，当地少数民族从中接触到大陆文化，提高了生产水平和文化水平。

1646 年 11 月，郑芝龙降清。郑成功下海到南澳募兵 300 人，集中于鼓浪屿训练。明永历三年（1649）五月，郑彩致书日本，除要求以药材和丝织品与日本交换兵器外，着重阐述了郑氏与日本的特殊友好关系。其书曰："思我国与贵国素唇齿相依，况彩藩与贵国殊相亲，故有所请。今使都督总兵陈光献、陈应忠、施赞、江新驾舟三艘，赍药材丝绢贸易，且以修旧交。请得以改赍诸品，交易贵地武器，乌钝、腰刀、角甲、硝铅，殊所恳求。"①

1650 年，郑成功乘族叔郑彩外出的时机杀死郑联，收其部下，占据厦门为根据地，命令郑泰督造海舶巨舰，大兴海外贸易。1651 年至 1652 年，"国姓成功以兵攻漳泉，尽有其下邑……时郑氏故部散漳泉者咸呼集，洋税复旧例，能食兵"。② 1654 年，郑泰被授为户官，掌管东西洋贸易。于是，郑成功船只经常往来于中日之间。永历十二年（1658），郑成功派一艘使船带着他的信件和方物前往日本，以加强与日本之间的友谊。根据《长崎记》的记载，1650 年至 1661 年，中国到长崎的商船共

---

①［日］林春胜、林信笃编《华夷变态》上册，东洋文库丛刊本，第 75 页。
②［明］查继佐：《鲁春秋》之"监国纪"，永历六年（壬辰）条，民国二年至六年马程张氏刻适园丛书本，第 132 页。

计 607 艘，每年平均有 51 艘，它们大多数都是郑成功的商船。1656 年，荷兰东印度总督报告："自 1654 年 11 月 3 日在我们的最后一艘荷兰船开缆以后，迄至 1655 年 9 月 16 日为止，在这期间有由各地开来的中国戎克船 57 艘入埠。其中，安海船 41 艘，大部分为国姓爷所有。另外还有泉州船 4 艘、大泥船 3 艘、福州船 5 艘、南京船 1 艘、漳州船 1 艘、广南船 2 艘。如日本商馆日志末后所附载详细清单，上述各戎克船装载生丝 140100 斤。此外，还进口了巨量的织品及其他各种货物。这些几乎都结在国姓爷的账也。"①

　　1662 年，郑成功收复台湾，同年因积劳成疾病逝于台湾，其子郑经继承了他的事业。同年 7 月 11 日，郑经致函长崎奉行，并派协理刑官蔡政前往长崎，交涉归还郑泰在长崎寄存的贸易款项。据《台湾外纪》记载，1666 年 7 月，郑经"遣商船前往各港，多价购船料，载到台湾，兴造洋艘乌船，装白糖、鹿皮等物，上通日本，制造铜熕、倭刀、盔甲、并铸永历钱；下贩暹罗、交趾、东京各处以富国"。《华夷变态》记载："东宁府每年商船往来长崎不绝。"台湾的糖和鹿皮"为台湾王（指郑经）所专卖，其贸易以日本为主要对象也"。②荷兰人被赶出台湾后，英国人企图趁机控制这项贸易，但以失败告终。据英驻长崎商馆报告，郑经每年平均有 50 艘商船前往日本。虽然日本当时颁布了锁国令，但是还有不少日本商人潜航来台贸易。郑氏对"日人之居者皆礼之，别以鸡笼为商埠，许其侨住"。《台湾府志》亦云："大鸡笼岐城与乡村皆在于西，该地又有福州街之旧址。均为郑氏当时与日本交易之所。"可见，郑经十分重视对日本的经济贸易。郑经时代，"内兴土宜，而外张贸易，贩洋之利，岁率数十万元"。

　　郑氏家族的对日贸易，特别重视输入武器和军用物资，包括日本刀剑、银、铜、铅、硫磺等，"以资兵用"。而前往东南亚各国的贸易船只的任务则主要是"以资兵食"，是作为发展长崎贸易的一种辅助贸易。

① 曹永和：《从荷兰文献谈郑成功之研究》，载《台湾文献》第 12 卷，第 1 期。
②《十七世纪台湾英国贸易史料》，转引自赖永祥《郑英通商关系之检讨》，载《台湾文献》第 16 卷，第 2 期。

当时吕宋、暹罗、交趾等地都有中日海商贸易活动的身影。如《巴城日记》1656 年 12 月 1 日条记载："今年有官人国姓爷的帆船到那里（指柬埔寨）收购了很多鹿皮及其他货物去日本。"1661 年 6 月 13 日条："这季节中有属于国姓爷的船三艘，来到暹罗，即一艘来自日本……"同条中还记载着："前述国姓爷已经在厦门附近召集了超过二百艘战船的一只舰队，正在忙于征召更多的船。于是，又召集所有船长驾驶他们的船只，从日本、交趾、柬埔寨、暹罗或在别处的，都要装载硝石、硫磺、锡、铅等物资，不要去日本，而要一路直接回厦门。"由此可见，郑氏家族所从事的南洋贸易与发展对日贸易有着密切的关系。此外，郑氏输出的商品种类各个时期均有所不同。郑芝龙、郑成功时代对日贸易的主要输出品是生丝、丝织品、药材、书画、古董等物。1662 年郑成功收复台湾后，郑氏对日贸易的主要输出品转变为砂糖、鹿皮等。①

总而言之，明朝末年，闽浙沿海出现多个海盗商人集团，如李魁奇、钟斌、刘香等。郑芝龙在群雄并起的年代里，接受明朝政府的招抚，并借助明朝政府力量，将这些势力一一铲除，实现了对中国东南海洋的控制，垄断了中国的海外贸易。于是，"凡海舶不得郑氏令旗者，不能来往。每舶例入二千金，岁入以千万计，以此富敌国"。又"凡贼遁入海者，檄付芝龙取之如寄，故八闽以郑氏为长城"。②

之后，郑成功继承和发展了其父的海外贸易事业，在厦门、杭州等地建立了严密的商业机构——五大商，由户官统领，统一组织对外贸易。郑成功的山五商为金、木、水、火、土；海五商为仁、义、礼、智、信。它们相互配合，从内地收购大量的丝、纱绫、纶子、缎匹、药材、茶叶等运往日本贸易。郑成功在日本设有专门机构来管理前往贸易的船舶。郑氏商船到长崎出售货物后所得现银，除购买必要的军用物资和商品外，多寄存在当地。郑氏经营的"官商"，占中日贸易额的百分

---

① 徐恭生：《试论郑氏与日本的贸易关系》，《福建师大学报（哲学社会科学版）》1983 年第 2 期。

② 傅衣凌：《明清时代商人及商业资本/明代江南市民经济初探》，中华书局，2007，第 127 页。

之八十，其他百分之二十为"散商"所经营。郑氏通过颁发"牌饷"来控制"散商"贸易。《台湾省通志》记载："当时在长崎之中国贸易船，须向郑氏缴纳一定饷银，然后发给船牌。倘不能取得船牌，则无法输出中国货物。"此外，从1623年郑芝龙入平户至1683年郑克塽归清，期间除了郑氏家族的商船之外，还有一批依附于郑氏但不属于郑氏私产的非郑商船参与对日贸易，其数目相当大，而且为郑氏集团及其抗清斗争提供了强大的财政支持。①

17世纪初期，荷兰人到达台湾海峡，以大员为据点，采用招诱与拦劫等策略，意图在中国海外贸易网络中占据中心地位，但遭到郑芝龙海商集团和明朝政府的抗争。台湾海峡贸易的主导权仍然掌握在郑芝龙等中国海商手中，主要表现在三个方面：第一，中国海商掌控着贸易出口商品的种类和数量；第二，中国海商主导贸易商品定价；第三，中国海商是海上贸易市场规则的制定者。②

郑成功在其父郑芝龙降清之后，在东南沿海竖起反清的旗帜，更加积极地从事对日贸易。根据《长崎荷兰商馆日记》的记载，1649年和1650年各有郑成功的一艘大船抵日。1650年的船装载生丝达12万斤，而当时唐船输日生丝不过16万斤，各地船只输日的生丝总量也不过23万多斤。

郑成功通过征收牌饷和借贷资本等方式保护商人贸易，令荷兰等西方殖民者望而生畏。17世纪50年代，郑成功属下或受郑氏保护的商船输日的华丝是当时中国输日华丝的主要来源。此时，荷兰人的中转贸易已经被郑成功取代。自1662年郑成功收复台湾，直到清朝开海禁，以台湾为中转的中日丝绸贸易一直操控于郑氏之手。当时日本的生丝来源除了中国内地与日本的直接贸易外，主要依靠郑氏的台湾中转贸易，而台

① 任鸿章：《明末清初郑氏集团与日本的贸易》，《日本研究》1988年第4期。
② 张彩霞、林仁川：《中国海商：17世纪台海贸易的主导者》，《中国社会经济史研究》2010年第4期。

湾中转的丝及丝货，则主要来自马尼拉。①

明代中后期，广东当局面对国际贸易转型大局，从地方利益出发，逐步调整贸易政策，形成一套新的运作机制，时人称之为"广中事例"。其中，一项重要制度是"澳票"制度，即广州与澳门建立贸易伙伴关系，构成广东贸易的"二元中心"结构。另一项与之相配套的是"客纲""客纪"制度。明朝末年，这些具有半官方色彩的垄断性经济组织的职能与形态都出现前所未有的增升，活跃于对外经济贸易相关的生产、销售、市场及管理领域。颜俊彦的《盟水斋存牍》对此有相当多的记述。揽头在明末广州、澳门贸易中非常活跃，兼具官牙职能，评估市价，代纳饷税，垄断市利。揽头多来自福建，占据广州、澳门贸易要津，其势力盘根错节，足以抗衡广东本地及其他商业势力。广东官方曾经采取措施抑制闽揽，包括刑罚、解逐等措施，但由于广州市舶司包庇纵容等种种原因，效果并不好。广州官府所需要的许多物料来自铺行买办，特别是供应内廷之需的海外奇珍异宝。铺行、夷商纲纪等起到不可或缺的作用。官府所需洋货皆由其购买，然后发付工匠制作，以供进内府或公用，具有很大的特权和垄断性。这些带有官方色彩的经济组织构成洋货、国货采购、加工的"一条龙"服务链条。②

前文已有提及，嘉靖三十六年（1557），葡萄牙人在澳门纳租筑室居住。此后，以澳门为贸易中转站，大力从事欧洲、中国和日本之间的三角贸易。他们在欧洲装上西班牙银圆，再到印尼群岛装载香料等货，至澳门出售并换得出口到日本的丝绸等货，运至日本出售，又换取便宜的日本白银回到澳门，并在澳门用从日本带回的白银购买来自广州且在欧洲市场上受人欢迎的丝绸、瓷器等物回国。根据记载，自澳门运往印度果阿的生丝，在 1580 年至 1590 年每年约为 3000 余担；1630 年为白丝 1000 担，大量细丝和各种颜色的绸缎有 1 万至 1.2 万匹；1636 年增至

---

① 范金民：《16～19 世纪前期海上丝绸之路的丝绸棉布贸易》，《江海学刊》2018 年第 5 期。

② 李庆新：《从颜俊彦看〈盟水斋存牍〉明末广州、澳门贸易制度的若干变动》，《学术月刊》2011 年第 1 期。

6000 担。这些丝绸大部分被葡萄牙人运往欧洲。① 这个时期，由于澳门已经成为广州的外港，所以广州的海外贸易基本上被澳门的葡萄牙人垄断。万历年间，他们被允许于每年夏冬两季到广州海珠岛参加中国举办的定期市（交易会），每次为期数周，或长至数月，在市中可以直接与在广州的中国商人贸易，从而获得更多更好的商品运经澳门出口，转销日本、东南亚、非洲、欧洲以及拉丁美洲的各个国家和地区。仅仅葡萄牙商人每年两次到广州参加定期市交易，购货款就多达 100 万至 200 万两以上的银子，所购货物由广州经澳门源源不断地输向世界各个国家和地区。

万历四十七年（1619）以后，葡萄牙商人几乎垄断了从广州经澳门出口到马尼拉这条航线的丝货贸易，从中获取了高额利润。从广州出口到马尼拉的生丝集中在市东北角的"生丝市场"。出口到马尼拉的丝货，除了在当地销售一部分之外，大部分是用"大帆船"运往西属拉丁美洲的墨西哥等国家去销售。运往墨西哥的生丝多数在墨西哥的纺织厂加工制造成织品再运往秘鲁出售。西班牙商人从中获取 300％至 1000％的高额利润。这样，从广州经澳门出口到拉丁美洲的丝货夺取了西班牙国内丝货的销路，直接冲击了西班牙丝绸工业的发展。②

虽然荷兰人东来的时间比较晚，但是他们充分认识到远东贸易的重要性，一直在寻求发展同中国和日本的贸易，并于万历三十年前后和天启初年侵扰中国福建沿海。1624 年，荷兰人占领台湾，此后即以台湾为贸易基地，将中国的生丝、绢织物、瓷器运往日本和欧洲市场；从日本运来白银以及从东南亚运来香料，用以交换中国商品。为了获得中国的丝绸等商品，他们派遣船只到漳州河口，用香料和白银与中国商人交易，或委托福建漳州、泉州的代理商预购商品，或以种种方式招诱中国海商远到大员贸易。在这样的情形下，荷兰人的对日生丝贸易迅速赶超葡萄牙人。当 1639 年日本政府禁止葡萄牙人而允许荷兰人到长崎贸易的

① 范金民：《16～19 世纪前期海上丝绸之路的丝绸棉布贸易》，《江海学刊》2018 年第 5 期。
② 黄启臣：《明代广州的海外贸易》，《中国经济史研究》1990 年第 4 期。

时候，中日之间的中转贸易完全转到了荷兰人的手中。因此，在葡萄牙人之后，日本获得中国生丝的途径除了少量的直接走私贸易之外，主要是从荷兰人的手中获得的。①

清顺治七年（1650），平南王尚可喜、靖南王耿继茂攻陷广州。后来，耿继茂迁往福建，广东成了尚可喜、尚之信父子的半独立王国。尚藩集团把持行市，设立总行，垄断盐铁等商品的贸易。总行之下，又设"公行"，作为主管海外贸易的组织。尚之信的家人藩府参将沈上达是"公行"的总头目，以他为首的"藩商"垄断了这一时期的朝贡贸易和走私贸易。康熙十二年（1673），藩下商人在澳门附近与荷兰东印度公司成交的走私货物便有 5 万多件盘、壶等。康熙十八年（1679），藩商在广州附近海面进行走私的瓷器中，有 1707 捆配套瓷，还有大量的碗、标、壶、碟等。康熙二十年（1681），广东官府抄没沈上达家产，资产多达975936 两，其中现银约占三分之二。清初海禁时期，日本官方根据抵达长崎的中国商船的海事报告，辑成《华夷变态》一书，对当时以十字门为基地的海外贸易活动有不少记载。值得注意的是，该书记述停泊在十字门，与尚氏"官商"交易的商船，有的还属于郑氏集团。例如，康熙二十年（1681），一艘船主为陈檀官的东宁船，于 1680 年 10 月 28 日离开长崎，在归航途中遇风漂至广东，在十字门修船，重新雇用船员、购入杂货、丝织物等，原拟返回东宁，遇风漂抵日本。康熙二十二年（1683），一艘船主为徐欢官的暹罗船，每年均由暹罗赴日通商，是年夏在广东十字门处听说大清兵船聚集于此，故改航东宁。清初海禁期间，合法的朝贡贸易也多在十字门进行。根据荷兰东印度公司档案记载，顺治十四年（1657）、顺治十五年（1658）、康熙三年（1664）、康熙十五年（1676），荷兰东印度公司商人先后与以沈上达为首的藩商在十字门西岸的大横琴岛进行朝贡贸易，荷兰商人带货最多的一次是 3000 担胡椒。②

① 范金民：《16～19 世纪前期海上丝绸之路的丝绸棉布贸易》，《江海学刊》2018 年第 5 期。

② 赵立人：《明代至清初的十三行与十字门海上贸易——以屈大均 1662 年澳门之行为中心》，《海交史研究》2004 年第 2 期。

当时，中国与马尼拉之间的贸易发达。前往马尼拉的中国商船载运的货物主要是在国际市场上享有盛誉的江南丝绸，这些丝绸除了销往东南亚各地或经由葡萄牙人、荷兰人之手销往日本外，大部分由西属马尼拉当局的帆船输往西属美洲地区。在这些帆船上装载的中国丝绸，1636年以前每艘约装载 300 箱至 500 箱，但在 1636 年出发的船中，有 1 艘船只登记载运的丝织品超过 1000 箱，另 1 艘则多至 1200 箱。①

16 至 17 世纪，望加锡商人不仅购买本地香料，还到帝汶和所罗门购买檀香木，赴马六甲采购胡椒，回到望加锡后，再把香料卖给驶往中国的葡萄牙商船。荷兰、英国、法国商人在印尼采购胡椒后经常被要求用雷亚尔付款。到 17 世纪上半叶，西班牙银圆成为东南亚最通行的国际流通货币。②

英国 1600 年成立东印度公司，1637 年由"可甸联合会"派武装商船 5 艘，由伦敦号船长威代尔率领，于 8 月 6 日开进珠江，闯入内河，要求到广州贸易。船只经过虎门时占领了炮台，并在附近乡村抢劫财物和粮食。明朝政府命令威代尔立即退出炮台，交出抢劫的物品，然后才能进入广州贸易。威代尔急于做生意，只好遵命。于是，英船得以开入广州，在购买了一些糖、酒、布之类的货物后离开广州。这是英国第一次到广州贸易通商。其他如拉丁美洲的墨西哥、秘鲁等国家也常经菲律宾来广州贸易。由于外国商人不断来到广州贸易，广东省内外的富商大贾也纷纷聚集广州同外商交易。于是，濠畔街、高第街一带成为了繁华的商业区。在这里，有些商人一时在广州与外商交易不成，便亲自驾船经广州、澳门出海，把所余的大量货物运往马尼拉、暹罗、望加锡等国家和地区去贸易。当时广州有不少商人前往东西二洋，至日本、琉球等国家和地区从事贸易，并从中盈利发财。有些商人索性在东南亚各国定居下来，成为华侨。比如在爪哇新村，村中有一千多家商人定居，而村

---

① 范金民：《16～19 世纪前期海上丝绸之路的丝绸棉布贸易》，《江海学刊》2018 年第 5 期。

② 严小青：《冲突与调适：16～19 世纪广州口岸的中外香料贸易》，《广东社会科学》2016 年第 6 期。

主就是广东人。当时从广州泛海贸易的船舶体积相当大，根据《马尼拉大帆船》一书的记载，每年驶抵菲律宾的大型货船大都来自广州和澳门港，有二百吨的，也有二百五十吨的，还有少数三百吨的。①

当时输入广州的进口商品，除了各国的土特产如胡椒、苏木、象牙、檀香、沉香、葡萄酒、橄榄油等货物之外，还有大量的白银作为流通手段输入广州及中国各地。例如，从墨西哥经菲律宾马尼拉再经澳门而入广州的商品有白银、苏木、棉花、蜂蜡、墨西哥洋红等，其中白银占多数。从万历十五年（1587）至崇祯十三年（1640）的 53 年间，运入澳门的白银达到 2025 万西元，占马尼拉运入中国的白银的 68.9％。当时，从广州经澳门出口到印度、非洲、欧洲各国的商品有生丝、细丝、绸缎、陶瓷器、中草药、砂糖、金、黄铜、生活用品等数十种。其中，以生丝和丝织品为最大宗。从广州经澳门出口到菲律宾而转至拉丁美洲的商品有生丝、丝织品、线绢、瓷器、陶缸、铁锅、铁、铜、锡、铅、水银、砂糖、火药、棉布、面纱、硝、花生、栗子、枣子、麝香、白纸、色纸、母牛、母马、火腿、咸猪肉、花边、安石榴、梨、橙、蜜饯、墨、珠子串、宝石、蓝玉等数十种，数量相当大。

有明一代，与海南有进出口贸易关系的国家和地区有日本、琉球、交趾、占城、暹罗、大泥、满刺加、吕宋等中南半岛、马来半岛和南洋群岛地区。根据日本文献的记载，一艘由海南出发的航船装载货物，于明末驶入日本长崎。从地理环境来讲，海南与外国的进出口贸易主要是同毗邻的东南亚地区进行的。明代，海外贡舶仍有不少经过海南。如根据清初《琼州府志》的记载，海南岛万州的独洲山又名独洲洋，海舟多湾泊于此，明代"南番诸国进贡每视此山为准"。此外，海南赴外贸易的人数也不断增多，如海南琼山县人陈宗昱，自家拥有海船，贸易番货。他的许多兄弟也往来于海上进行贸易，资本都由陈宗昱提供。他还经常接济同宗族贫弱者，使他们不致挨冻受饿，因而被称赞为富而好善。还有，如海瑞的孙子海述祖，以千金建造一大舶，首尾长 28 丈，桅高 25 丈，贾客 38 人以其舟载货，与海外诸国商人贸易。述祖既是船主，

① 黄启臣：《明代广州的海外贸易》，《中国经济史研究》1990 年第 4 期。

又亲自涉鲸波，泛海上，获赀无算。在这样的社会历史背景下，自明代以来，海南人往东南亚、南洋诸岛经商和移民的人数不断增长。[1]

明清鼎革之际，大批华人南渡越南，聚居而成明香社，后改为明乡社。明香人（明乡人）在越南中部、南部兴建起一批规模宏大的寺院，大大促进了越南当地汉籍佛教经典的流布。元韶禅师等人把中国临济宗传播到越地，成为顺化以南各省影响最大的佛教宗派，元韶禅师也成为越南临济宗的第一代祖师。[2]

除此之外，根据中外文献的记载，大约16世纪末至17世纪前半期，即我国明清之际，已经有一些中国商人、工匠、水手、仆役等沿着当时开辟的大帆船贸易航路，到墨西哥和秘鲁侨居经商或做工。由于他们是经由马尼拉辗转而来，因而被称为"马尼拉华人"，其中绝大多数为福建籍移民。[3] 由于吕宋地近漳州，漳州海商往马尼拉贸易者络绎不绝。马尼拉华人中漳州籍移民占有相当的比重，他们将中国文化传入了拉丁美洲。

第三节　晚明中日贸易

晚明时期，中日贸易持续增长。根据日本学者岩生成一的考证，明末，中国赴日本的商船数量逐年增加，至明亡之前的崇祯十二年（1639），中国赴日的商船多达93艘。由此可见，即使中日两国政府严禁海外贸易，中日之间的私人贸易仍然往来频繁。

16世纪后期，日本生丝的需求量不断增长，生丝的价格也不断攀升。明人郑若曾在著作中说道："丝，所以为织绢纻之用也，盖彼国自

① 张雪慧：《明代海南岛的进出口贸易》，《中国社会经济史研究》1991年第4期。

② 李庆新：《清代广东与越南的书籍交流》，《学术研究》2015年第12期。

③ 廖大珂：《福建与大帆船贸易时代的中拉交流》，《南洋问题研究》2001年第2期。

有成式花样，朝会宴享必自织而后用之，中国绢绂但充里衣而已。若番舶不通，则无丝可织。"姚士麟也在其《见只编》中引商人童华之言曰："大抵日本所需，皆产自中国……他如饶之瓷器，湖之丝绵，漳之纱绢，松之绵布，尤为彼国所重。"① 根据木宫泰彦的研究显示，1609 年，明朝即有载着 603 匹的各色绸缎的 10 艘商船驶至日本萨摩进行贸易。庆长年间（1596—1614），又有商船"装载大量白丝开到长崎"，后来商船"又运来大批白丝，因而丝价暴跌"。② 关于明清之际中国输入日本的生丝数量，日本学者岩生成一曾经做过统计：崇祯十年（1637）后，唐船输日生丝量占总数的 33%。前后通算，明后期输日华丝约占日本输入生丝总量的 29%。③ 另外，根据全汉昇先生的估计，"在十六十七世纪间的五十余年内，葡船每年自澳门运往长崎的华丝，少时约为一千五六百担，多时约达三千担。自一六三六年后，数量却显著减少"。④ 随着中日生丝贸易日益扩大，日本的白银也源源不断地流入澳门。其数量在 16 世纪最后的 25 年内，大约每年为五六十万两；在 17 世纪的最初 30 年内，每年约为 100 万两，有时则多至两三百万两。据统计，自 1599 年至 1637 年的 38 年中，共有 5800 万两白银流入澳门，每年达 152 万两。因此范金民认为，在明末清初的 50 余年内，葡船每年运往长崎的中国丝和丝织品大约 2000 担。特别是在中国厉行海禁之时，日本所需要的进口生丝主要是通过葡萄牙人由澳门转运。⑤ 除生丝外，中国的其他商品在日本市场上也占有一定的份额，满足了日本生产生活所需，成为日本不可或缺的外国商品。徐光启也曾经对当时的中日贸易做过概括性总结："彼中百货取

---

① 范金民：《十六至十九世纪前期中日贸易商品结构的变化——以生丝、丝绸贸易为中心》，载朱诚如、王天有主编《明清论丛》2011 年第十一辑。

② [日] 木宫泰彦：《日中文化交流史》，胡锡年译，商务印书馆，1980，第 618、622 页。

③ 范金民：《16～19 世纪前期海上丝绸之路的丝绸棉布贸易》，《江海学刊》2018 年第 5 期。

④ 全汉昇：《明代中叶后澳门的海外贸易》，《中国文化研究所学报》第 5 卷第 1 期。

⑤ 范金民：《16～19 世纪前期海上丝绸之路的丝绸棉布贸易》，《江海学刊》2018 年第 5 期。

资于我，最多者无若丝，次则瓷；最急者无如药，通国所用，辗转灌输，即南北并通，不厌多也。"

晚明时期，中日之间的间接贸易（如通过葡萄牙商人、西班牙商人、荷兰商人等转运贸易）比重加大，成为中日贸易的重要方式和途径。外国商人诸如葡萄牙人等以"中间商"的身份，在澳门、广东等地购入中国商品，转手又高价远销日本以换得大量的白银，最后又将从日本赚的白银运回中国再次购入中国商品转销日本，从而获得巨大利益。根据贡德·弗兰克的《白银资本》所述，当时日本通过贸易输入到中国的白银数量比美洲输入中国的白银多 3～10 倍，平均更是多达 6～7 倍。[1] 利润如此可观的贸易，当时几乎都掌握在葡萄牙人手中。然而，到了 1638 年，因为葡萄牙在日本的传教士与日本人发生冲突，葡萄牙人与西班牙人被日方列入禁通名单，并加以驱赶，日本市场随即转到福建商人和荷兰人手里。当时，从日本长崎运经澳门进入广州的商品基本上都是银子。根据外文资料的统计，万历八年（1580）至崇祯三年（1630）这 50 年间，由长崎运入澳门的银子平均每年有 50～300 万两。从广州经澳门出口到日本的商品有白丝、丝织品、棉线、棉布、金、铅、锡、水银、红木、砂糖、麝香、茯苓、大黄、甘草等，数量相当大。[2]

16 至 17 世纪之交，闽南海商频繁地往来日本从事贸易活动，将丝绸、书画、瓷器、药材等货物源源不断地运往日本销售，大部分商品销往丰后、肥前、平户、萨摩等地。其中，平户更是"大唐和南蛮的珍品年年充斥，因而京都、堺港等各地商人，云集此地，人们称作西都"。[3]

久而久之，华人在九州的肥前、丰后、萨摩、大隅、日向等地建立起俗称为"唐人町"的居留地。其中，位于肥后（现今熊本县）北部的

① ［德］贡德·弗兰克：《白银资本：重视经济全球化中的东方》，刘北成译，中央编译出版社，2000，第 206 页。

② 黄启臣：《明代广州的海外贸易》，《中国经济史研究》1990 年第 4 期。

③ 范金民：《十六至十九世纪前期中日贸易商品结构的变化——以生丝、丝绸贸易为中心》，载朱诚如、王天有主编《明清论丛》2011 年第十一辑。

高濑、伊仓地区是其贸易据点。例如，肥后领主加藤清正在郭滨沂（肥后四官）、谢振仓、林均吾等人的协助下，派遣朱印船前往吕宋、暹罗、交趾等地贩卖货物。如今，伊仓的"唐人町"附近仍存有郭滨沂、谢振仓、林均吾三名明人的中国式墓葬。其中，谢振仓的墓位于伊仓古刹报恩寺遗址，墓碑上仅刻有"皇明 振仓谢公坟"。关于其出生地、墓碑竖立的时间与立碑者皆不明，坟丘的部分也早已不见，仅存墓碑。其墓葬形制属于大型的中国式墓，可知谢振仓应是伊仓当地有名的华商。林均吾的墓位于伊仓港的丘陵上，江户时期该地被称为"唐人口"，其墓碑上刻有"龙郡 林均吾墓 元和七年 男新作立"。郭滨沂墓位于接近伊仓中心位置的锻冶屋町，形制几乎与19世纪末厦门地区的墓葬特征完全相同。其墓碑刻有端正的楷书，正中央刻着"考滨沂郭公墓"，右侧刻有"元和己未年仲秋吉旦"，左侧的"海澄县三都男国珍、荣立"是立碑人的姓名，上部刻着"皇明"并以圆形的记号圈着。日本学者中岛乐章研究认为，郭滨沂即是肥后四官，他和林均吾两人分别出生于漳州府的海澄县和龙溪县，而郭滨沂更是前往长崎、平户等地，在英国商馆的协助下进行朱印船贸易。①

　　明朝末年，由于白银产量失衡，日本开始限制中国商船的贸易范围，只准许其在长崎一带进行贸易。日本学者木宫泰彦曾经依据《长崎志》做过统计，认为1648年至1661年间，中国赴日贸易的商船便有686艘。② 赴日贸易的国家仅有中国与荷兰，而中国商船大多为中国东南沿海的福建海商所有。这一时期，"明清两朝动起干戈，人民涂叹（炭），而为避兵乱，不仅是为经商，亦有唐人数辈携带家资财物前来，恳求居于长崎。庆长九年（1604），以还自唐诸地来舶顿增，乃设通事。宽永十二年（1635），下令唐船须往来于长崎一地"。③ 这一记载表明，在明末

---

①［日］中岛乐章：《十七世纪初九州中部海港与闽南海商网络——肥后地区之明人墓与唐人町》，载朱德兰主编《跨越海洋的交换：第四届国际汉学会议论文集》。

②徐晓望：《晚明日本市场的开拓及限制》，《中共福建省委党校学报》2010年第6期。

③《长崎实记》，载《日本随笔大成》第三期第13卷。

清初动乱之际，不仅有许多华商到日本贸易，而且有许多中国人为避乱而全家老少都侨居日本，成为日本华侨。朱国桢在其《涌幢小品》一书中说："自（万历）三十六年在长崎岛的明商不止二十人，今不及十年，且二三千人矣。"学者如朱舜水、何倩、林上珍、朱佩章、沈燮庵等，高僧如独立禅师、隐元和尚、木庵禅师、即非和尚、觉海、超然、普定、净达、觉闻等，还有欧阳云台、陈冲一、陈朴纯等漳州人都是在这一时期移居日本的。

住宅唐人，除了早期侨居日本的船主贸易商之外，大多是士大夫文人。他们虽然历代承继祖业，或从商，或行医，但是在职业与文化方面和中国始终没有断过联系。他们几乎代代和日本人通婚，在国籍上取得长崎籍贯，在服装上完全日本化，到明治维新为止 300 多年间，从未离开日本。幕府让他们担任"唐通事"，管理华侨事务，参与对华贸易。

例如，欧阳云台原是福建漳州府一位富裕的贸易商船主，于日本元和初年（1615）移居长崎，购买了长崎吉氏的废宅，兴建别墅，是长崎住宅唐人形成初期中财力较为雄厚的华侨。1635 年，他与泉州府人江七官被委任为唐年行司。

陈冲一，福建漳州府龙溪县人，是万历年间龙溪县的一名医生，于日本元和年间（1615—1623）移居日本鹿儿岛。因其医术高明，获萨摩藩主岛津义久的青睐，遂被招聘入职，并娶日本名将楠木正成十四世孙隅屋藤九郎雅成之女为妻，于 1616 年生下长子陈道隆。陈冲一 1624 年病逝于鹿儿岛，后来陈道隆移居长崎，成为住宅唐人，并成为长崎福济寺的大施主。1734 年，陈冲一的玄孙陈道定将陈冲一的墓葬由鹿儿岛移至长崎福济寺后山。[①]

陈道隆于宽永十七年（1640）出任日本第一任唐小通事，第二年被日本政府擢任为唐大通事，任期长达 34 年。他不仅出力复兴悟真寺，还重修欧阳华宇、张吉泉等华侨建立的唐人公墓。1628 年，移居长崎的漳泉船主、贸易商、文人共同商议，并在陈道隆的大力支持下，邀请漳州

① 童家洲：《明末清初日本长崎福建籍华侨述略》，《福建师范大学学报（哲学社会科学版）》1990 年第 4 期。

南山寺觉海和尚东渡长崎，在分紫山开基创建福济寺，作为漳泉华侨崇奉信仰、联络感情的场所。悟真寺的钟铭中提到，陈道隆任唐通事30余年，"博爱而利物，远方商庶，几感被恩泽"。陈道隆入籍日本后改名为颍川藤左卫门，成为日本陈姓颍川氏始祖。1653年，陈道隆为纪念亡妻捐建了中国式石桥——濑桥，为长崎十二景之一。1676年，陈道隆死后，他的女婿即嗣子陈茂猷继任大通事。

陈茂猷原是陈道隆同乡漳州龙溪县人叶我钦之子。陈茂猷死后，由他的长子陈严正继任大通事。陈严正出任通事后不久就称病辞官，他性喜读书，藏书数万卷，并且痴迷于收集古画古董，长崎人称他的藏书楼为陈书阁。后来他游历京都，日本皇室和大臣都慕名召见。据说他"出入禁门，公卿大夫俱宠爱之，有疑则就严正质问"。①

陈朴纯，福建漳州府龙溪县人，明末文人，于明崇祯十三年（1640）东渡长崎，娶孀妇西村松月院为妻，并于1641年生下儿子陈道胖（号铁心）。陈道胖幼年与同母异父的哥哥西村七兵卫一同随母松月院学习儒学及汉语翻译。1678年长崎圣福寺创建时，铁心成为圣福寺的开山和尚。铁心先父为福建龙海石码儒门后裔，漳州巨族，先祖曾任宋朝宰相。②

蔡二官，漳州府人，入籍日本后未改姓，其子蔡宗寿于1705年出任初级唐通事，后裔袭此职，至十代止。

高寿觉，漳州府人，后移居长崎。其子高天漪，师从宇治万福寺高僧，独立学习医道、书法，于日本延宝年间（1673—1680）前往京都，在回答天皇关于养生的垂问时，献上《养生编》一书，因而受到幕府的招聘，列为儒官。他擅长草书，在书法上颇有造诣，和林道荣在日本被誉为"黄檗二妙"。③

1609年，日本九州南部的萨摩藩入侵琉球。琉球战败，国王尚宁被

---

① 郑来发：《龙溪华侨人物与印迹》，漳州芗城区文史资料委员会，2014，第325页。

② ［日］宫田安：《唐通事家系论考》，长崎文献社，1979，第702—703页。

③ 《近世丛语》《诸家人物志》，载［日］木宫泰彦《日中文化交流史》，第703页。

迫投降，其王世子、王室贵族、官员等 100 余人被萨摩军押解到鹿儿岛。1609 年 7 月 7 日，江户幕府授予萨摩藩对琉球王国的统治权，但指示岛津忠恒不可将尚宁当作俘虏，应按照外国使节的规格接待尚宁等人。琉球国王尚宁一行人先后被送到骏府、江户，面见德川家康、德川秀忠。为了彰显江户幕府的"善邻外交"，也为了重修与明朝贸易的桥梁，德川秀忠设宴款待尚宁，温言慰问道："尚氏世代为琉球国王，现在你们应速速回国，祀奉祖先，仰本朝之威德，将其国永传子孙。"秀忠此举承认了琉球国王统治的正当性，并间接否定了岛津忠恒吞并琉球的可能性，以避免萨摩藩力量过大。然而，岛津忠恒仍将琉球君臣软禁在鹿儿岛城，并派遣萨摩奉行 14 人与随从 168 人进驻琉球，丈量土地，评定肥瘠，制定赋税，掌握琉球的财政状况，并将琉球领地限制为 89086 石（包含琉球国王领地的 5 万石），又将奄美群岛划归萨摩藩直辖。1611年，为了与明朝进行朝贡贸易，萨摩藩决定释放琉球君臣，但迫使国王尚宁与其签订《掟十五条》，以确认萨摩藩控制琉球、介入中琉朝贡贸易的特殊权力。在海外贸易方面，《掟十五条》规定琉球必须先得到萨摩藩的许可，才可以与中国进行朝贡贸易，变相剥夺了琉球的贸易权。[1]此后，萨摩藩全面控制了琉球的政治、经济、社会、文化等事务，而维持琉球作为形式上的明朝朝贡国的真实目的是独占朝贡贸易的巨大利益。在当时的形势下，萨摩藩允许琉球继续保持形式上的独立，向中国称藩，继续开展利润丰厚的中琉朝贡贸易，而自己则在暗处控制，从中攫取巨大利益。这种策略在日后德川幕府实行闭关锁国政策时更显重要，使得萨摩藩通过垄断琉球和明清两朝的贸易，取得巨大的利益，逐渐成为西南强藩，在以后的日本历史上扮演了重要角色。[2]

　　1613 年 6 月，明朝政府颁发诏谕，以体恤琉球财溃人乏为由，延长琉球朝贡的间隔期，将琉球贡期由"二年一贡"改为"十年一贡"。事

---

① 尤淑君：《明末清初琉球的朝贡贸易与其多重认同观的形成》，《世界历史》2015 年第 3 期。

② 修斌、姜秉国：《琉球亡国与东亚封贡体制功能的丧失》，《日本学刊》2007 年第 6 期。

后，琉球国王尚宁在 1614 年 9 月先派遣吴鹤麟、蔡坚赴华，又在 1617 年 6 月派遣毛继祖、蔡坚等人赴华，请求恢复贡期。1623 年，琉球王世子尚丰遣使者蔡坚赴华，请求册封，重提恢复"二年一贡"之事。1634 年 11 月 24 日，琉球国王尚丰又遣使来贡，并上奏请求将贡期由"五年一贡"改为"三年两贡"。崇祯皇帝同意了其请求。然而，此后琉球仍多次违反朝贡禁令，如超载附带方物、偷购白丝、偷卖赏赐之物、超额携带 21000 两白银等事，使得明朝多次申饬琉球，琉球却依然故我，屡次犯禁。明朝无可奈何，只好听任琉球以各种名义来朝，对其违禁买卖不置可否。①

---

① 尤淑君：《明末清初琉球的朝贡贸易与其多重认同观的形成》，《世界历史》2015 年第 3 期。

第五章
康雍乾时期的海洋政策与中外贸易

第一节　康雍乾时期海洋政策一波三折

一、康熙开海

明清鼎革之际，清军与明郑集团在东南沿海地区展开了激烈的拉锯战。自顺治年间起，清朝政府便在沿海地区实施了"迁界令"和"禁海令"，以图对明郑集团进行海上封锁。从康熙皇帝即位后对福建、浙江地方官员所下的谕旨，可以看出康熙帝对于东南海疆的重视程度。他认为福建、浙江是"滨海重地""边疆重地""关系紧要"①，因此要派遣有才能的官员进行治理。然而，康熙帝作为一国之君高居庙堂之上，始终未能亲历东南海疆现场。他深知自己不熟悉海洋的情形："自用兵以来，凡陆地关山阻隘，相度形势以为进止，朕往往能悬揣而决。海上风涛不测，涉险可虞，是以朕不强之使进，数降明旨，言其难克。"② 由此可知，康熙帝对东南沿海地区的认识首先基于海防，认为福建、浙江沿海是清朝政府的边疆重地，关系紧要，而他自己对"风涛不测，涉险可虞"的海上情形并不熟悉，同时认为海洋作战的实际情况远比陆地作战

---

① 中国第一历史档案馆整理《康熙起居注》第一册，中华书局，1984，第 112 页。
② 同上书，第 1027—1028 页。

更加难以控制。这样，我们也就不难理解为什么后来康熙帝会同意授予施琅专征台湾之权了。

尽管顺治年间清朝政府就实行迁界政策，但效果并不理想。至康熙元年（1662），迁界政策再度加严，"令滨海民悉徙内地五十里，以绝接济台湾之患。于是，麾兵折界，期三日，尽夷其地，空其人民"。康熙二年（1663），"再迁其民"。① 康熙三年（1664），续迁番禺、顺德、新会、东莞、香山五县沿海之民。山东总督祖泽溥在康熙二年（1663）五月给清廷的报告中也要求，"宁海州之黄岛等二十岛及蓬莱县之海洋岛，皆远居海中，游氛未靖，奸宄可虞，请暂移其民于内地"。② 清朝政府予以批准。康熙十一年（1672），清朝政府又规定："凡官员兵民私自出海贸易，及迁移海岛、盖房居住、耕种田地者，皆拿问治罪。该管州县知情同谋故纵者，革职治罪；如不知情，革职永不叙用。该管道府各降三级调用；总督统辖文武，降二级留任；巡抚不管兵马，降一级留任。文武官员，有能拿获本汛出界奸民者，免罪。拿获别汛出界奸民十名以上者，记录一次；百名以上者，加一级。督抚统辖全省，道府管辖数州县，该管地方文武官员拿获，或被兵民拿获者，督抚道府皆免议。至道府所属之人出界，如被上司拿获，或非本汛系别处拿获者，仍照定例处分，督抚亦照此例。如将违禁出海贸易之人不行举首，反以外海作为内地，或为隐匿，或擅给印票，往来侦探，通商漂海，皆革职提问。其转详并未经查出之道府，各降三级调用，总督降二级留任，巡抚降一级留任，其出界晒盐者，亦照出界例处分。"③

尽管迁界舍弃了大片的良田和美地，导致了对外贸易的停顿，清朝政府的税收因此严重锐减，然而迁界是一种政治任务，即使严重影响税收，也在所不惜。

康熙十八年（1679），康熙帝认为郑氏海寇之所以盘踞于厦门诸处，勾连山贼，煽惑地方，威胁东南海疆，是闽地濒海居民接济的缘故。所

---

① ［清］屈大均：《广东新语》卷二，中华书局，1985，第57页。

②《清实录·圣祖仁皇帝实录》卷九，中华书局，1985，第2750页。

③《清会典事例》卷一二〇《吏部》，中华书局，1991，第559页。

以，在郑氏占据厦门之时，便下令按顺治十八年（1661）立界之例，将界外百姓迁移内地，仍申严海禁，绝其交通。[1] 同时，他还认为，由于内地利少，出海利多，故有奸恶兵民冒死越界，从事走私贸易。所以，"欲灭海寇，必断内地私贩""务期不时防缉，杜绝往来贸易……海氛可扑灭矣"。[2] 当然，康熙帝有这样的认识，与福建当地士绅的上奏不无关系。例如，康熙十八年（1679）四月初四，原福建安溪县武学生员李日成就曾上呈《密陈平海机宜》一折，其中就谈到"严海禁"是灭贼的一项重要措施。[3] 总之，在明朝郑氏集团驰骋东南海疆的历史背景下，康熙帝延续了顺治年间的做法，在东南沿海地区继续实行迁界和海禁政策。

由此可知，康熙帝下令迁界、申严海禁是海氛不靖的直接原因。与此同时，清朝政府内部关于是否开放海禁的讨论也一直存在着。早在康熙十九年（1680）八月初四，奉差前往福建的兵部侍郎温代等人在巡视完界外之后，具疏上奏康熙皇帝，其中就谈到开放海禁之事。[4] 当时，康熙帝就此事咨询曾经到过福建前线的大学士明珠。明珠回答："臣昔年差往福建，颇知彼中情形，若金门、厦门不设重兵，海禁未可骤开。"海禁不可骤开的说法对康熙帝产生了较为深刻影响，使其在是否开海禁的问题上较为谨慎。又如，康熙十九年（1680）十二月十四日己亥，明珠、李光地等人提出，在收复厦门、金门之后应派五千水师驻防金厦，准该督、抚请开海禁，但康熙帝还是坚持"海禁未便遽开"。[5] 康熙二十年（1681）正月三十日，兵部回复福建巡抚吴兴祚题请，应令西洋、东洋、日本等国出洋贸易，以便收税，部议不允行事。康熙帝询问大臣意见，明珠说："臣等亦曾商酌，学士李光地云商船不宜轻入大海。"上曰："此言甚是。海寇未靖，船只不宜出洋。此皆汛地武弁及地方官图利之

① 《清实录·圣祖仁皇帝实录》卷七二，第 3522—3537 页。
② 中国第一历史档案馆整理《康熙起居注》第一册，第 418 页。
③ ［清］杨捷：《密陈平海启》《平闽纪》，载台湾银行经济研究室编《台湾历史文献丛刊·明郑史料类》，台湾省文献委员会，1995，第 100—105 页。
④ 中国第一历史档案馆整理《康熙起居注》第一册，第 581 页。
⑤ 同上书，第 642—643 页。

意耳。着不准行。"① 康熙二十年（1681）二月十四日，荷兰请于福建地方不时互市，礼部议不允。皇帝问大学士意见，明珠等人说："从来外国入贡，各有年限，若令不时互市，恐有妄行，亦未可定。"康熙帝也说："外国人不可深信。在外官员奏请互市，各图自利耳。"

安溪李光地故居

康熙帝又问李光地，李光地回答说："海寇未经剿除，荷兰国不时互市，实有未便。"于是，依礼部议。② 从上面的记载可以知道，李光地主张开放海禁，称开海一事有利于百姓，开海贸易是百姓生计之所依。然而，由于当时清军与明郑集团在沿海地方的对峙，开海贸易只能停留在讨论阶段。同时，透过他们的讨论，我们还了解到以下信息：荷兰、日本等国已进入到清朝政府的贸易视野之内，清朝政府开始考虑与其进行贸易往来的可行性。

可见，在收复金厦、台湾之前，尽管有明珠、李光地等熟悉福建沿海事务的大臣主张开放海禁，但是康熙帝的态度还是比较谨慎。他认为金门和厦门虽已收复，但退居台湾的明郑集团仍不可忽视。刚开始时，康熙帝的海疆观念仅至东南沿海地区，未包括海外的台湾。收复台湾之后，康熙帝对台湾的认识也还停留于"海外地方，无甚关系""台湾仅弹丸之地，得之无所加，不得无所损"的层面。③ 直到施琅呈上《恭陈台湾弃留疏》，康熙皇帝才逐渐认识到台湾一岛乃关江、浙、闽、粤四

① 中国第一历史档案馆整理《康熙起居注》第一册，第 657 页。
② 同上书，第 666 页。
③ 同上书，第二册，第 1076—1078 页。

省之要害。①

　　虽然清朝政府自康熙十九年（1680）就开始探讨是否开放海禁，但是最终落实到实践层面仍然经历了一个漫长的过程。应该说，废除迁界令、实行展界措施是开放海禁的前提条件。早在康熙五年（1666），福建总督李率泰就曾遗疏请求展界。康熙十三年（1674），福建总督范承谟上呈《条陈闽省利害疏》，其中就谈到迁界给沿海人民带来的兵穷民困等一系列问题。他提出允许渔户沿海采捕的建议。② 康熙十九年（1680），福建金门、厦门、铜山（今东山）、海坛四个海岛率先展界。③ 此后，以姚启圣、杨捷为代表的福建地方官员先后上书请求开海边界，以"上裕国课，下济生民"。④ 可见，东南沿海地区的复界不是一蹴而就的，而是一个循序渐进的过程。在沿海地区逐渐复界的同时，原先的海禁政策也开始发生松动。

　　康熙二十二年（1683），获台湾专征大权的施琅率兵统一台湾，结束了东南沿海地区的战争局面，彻底地解决了台湾分裂的问题，使"荒烟野草复为绿畦黄茂，圮墙池垣复为华堂雕桷"。⑤ "今濒海数千里，桑麻被野，烟火相接，公之力也"。⑥ 连横在《台湾通史》卷二二《商务志》中写到，平台后，福建得到台湾米粮的接济，"漳、泉二郡向不产米，全仰给于台湾，从前商贩流通，食货赡足"。面对"近年洋匪不靖""商

---

① ［清］施琅：《恭陈台湾弃留疏》，载《靖海纪事》，福建人民出版社，1983，第120—124 页。

② ［清］范承谟：《条陈闽省利害疏》，载台湾银行经济研究室编《台湾历史文献丛刊·清代史料类》第二辑，台湾省文献委员会，1997，第32—33 页。

③ ［清］姚启圣：《为谨陈平海善后十策永奠海疆事》，载台湾史料丛刊编委会编《明清台湾档案汇编》第八册，第 283 页。

④ ［清］杨捷：《谨陈平海咨两院》，载台湾银行经济研究室编《台湾历史文献丛刊·明郑史料类》，第 239—243 页。

　　［清］姚启圣：《为请复五省迁界以利民生事》，载台湾史料丛刊编委会编《明清台湾档案汇编》第八册，第 413—414 页。

⑤ 陈迁鹤：《靖海纪事·序》，福建人民出版社，1983，第 13 页。

⑥《襄壮施公暨配累封一品夫人王氏诰封太恭人黄氏合葬墓志铭》，康熙五十四年《浮海施氏族谱》。

船畏惧，无不裹足""漳泉米贵"的形势，清政府"乃定兵船护送之法"。恢复贸易成为清王朝维持政治统治的基本手段。

同时，是否开放海禁的问题再一次被提上了议事日程。早在康熙十九年（1680），康熙帝就认为，开放海禁，船只出海，是关乎国计民生的大事。然而，如果规定仅只大船才能入海的话，恐怕穷苦的老百姓将不能负担，故出海船只的式样不必定限，应各听其便。① 在关于闽粤开海贸易的具体问题上，康熙帝提出："向令开海贸易，谓于闽粤边海民生有益，若此二省民用充阜，财货流通，各省俱有裨益。且出海贸易，非贫民所能。富商大贾，懋迁有无，薄征其税，不致累民，可充闽粤兵饷，以免腹里省份转输协济之劳。腹里省份钱粮有余，小民又获安养，故令开海贸易。"② 由此可知，康熙帝应是赞同开海贸易的，谓其有益于闽粤沿海民生。闽粤两省民用充阜、财货流通，对其他各省也是有好处的。另外，对出海贸易的商民进行征税，也可以充当闽粤两省兵饷之用，以免除内地省份转输协济之劳，达到征税和安养小民的双重作用。我们知道，明朝中后期隆庆开海，有限制地部分开放海禁，漳泉二府的商民便可获准兴贩东、西二洋。然而，直到隆庆六年（1572），明朝政府才开始对出海商民征收商税。万历初年，经福建巡抚刘尧诲奏请，开始将督饷馆所征收岁额六千的舶税用于福建地方兵饷上。崇祯十二年（1639），给事中傅元初所上的《请开洋禁疏》更是清楚地传达了这一信息："万历年间，开洋市于漳州府海澄县之月港，一年得税二万有余两，以充闽中兵饷。"③ 可以说，康熙帝主张开放海禁，对出海商民征税的看法与明朝中后期隆庆开海后的实践有关。

紧接着，康熙二十二年（1683）十月，康熙帝命吏部侍郎杜臻等往福建、广东、江苏、浙江四省勘查沿海边界，招垦荒地，让老百姓们回到原来的土地上从事耕作。临行前，康熙帝还特别交代："……福建漳州府广

---

① 中国第一历史档案馆整理《康熙起居注》第一册，第592页。
②《清实录·圣祖仁皇帝实录》卷一一六，中华书局，1985，第4076页。
③〔明〕傅元初：《崇祯十二年三月给事中傅元初请开洋禁疏》，载〔清〕顾炎武《天下郡国利病书·福建篇》，第33页。

东澳门各通市舶，行贾外洋，以禁海暂阻，应酌其可行与否……"① 这一则史料可以说是康熙帝主张开放海禁的明证。明朝福建漳州月港开禁通洋的故事在其脑海中印象深刻，此举延续了明朝中后期以来开海通洋征税的相关思想。

开放海禁之前，康熙帝几次提到"在外官员图利"这一问题，可以看出他十分重视地方官员利用海洋贸易谋利的问题。例如，康熙二十年（1681）正月三十日，他认为，海贼未靖，船只不宜出洋，而地方文武官员奏请令西洋、东洋、日本等国出洋贸易，以便收税，是在外地方官员自己想要从中图利而已。② 这一说法在荷兰请求福建互市的事件中亦有体现。③ 此外，在福建台湾总兵官杨文魁赴任之际，康熙帝发出谕旨："尔莅任，务期抚辑有方，宜用威者慑之以威，宜用恩者怀之以恩，总在兵民两便，使海外晏安，以称朕意。至于海洋为利薮，海舶商贩必多，尔须严饬，不得因以为利，致生事端，有负委托。"④ 康熙二十五年（1686），"福建巡抚金鋐题请台湾所产白糖、鹿皮，仍令照常贩卖，民间贸易应行禁止之事"。康熙帝仍坚持："海上贸易惟在总督、巡抚、提督、总兵官无有私意，不起争端，相与协力和衷，于商民始有利益。倘因私争竞，反于商民不相便矣。"⑤ "督、抚若不图利己，则百姓何至受害？"⑥

康熙帝对地方官员利用职权假借海洋贸易谋利有着较为清醒的认识，这为开海之后的港口运作提供了制度上的保障。康熙帝在还未开海的时候就说："令海洋贸易，实有益于生民，但创收税课，若不定例，恐为商贾累。当照关差例，差部院贤能司官前往酌定则例。此事著写与大学士等商酌。"⑦ 与明朝中后期海澄舶税征收的情况不同，康熙时期开

---

① [清] 陈衍：《台湾通纪》，《台湾文献史料丛刊》第一辑第一二〇种，台湾大通书局，1984，第 106 页。

② 中国第一历史档案馆整理《康熙起居注》第一册，第 657 页。

③ 同上书，第 666 页。

④ 同上书，第二册，第 1185—1186 页。

⑤ 同上书，第二册，第 1454 页。

⑥ 同上书，第二册，第 1455 页。

⑦ 同上书，第二册，第 1188 页。

放海禁从一开始便继承明朝中后期隆庆开海的经验，制定了相关定例，对出海商民进行征税。

平定台湾后，恢复海上贸易的呼声日益高涨。"今海外平定，台湾、澎湖设立官兵驻扎，直隶、山东、江南、浙江、福建、广东各省，先定海禁处分之例，应尽行停止"。① 康熙帝也说："开海贸易，谓于闽、粤边海民生有益，若此二省民用充阜，财货流通，民生有益，各省俱有裨益。且出海贸易，非贫民所能，富商大贾，懋迁有无，薄征其税，不致累民，可充闽粤兵饷，以免腹里省份转输协济之劳。腹里省份钱粮有余，小民又获安养，故令开海贸易。"康熙帝下令只要船民"取具保结"，制造不满五百石船只，就可以下海捕鱼贸易。

《清实录·圣祖仁皇帝实录》卷一一六中提到，百姓乐于沿海居住，原因是海上可以贸易捕鱼。"先因海寇，故海禁不开为是，今海氛廓清，更何所待？"紧接着，康熙帝感慨地说："边疆大臣，当以国计民生为念，向虽严禁，其私自贸易者，何尝断绝？凡议海上贸易不行者，皆总督巡抚，自图射利故也。"康熙帝把禁海产生的负面效果全部归结到下属臣僚显然有失偏颇。对负面效果产生的原因，比较可信的解释应该是沿海各级官吏为了保住官位，一味地因循上面的政策，有的甚至走极端，把海禁政策推行至严酷的程度。显然，说东南沿海总督巡抚不存在腐败也是不客观的。有时是官吏们容忍奸民私自出海，有时是官吏们自己出海贸易。禁海能给他们带来更高的利润，所以他们希望清政府维持禁海政策。

不过，康熙时期禁海与开海的呼声总是不绝于耳。在台湾被平定之后，有部分官员从东南沿海百姓的利益出发，提出开放海禁的政策建议。慕天颜就是其中的代表之一。开海可以征收舶税，以资军饷，益于边海民生，这是比较能够打动统治者的理由。慕天颜提出："顺治六七年间，彼时禁令未设，见市井贸易咸有外国货物，民间行使多以外国银钱，因而各省流行，所在皆有。自一禁海之后，而此等银钱绝迹不见一文，即此而言，是塞财源之明验也。可知未禁之日，岁进若干之银，既

---

① 《清实录·圣祖仁皇帝实录》卷一一七，第224页。

禁之后，岁减若干之利。"① 彼时清政府不仅财政亏缺，而且战事不断，致使负担更加沉重。因此，慕天颜认为发展海外贸易能够缓解政府的财政危机。

与复界一样，康熙年间东南沿海地区开放海禁也经历了逐步推进的过程。先是，康熙十九年（1680），开放山东海禁，命该抚查报船户，以防匿税。康熙二十三年（1684）四月十六日，康熙帝批准了工部侍郎金世鉴的上奏，浙江沿海地区照山东等处现行之例，准许老百姓以装载五百石以下船只往海上贸易、捕鱼。② 紧接着，同年七月十一日，奉差前往福建、广东展界的内阁学士席柱回京复命，康熙帝向他询问有关海上贸易的问题。席柱建议：海上贸易应等一两年之后再准开放。同年九月初一，康熙帝上谕，宣告开放闽粤两省海上贸易。③

康熙二十三年（1684），闽海关设立，厦门港称为正口。起初，文汛口归汀漳道管理。直到雍正六年（1728），经同知张嗣昌建议后，出海商船的查验工作才归厦防厅管辖。④

康熙二十四年（1685）三月十三日，靖海侯施琅向康熙帝递交了《海疆底定疏》，奏疏中肯定了展界开海、听商民贸捕政策"恤民裕课"的一面。紧接着，施琅从维护东南海防的角度出发，提出开海贸易应审弊立规，以垂永久："我皇上深念海宇既靖，生灵涂炭多年，故大开四省海禁，特设官差定税，听商民贸捕……臣以为展禁开海，固以恤民裕课，尤需审弊立规，以垂永久……以臣愚见，此飘洋贸易一项，当行之督、抚、提，各将通省之内，凡可兴贩外国各港门，议定出洋船只数，听官民之有根脚身家、不至生奸者，或一人自造一船，或数人合造一船，听四方客商货物附搭。庶人数少而资本多，饷税有征，稽查尤易。至于外国见我制度有方，行法慎密，自生畏服而遏机端。其欲赴南北各

① ［清］慕天颜：《请开海禁疏》，载 ［清］贺长龄、魏源等编《清经世文编》卷二六《户政·理财上》，中华书局，1992，第 40 页。
② 《清实录·圣祖仁皇帝实录》卷一一五，第 4056 页。
③ 同上书，卷一一六，第 4076—4077 页。
④ ［清］周凯：《厦门志》卷五《船政略》，台湾大通书局，1984，第 178 页。

省贸易并采捕渔船，亦行督、抚、提，作何设法，画定互察牵制良规，以杜泛逸海外滋奸。"① 由此可见，施琅也是主张开海贸易于民有利。同时，出身行伍、往来于闽台海洋区域的经历使他认为"天下东南之形势在海，而不在陆。陆地之为患也有形，易于消弭；海外之藏奸也莫测，当思杜渐"。因此，施琅主张应对贩洋船只加以规定，对出洋贸易的人选有所选择，使之或一人造一船，或几人合造一船，这样严加管理之后才不致将来因偶有事故发生便又出现"禁止贸捕之议"的争论，从而达到防微杜渐的目的。"议定出洋船只数"建议的提出，表明了施琅对明朝中后期以来开海贸易的认同。但另一方面，明清易代的历史现实让他对海外又怀有戒心，故对内地之人遗留海外的问题持谨慎态度。施琅请定出洋船只数目的建议虽经九卿、詹事、科、道会商后，不予赞同，但是康熙帝仍以"事情关系紧要"为由，派遣相关官员前去与施琅进行详细讨论，并要求把讨论结果上奏。② 由此可见，在清朝政府决定开放海禁的过程中，施琅对康熙帝的最终决定具有很大的发言权，其有关言论在当时朝廷上甚至有决定性的作用。③

此外，康熙帝对于从事海上贸易的商人是否应携带兵器也有一番说法。他认为："闻泛海者，凡遇风浪及鱼虾等物，还须用炮。海岛外国既有火炮，有何禁止之处？"④ 可见，康熙帝并不禁止出海商民携带火炮之类的兵器。

从前文的论述中可知，在禁海、开海的问题上，康熙帝不仅博览群书，同时还注意听取来自东南沿海地区的声音。康熙帝经常就相关问题咨询任职于东南沿海地方的官员，如大学士明珠、福建总督范承谟、姚启圣、提督杨捷等人。另外，来自东南海洋地区的官员，如李日成、李光地、施琅等人也是康熙帝在海洋管理问题上的重要顾问。因此，康熙帝在继承明朝中后期开海思想的基础上进一步发展，逐步形成了自己在

---

① [清] 施琅：《海疆底定疏》，载《靖海纪事》，第 134 页。

② 中国第一历史档案馆整理《康熙起居注》第二册，第 1322 页。

③ 连心豪：《中国海关与对外贸易》，岳麓书社，2004，第 56 页。

④ 中国第一历史档案馆整理《康熙起居注》第二册，第 1384 页。

东南海洋管理问题上的一番见解，并加以实践。福建官员和士绅们对东南海洋形势的判断也将直接影响到康熙帝相关看法的改变，进而对海洋社会的发展进程产生影响。

二、禁南洋案

从康熙二十三年（1684）开始，清朝政府废除海禁政策，实行开海贸易，江、浙、闽、粤四海关的设立进一步规范了海外贸易的发展，自明朝中后期以来的海上贸易活动进一步向前发展。然而，康熙五十六年（1717）后，情况却急转直下，原本主张开海贸易的康熙帝却下了阻止老百姓赴南洋进行贸易的禁令。究竟是什么原因导致康熙晚年下南洋禁令？[①] 我们考察禁南洋案发生前后康熙帝相关言论的变化，或可从中窥探其从主张开海到禁南洋贸易的心路历程以及清朝政府的政策走向。

康熙四十三年（1704）正月辛酉，清朝政府内部有一些大臣针对海寇肆虐海上一事重提海禁的议题，康熙帝则认为："朕初以海寇故，欲严洋禁。后思若辈游魂，何难扫涤，禁洋反张其声势，是以中止。"[②] 康熙四十七年（1708）正月庚午，都察院都御史劳之辨上疏说，"江浙米价腾贵，皆由内地之米为奸商贩往外洋所致"，要求"请申严海禁，暂撤海关，一概不许商船往来，庶私贩绝而米价平"。但康熙帝却说："闻内地之米贩往外洋者甚多，劳之辨条陈甚善，但未有禁之之法，其出海商船何必禁止，洋船行走俱有一定之路，当严守上海、乍浦及南通州等处海口，如查获私贩之米，姑免治罪，米俱入官，则贩米出洋之人自少矣。"[③] 康熙五十年（1711）正月二十六日乙卯，康熙帝发出谕旨，认为海洋盗劫与内地江湖盗案无异。该管地方文武官能加意稽查，尽力搜

① 在《浅析康熙朝晚期禁海的原因》（《前沿》，2005 年第 7 期）一文中，作者王静芳从当时社会政治环境以及康熙的个人因素等五个方面进行分析，论述了康熙晚期禁海的原因。

②《清实录·圣祖仁皇帝实录》卷二一五，第 5123 页。

③ 同上书，卷二三二，第 5206—5269 页。

缉，匪类自无所容。岂可因海洋偶有失事，遂禁绝商贾贸易？

从上述记载可以发现，自康熙四十三年（1704）开始，由于海上形势的变化，清朝政府内部开始新一轮关于是否再一次实行海禁政策的讨论。此时，康熙帝对于海洋形势的估计还是比较乐观的，对于内地之米大量私贩出洋的事件，表示只要严守上海等处海口即可；对于海洋盗贼问题，认为只需文武官员的加意稽查和尽力搜缉，海贼自然无处容身，不能因为海洋上商船的偶尔失事便轻易做出禁绝商贾贸易往来的决策。《清实录·圣祖仁皇帝实录》中也记载："福建大洋内无贼盗，内地沿海一带，俱系小贼，文武各官，果实力尽力，抚绥缉获，自然无事。"[1] 除此之外，康熙五十四年（1715）十月，康熙帝接见陈瑸时谈到："福建海贼算得什么！贼，就是那打鱼船出去回不来做的。福建、广东、浙江、江南、山东沿海一带居民，皆依海为生；若将渔船禁止，沿海居民便无生业了。"[2] 可见此时的康熙帝并不赞同再次实行海禁。

尽管后来江苏巡抚张伯行几次向康熙帝上奏，说江南地区的米粮被商民大量携带出洋，引起米价上涨。但在康熙五十五年（1716）九月三十日与大臣的对话中，康熙帝还是认为"闻台湾之米，尚运至福建粜卖。由此观之，海上无甚用米之处"。[3]

到了康熙五十五年（1716）十月初八，兵部回复福建巡抚陈瑸条奏海防之事，提出"宜禁止米船，修理战船，设立炮台"等措施。针对这一奏请，康熙帝作出了"陈瑸条奏似是，着交与九卿再议具奏"的批示。[4] 可见，此时陈瑸关于"禁止米船，修理战船，设立炮台"的主张得到康熙帝某种程度上的认可，所以才会交与九卿再议。陈瑸是康熙帝信任的封疆大吏之一，康熙帝认为其不可多得。[5] 应该说，福建巡抚陈瑸的上疏对康熙帝的影响还是比较大的，海防问题再一次引起康熙帝的

①《清实录·圣祖仁皇帝实录》卷二四九，第5411页。

②［清］丁宗洛：《陈清端公年谱》，载台湾银行经济研究室编《台湾历史文献丛刊·诗文集类》，第86页。

③中国第一历史档案馆整理《康熙起居注》第三册，第2314页。

④同上书，第2319页。

⑤同上书，第2233页。

重视。

康熙五十五年（1716）十月二十五日和二十六日，对于禁南洋案而言，是极其重要的日子。《康熙起居注》和《清实录·圣祖仁皇帝实录》都花费了大量的笔墨来记载当时康熙帝的相关言论。例如，"朕意，内地商船东洋行走犹可，南洋不许行走。即在海坛、南澳地方，可以截住。至于外国商船，听其自来"。① "出海贸易，海路或七八更，远亦不过二十更，所带之米，适用而止，不应令其多带。再东洋，可使贸易。若南洋，商船不可令往，第当如红毛等船，听其自来耳。且出南洋，必从海坛经过，此处截留不放，岂能飞渡乎？又，沿海炮台足资防守，明代即有之，应令各地方设立。往年由福建运米广东，所雇民船三四百只，每只约用三四十人，通计即数千人，聚众海上，不可不加意防范。台湾之人，时与吕宋地方人，互相往来，亦须预为措置……海外如西洋等国，千百年后，中国恐受其累，此朕逆料之言。又，汉人心不齐，如满洲、蒙古，数千万人皆一心。朕临御多年，每以汉人为难治，以其不能一心之故。国家承平日久，务须安不忘危，尔等俟管源忠等到京后，会同详议具奏"。②

康熙五十六年（1717）正月二十五日，兵部等衙门遵旨会同广东将军管源忠、闽浙总督觉罗满保、两广总督杨琳等官员议覆海防事："凡商船照旧东洋贸易外，其南洋吕宋、噶啰吧等处，不许商船前往贸易，于南澳等地方截住，令广东、福建沿海一带水师各营巡查，违禁者严拿治罪。其外国夹板船照旧准来贸易，令地方文武官严加防范。嗣后洋船初造时，报明海关监督，地方官亲验印烙，取船户甘结，并将船只丈尺、客商姓名、货物往来处贸易，填给船单，令沿海口岸文武官照单严查，按月册报督、抚存案。每日各人准带食米一升并余米一升，以防风阻。如有越额之米，查出入官。船户、商人一并治罪。至于小船偷载米粮、剥运大船者，严拿治罪。如将船卖与外国者，造船与卖船之人皆立斩。所去之人留在外国，将知情同去之人枷号三月，该督行文外国，将

① 中国第一历史档案馆整理《康熙起居注》第三册，第2324—2325页。
② 《清实录·圣祖仁皇帝实录》卷二七○，第5589—5599页。

第五章 康雍乾时期的海洋政策与中外贸易

留下之人令其解回立斩。沿海文武官，如遇私卖船只、多带米粮、偷越禁地等事，隐匿不报，从重治罪，并行文山东、江南、浙江将军、督、抚、提、镇，各严行禁止。"①

由此可知，虽然康熙朝晚期的禁南洋案以康熙五十六年（1717）正月二十五日为时间界限。但是，早在康熙五十五年（1716）十月二十五日和二十六日，康熙帝的上谕即已定下了基调，尽管他当时下诏闽粤两省的地方官员来京陛见商议。从此以后，内地商船依旧被允许往东洋进行贸易，而南洋则不许前往，若有违者，清朝政府官兵可在海坛、南澳等岛屿截住。与此同时，我们还看到，清朝统治者对汉人和外国人的防范是康熙朝晚期禁海的原因所在。另外，根据康熙帝本身的言论，北方战事吃紧也是康熙帝禁南洋的重要考量："目今正北方用兵之时，海贼闻风妄动，亦未可知。昔日三藩变乱，已侵占七省地方。彼时朕方壮年，凡事刚断，剿灭无遗。今朕春秋已高，凡事惟小心谨慎，期于至当。"②

在北方战事吃紧的背景下，东南沿海的海贼活动作为康熙帝心中的一大心腹之患，始终影响着相关政策的制定和执行。自康熙二十二年（1683）收复台湾之后，东南沿海地区结束了自明朝末年以来郑氏集团称霸海上的历史。与此同时，曾经参与水战并立下赫赫战功的水师也不再如前受到重视。对于这一情况，康熙帝自己也有所体会，对可能发生的隐患表达了自己的担忧："福建近海，关系紧要。昔谙练海战者犹有其人，今则甚少矣。且天下承平日久，人皆贪于逸乐，若不预先训练，万一有事，欲令其舍命冒险难矣！尔当小心约束操练，务期兵民辑睦。"③

虽然康熙帝下了禁南洋令，但是对于出海商民而言，不仅往东洋的贸易可以照常进行，而且因"安南国与内地毗邻"，经两广总督杨琳奏请得到清朝政府批准，广东商人还可以前往安南国（今越南）进行贸

---

① 《清实录·圣祖仁皇帝实录》卷二七一，第5601—5609页。
② 中国第一历史档案馆整理《康熙起居注》第三册，第2324—2325页。
③ 同上书，第2005页。

易。^① 这样的规定无疑是为广东商人可以经安南辗转下南洋贸易留下了一个人为的缺口。因此，我们认为，康熙帝在禁南洋的问题上也不是一味地绝对封死，还是留有余地的。

因为康熙帝没有亲历东南海疆现场的实践，所以他对海洋的认识仍是不全面的。例如，他在处理海贼的问题上仍表现出陆地思维的一面。康熙末年，在经历了三藩之乱和收复台湾等事件之后，康熙帝也只是在原有的沿海军事设施的基础上进行不断的修缮。例如，康熙五十六年（1717）十月十九日己亥，康熙帝批准浙闽总督觉罗满保所奏之事，在闽、浙两省山城、沿海等地方，添设烟墩、修理旧有城寨、设立炮台等。^② 当他了解到绵延千里的海岸线随处都存在着入海的孔道，走私贸易几乎无处不在，船只入海后可以不受约束地驶往不同方向后，发出了"现今海防为要"的感叹^③，体现出清朝政府在海洋政策方面从进取向保守转变的趋向。

康熙朝海疆政策屡有变革，这缘于对客观形势变化的判断。我们通过分析康熙帝禁海、开海的相关言论以及清朝政府海洋管理政策不断出台的经过，试图理顺明朝中后期到清朝前期的海洋管理政策在中央层面的演变过程。由于康熙帝及其大部分臣僚不熟悉海洋，加之来自地方和民间的奏章和呼声，有的无法上达，或有的虽然上达但也不一定马上被中央理解和认可，直至变成政策。因此，清朝政府难以把握制定海洋政策的分寸。当政策施之于实践时，不同的官员又往往有不同的理解和应对态度，致使执行效果不一。正因为康熙帝力图沟通中央与地方、把握各方面的实态并及时调整政策，才导致了康熙朝海疆政策中时禁时开、时严时弛、多有反复的现象。

① 冷东：《明清海禁政策对闽广地区的影响》，《人文杂志》1999年第3期。
② 中国第一历史档案馆整理《康熙起居注》第三册，第2444页。
③ 同上书，第2324—2325页。

三、禁南洋案的延续与解决

康熙二十二年（1683），台湾统一之后，工部侍郎金世鉴奏请闽省照山东等处现行之例，听百姓海上捕鱼、贸易经商；议政大臣议准，俱令一体出洋贸易。康熙五十六年（1717），因怀疑存在台湾愚民私聚吕宋、噶喇吧（今印尼雅加达）等地方盗米出洋、透漏消息、偷卖船料等弊端，康熙帝下令禁止南洋贸易。① 沿海地区百姓的传统生计再一次受到严重威胁。为了地方社会的稳定，福建地方从总督到士绅，社会各阶层有识之士都以自己的所见所闻和体会向中央进言，在维护朝廷利益的前提下，为地方利益而各方奔走。

（一）福建地方官员的努力

雍正五年（1727），福建总督高其倬奏开南洋贸易之禁。根据《清实录·世宗宪皇帝实录》的记载，雍正五年三月，兵部议覆："福建总督高其倬疏言：闽省福兴漳泉汀五府，地狭人稠。自平定台湾以来，生齿日增。本地所产，不敷食用。惟开洋一途，借贸易之赢（盈）余，佐耕耘之不足，贫富均有裨益。从前暂议禁止，或虑盗米出洋。查外国皆产米之地，不借资于中国。且洋盗多在沿海直洋，而商船皆在横洋，道路并不相同。又虑有透漏消息之处，见今外国之船，许至中国；广东之船，许至外国，彼来此往，历年守法安静。又虑有私贩船料之事，外国船大，中国船小，所有板片桅舵，不足资彼处之用，应请复开洋禁，以惠商民。并令出洋之船，酌量带米回闽，实为便益。"② 也正是从这一年开始，厦门才有了贩洋之船。③

乾隆五年（1740）八月，荷属殖民地爪哇岛巴达维亚城（今印尼雅加达）发生"红溪惨案"，近万余名华侨遇害。一年后消息传回中国，

---

① ［清］周凯：《厦门志》卷五《船政略》，第 177 页。

② 《清实录·世宗宪皇帝实录》卷五四，第 6667—6681 页。

③ ［清］周凯：《厦门志》卷五《船政略》，第 177 页。

在清朝政府内部又一次引发了是否禁止南洋贸易的争论。《福建巡抚王恕为报南洋贸易只禁噶喇吧一国事说帖》《闽浙总督那苏图等为暂禁噶喇吧贸易不禁南洋贸易事奏折》《议政大臣广禄等为请仍准南洋诸国照旧通商事奏折》等奏折，都充分说明福建地方官员在反对禁南洋贸易问题上的积极态度。他们通过奏折的形式，让皇帝和大臣对地方实际情况有一个比较正确的了解。乾隆七年（1742）十月初五，议政大臣广禄等人在《请仍准南洋诸国照旧通商事》一折中说道："请

青礁慈济祖宫《吧国缘主碑记》

将南洋一带诸番，仍准其照旧通商，以广我皇上德教覃敷、洋溢四海之至意。其洋船进口带米一节，既据江广闽浙督抚等查明，或经奏准听从商便，或食米余剩粜卖多寡不一，或向无买米装回等语。应令各该督抚等遵照从前原议办理。"① 最终，清朝政府做出了有益于地方海洋社会发展的决策——继续维持雍正以来的海上贸易政策。

（二）地方士绅建言献策

地方士绅长期生活于地方海洋社会，对当地的具体情况有着切身的体会。作为地方上掌握文化的知识分子，他们有能力也有责任充分利用自身的优势为地方社会谋利，一方面致力于统治秩序的安定，另一方面也造福于普通百姓。陈昂、蓝鼎元、庄亨阳、蔡新、李清芳等人就是其中的杰出代表。

---

① ［清］广禄等：《请仍准南洋诸国照旧通商事》，载中国第一历史档案馆编《乾隆年间议禁南洋贸易案史料》，《历史档案》2002 年第 2 期。

关于陈昂，《厦门志》记载："父昂，少孤贫，习贾；往来外洋，熟悉海上形势。康熙二十二年，施琅征台湾，闻其名，召与计事；指画南北，风信、港澳、险夷了如指掌。置麾下，参密画，定计以南风攻澎湖。及战，身自搏斗。又奉令出入东西洋，访郑氏有无遗孽，凡五载。叙功，授苏州城守游击。寻调定海左军，再迁至碣石总兵官，擢广东副都统。劾天主教异端惑众，隐忧剀切。又见沿海困于洋禁，谓其子曰：'滨海生民业在番舶，今禁绝之，则土物滞积，生计无聊；未有能悉此利害者，即知之亦莫敢为民请命。我今疾作，终此而不言，则莫达天听矣。'年六十八卒，遗疏以闻。"① 可见，出生于泉州同安县、从小生活在闽南沿海的陈昂，在跟随施琅东征台湾之前，曾经因为家境贫苦而从事海外贸易，对海上风信、港澳等形势非常熟悉，后来参加了平台战役，为其出谋划策。出身贫寒的陈昂对贩海贸易有着切身体会，认为禁海导致了土物滞积，进而影响到滨海百姓的生计。因此，当陈昂看到沿海百姓因为海禁而生计没有着落的情况后，自己虽生命垂危，但仍不忘为民请命，挺身直言，写下奏疏让其子上奏朝廷，言明实行海禁所引发的一系列利害关系，呼吁开放海禁，欲为沿海百姓尽自己的一份心力。

蓝鼎元，祖籍福建漳浦县。漳浦，地处闽东南沿海丘陵、平原南部，地势自西北向东南倾斜，历史上一度作为漳州的行政治所，文化积淀较为深厚，出现了一大批历史文化名人。其中，包括明末清初的著名思想家黄道周。蓝鼎元的祖父蓝继善、父亲蓝斌博学多才，是当地有名望的儒士。蓝鼎元从小生活在这样的家庭环境中，深受家学的影响，后来受知于福建督学沈涵，又得名儒福建巡抚张伯行的器重，很快成为当时福建儒学的著名学者。他极其尊崇濂洛关闽学派，反佛反道，不信鬼神，对源于儒家的陆九渊、王守仁心学也加以批判。同时，明末清初以来，海上私人贸易的发展使得福建漳州沿海地区的海洋思想打上了时代的烙印，如张燮的《东西洋考》与月港的繁华交相辉映。因此，在继承程朱理学的基础上，蓝鼎元还重视经世致用。从青少年开始，蓝鼎元不仅熟读儒家经典著作，还亲自出外访察。"年十七，观海厦门，泛海舟

---

① [清] 周凯：《厦门志》卷十二《列传上》，第 480 页。

溯全闽岛屿，历浙洋舟山，乘风而南，沿南澳、海门以归，自谓此行所得者多，人莫能喻也"。① 正是这样的人生历练，让蓝鼎元在清朝政府的禁南洋案中站了出来，《论南洋事宜书》充分体现了蓝鼎元的海洋思想。

首先，蓝鼎元开宗明义地呼吁清朝政府应该大开海禁，听民贸易，达到以海外之有余补内地之不足的目的，并指出天下海岛诸番只有红毛、西洋、日本三国可虑。②

接着，蓝鼎元从闽广地区"人稠地狭"的实际情况出发，深刻分析了沿海居民的传统生计和海外贸易带来的经济利益，指出禁南洋有害而无利，只能使原本富裕的沿海居民变得贫穷，贫穷的居民变得穷困，从而促使盗贼产生。他指出："闽、广人稠地狭，田园不足于耕，望海谋生十居五六，内地贱菲无足重轻之物，载至番境，皆同珍贝。是以沿海居民，造作小巧技艺，以及女红针黹，皆于洋船行销，岁收诸岛银钱货物百十万，入我中土，所关为不细矣。南洋未禁之先，闽、广家给人足，游手无赖，亦为欲富所驱，尽入番岛，鲜有在家饥寒，窃劫为非之患。既禁以后，百货不通，民生日蹙，居者苦艺能之罔用，行者叹致远之无方。故有以四五千金所造之洋艘，击维朽蠹于断港荒岸之间，驾驶则大而无当，求价则沽而莫售，拆造易小，如削栋梁以为杙，裂锦绣以为缕，于心有所不甘。又冀日丽云开或有弛禁复通之候，一船之敝，废中人数百家之产，其惨目伤心，可胜道耶！沿海居民，萧索岑寂，穷困不聊之状，皆因洋禁。其深知水性，惯熟船务之舵工水手，不能肩担背负以博一朝之食。或走险海中，为贼驾船，图目前糊口之计，其游手无赖，更靡所之，群趋台湾，或为犯乱。辛丑台寇陈福寿之流，其明效大验也。天下利国利民之事，虽小必为，妨民病国之事，虽微必去。今禁南洋有害而无利，但能使沿海居民，富者贫，贫者困，驱工商为游手，驱游手为盗贼耳。闽地不生银矿，皆需番钱，日久禁密，无以为继，必

① ［清］蓝云锦：《鹿洲行述》，载［清］蓝鼎元《鹿洲全集·鹿洲初集》，厦门大学出版社，1995，第17页。

② ［清］蓝鼎元：《鹿洲全集·鹿洲初集》卷三《论南洋事宜书》，第54—55页。

第五章　康雍乾时期的海洋政策与中外贸易

将取给于楮币皮钞，以为泉府权宜之用，此其害匪甚微也。"①

此外，蓝鼎元还针对当时清朝政府的认识误区进行了驳斥，否定了在南洋贸易过程中中国商人造船卖与外番、内地之米卖与外洋海贼，以及洋船在洋不会被劫的观点。② 另外，蓝鼎元提出"以海外之有余补内地之不足"的看法与后来乾隆皇帝所说的"天朝物产丰盈，无所不有，原不借外夷货物以通有无，特因天朝所产茶叶、瓷器、丝斤为西洋各国及尔国必需之物，是以恩加体恤，在澳门开设洋行，俾得日用有资，并沾余润"的相关言论，这两者之间的认识落差让我们不胜感慨。

庄亨阳，漳州南靖县人。在他隐居南靖龟山期间，曾作《禁洋私议》一文，阐述了自己对于开海通商的看法，文章刚开始时记述了在咬留吧从事贸易活动的中国人的情况，接着提出了上、中、下三策的建议，即："莫如听其自便。不给照，不挂号，永弛前禁，令海舶得以及时往返，不遭恶风，无覆溺之患，此上策也。次则于出口时，取具船户甘结，不得将奸人载回，违者罪之，中策也。又次则于入口时，严加讯察，异服异言不得入港。其年久在限外回者，令自供籍贯，造册报官存案，到家安插后，陆续取具族长或邻居甘结，地方官不得借端索骗，滨海苍生幸甚！"③ 由此可知，庄亨阳认为，出洋的国人是为了通商贸易而前往南洋的，他们只要有所发展获得财富后便会回到家乡，或是在彼处担任甲必丹从事转徙贸易的出洋者，也会定期寄钱回来赡养家人。因此，庄亨阳主张清朝政府应该听任老百姓出洋贸易。我们知道，庄亨阳的《禁洋私议》是他隐居时所作，没有直接上达朝廷。也正因为如此，我们才能通过此文看到了以庄亨阳为代表的闽籍士绅在"开海"问题上的开明态度——"不给照，不挂号，永弛前禁，令海舶得以及时往返，不遭恶风，无覆溺之患"。

乾隆五年（1740）八月，荷属殖民地的巴达维亚城发生了"红溪惨

---

① ［清］蓝鼎元：《鹿洲全集·鹿洲初集》卷三《论南洋事宜书》，第 55 页。

② 同上书，第 55—56 页。

③ ［清］庄亨阳：《禁洋私议》，载《秋水堂集》，福建省南靖县地方志编纂委员会，2005，第 43 页。

案"，万余名华侨遇害。清朝政府内部再一次掀起了关于是否禁止南洋贸易的争论。时任广东道监察御史的李清芳给乾隆帝递交了《广东道监察御史李清芳为陈南洋贸易不宜尽禁缘由事》一折，其反对禁止南洋贸易的言论在当时产生了一定的影响。李清芳，福建安溪县人，乾隆年间任广东道监察御史。他在乾隆六年（1741）八月二十五日的奏折中谈到，中国商船出洋贸易，前往东洋贸易的占了十分之一，而前往南洋贸易的占了十分之九，洋税收入是江、浙、闽、广四海关税银的重要来源，而"南洋一带商贩一加禁遏，恐上亏关税，下困商民，东南少数百万两之白金，增数十万众之食米，种种不便，应请暂时停往吧国买卖。至于南洋各道不宜尽禁"。① 因此，李清芳主张在当时的情况下，应该先暂停中国商船前往巴达维亚城进行贸易，而其他南洋各地则不宜禁止。②

另外，在朝野上下关注是否禁止南洋贸易期间，内阁学士方苞曾写信给福建漳浦县人蔡新询问相关事宜。③ 同时，蔡新也通过方苞将支持南洋贸易的观点上达朝廷，进而影响到清朝政府的海洋政策。

除此之外，我们知道，盗贼问题关乎社会稳定，特别是来自海洋上的威胁，时刻挑动着清朝政府的统治神经。每一次有盗贼出现在海洋上，都会促使清朝政府在海防上加以重视，并调整海防策略。在这种情况下，地方士绅也会积极为之出谋划策，如庄亨阳曾说道："大抵防海之策，不外乎严岛澳之巡徼，密口岸之防闲。"④ 蔡世远针对闽南沿海的海洋形势，提出在漳州府海澄县与漳浦县的交界之处——镇海地方的具体设防建议："福建漳浦县有镇海地方，离治百余里，厦门往广东及通外洋各港上下往来船只悉于此地停泊，最为紧要重地。明洪武二十一年筑卫城……请将水师左营游击移驻镇海，而以漳州右营守备移汛石码，

① ［清］李清芳：《广东道监察御史李清芳为陈南洋贸易不宜尽禁缘由事奏折》，载《乾隆年间议禁南洋贸易案史料》，《历史档案》2002 年第 2 期。

② 同上。

③ ［清］蔡新：《答方望溪先生议禁南洋商贩书》，载《缉斋文集》卷四，《四库未收书辑刊》九辑二十九册，北京出版社，2000，第 85—86 页。

④ ［清］庄亨阳：《序海图说代》，载《秋水堂集》卷二《诗文序》，第 44 页。

一转移间而边海重地固于苞桑矣。"① 此外，拥有丰富海洋社会经验的蓝鼎元提出了海洋区域应综合统一管理的观点。他主张应弛商船军器之禁，巡哨官兵可伪装成商船以出，并奖赏士卒。另外，蓝鼎元还认为"在洋之盗，十犯九广，则弭盗之法，尤宜加意于粤东……海洋相通，无此疆彼界之殊，朝粤暮闽，半月之间，可以周历七省，防范驱除，万难稍缓"②，故应该加强对海洋的统一管理。

通过对上面材料的分析可以看到，明中叶以来，随着东南沿海贸易的发展，本地区的经济已然连成一体。不管是泉州士绅还是漳州士绅，稳定统治秩序和追求地方经济利益二者兼顾是他们的出发点。他们当中的杰出人物，特别是身居庙堂之上的文武官员，成了沿海地区海外贸易在中央的代表。另一方面，虽然大部分地方士绅的言论不一定能够直接为清朝政府的决策者所闻，但是他们可以通过自己日常交往的圈子影响到地方各级官员，然后通过地方各级官员，特别是督抚一级的封疆大吏，向中央进言，从而制定出一系列有益于地方海洋社会发展的政策和措施。

第二节 清朝政府对百姓出洋的管理

自清军进入福建后，郑成功占据金厦两岛，在军事上与清朝政府形成对峙的局面。出于战略上的考虑，清朝政府于顺治十三年（1656）出台严禁沿海百姓私自下海将粮食等物品卖与明郑集团的措施："今后凡有商民船只私自下海，将粮食货物等项与逆贼贸易者，不论官民，俱奏闻处斩，货物入官，本犯家产，尽给告发之人。"③

---

① ［清］蔡世远：《请移水汛以重海防疏》，载光绪《漳州府志》卷四二《艺文二》，第 1954—1955 页。
② ［清］蓝鼎元：《论海洋弭捕盗贼书》，载《鹿洲全集·鹿洲初集》，第 37—38 页。
③《清会典事例》卷七七六，第 1523—1524 页。

与此同时，清朝政府还对老百姓驾驶海船出洋的一些事项作了明确的规定：“康熙初年定例，出洋海船无论商、渔，止许用单桅，梁头不得过一丈，水手不得过二十人；取鱼不得越本省境界。自后屡经奏改，渔船梁头限至一丈而止；由县给照，归关征税也。”① 此外，《清会典事例》中还记载了不许擅自修造两桅以上的大船、不得将违禁货物卖予番国等规定：“海船除给有执照许令出洋外，若官民人等擅造两桅以上大船，将违禁货物出洋贩往番国，并潜通海贼，同谋结聚，及为向导，劫掠良民。或造成大船，图利卖与番国，或将大船赁与出洋之人，分取番人货物者，皆交刑部分别治罪。至单桅小船，准民人领给执照，于沿海近处捕鱼取薪，营汛官兵不许扰累。”② 这些规定无疑是清朝政府想把老百姓的海洋活动控制在一定范围内的单方想法而已。事实上，在当时与明郑集团对峙的闽南地区，这些规定并没有产生多大的作用。于是，清朝政府决定在东南沿海地区实行全面迁界和海禁的措施。

　　康熙十九年（1680）八月十七日，九卿詹事科道会议给事中李迥条奏船只出海事宜。当时的大学士冯溥上奏说：“出海贸易，大有裨于民生。”当月二十八日，清朝政府又一次就船只出海事宜展开讨论。康熙帝说道：“开海禁之意，原为穷民易于资生。若必大船方令入海，恐小民力薄，不能营造大船，则于利济贫民之意不合。船只式样不必定限。应各听其便，着依议行。”③ 在当时的康熙帝看来，开放海禁有利于穷苦百姓谋生，因此考虑到“小民力薄，不能营造大船”的现实情况，认为出海船只的式样不必定限。当然在这里，身处北京城的康熙帝仅仅是考虑到百姓的生计问题，而对海洋社会的实际情况以及船只行驶海洋中的具体情况并不特别了解，自然也不可能预见到出海船只会因为式样问题而发生怎样的故事。可以说，这些相关问题的出现与解决，与清朝政府的海洋管理进程相始终。

　　康熙二十二年（1683），清朝政府收复台湾，实行开放海禁的政策，

① ［清］周凯：《厦门志》卷五《船政略》，第174—175页。

②《清会典事例》卷六二九，第1149页。

③ 中国第一历史档案馆整理《康熙起居注》第一册，第592页。

相继出台了一系列关于老百姓出海贸捕的具体措施："康熙二十三年（1684），准福建、广东载五百石以下之船出海贸易，地方官登记人数、船头烙号，给发印票，汛口验票放行。查台湾未入版图之时，禁止不许片板下海；尔时海禁初开，尚未定商、渔之例也。计载五百石以下之船，梁头皆不过七、八尺；即今之白底艍渔船、渡船皆是也。"①

"康熙四十二年（1703），商贾船许用双桅。其梁头不得过一丈八尺，舵水人等不得过二十八名；其一丈六、七尺梁头者，不得过二十四名；一丈四、五尺梁头者，不得过十六名；一丈二、三尺梁头者，不得过十四名。出洋渔船，止许单桅。梁头不得过一丈，舵水人等不得过二十名，并揽载客货。小船均于未造船时，具呈该州、县，取供严查确系殷实良民亲身出洋船户，取具澳甲、里族各长并邻右当堂画押保结，然后准其成造。造完，该州、县亲验烙号刊名，仍将船甲字号、名姓于船大小桅及船旁大书深刻，并将船户年貌、姓名、籍贯及作何生业开填照内，然后给照，以备汛口查验。其有梁头过限并多带人数诡名顶替，汛口文武官员盘查不实，商船降三级调用，渔船、小船降二级调用。"②

由此可见，按照康熙初年定例，出洋的商、渔船都只许用单桅，船的梁头不得超过一丈。

到了康熙二十三年（1684），由于台湾问题的解决、东南海疆的巩固，清朝政府开始准许福建、广东两省的普通百姓以载重量500石以下的商船出海贸易。刚开始时的规定并没有区分商船和渔船，出海贸易的手续也比较简单：只需地方官员登记人数、船号烙号，然后发给印票，经汛口验看之后就可以放行了。不过按照当时的条件，载重量在500石以下的船只，其梁头大都没有超过七八尺，而且在康熙四十二年（1703）之前，商船都不许用双桅，属于比较小型的船，故其航程也不会太远。由此可知，当时清朝政府对福建、广东两省老百姓的出海贸易行为有所放宽。不过，随着海外贸易形势的发展，出海船只越造越大，违例时有发生。

---

① ［清］周凯：《厦门志》卷五《船政略》，第174—175页。

② 同上书，第166—167页。

到了康熙四十二年（1703），商船获得了使用双桅的权利，但其梁头不得超过一丈八尺。另外，对于商船上舵工、水手的人数还有严格的限制。同时还规定：船户造船之前必须先向州、县政府提出申请，州、县官派人严格查证，证明该船户是殷实良民，且是亲身出洋，并让澳甲、里长、族长及其左邻右舍在大堂上画押为其作保证，然后才准其造船。船只造成之后，该州、县官还得亲自烙号刊名，将船甲字号、名姓刻于船只的大小桅杆及船旁，并将船户的年龄、相貌、姓名、籍贯及做何生业开填照内，然后给照，以备汛口查验。

另外，《福建省例》从福建全省沿海府县的实际情况出发，进一步阐述了对出海商渔船只的管理政策："闽省福州、兴化、泉州、漳州、福宁五府，地处下游，环山滨海，民多以海为田，操舟为业。凡沿海各县居民造报商渔船只，定例赴地方官呈明，讯取澳甲、户族、邻保各供，十船互保甘结，详奉批允。造竣之日，该地方官亲赴验明油饰刊书、舵水年貌，方准给照行驶。采捕一年期满，赴原籍换照。逾限不换，不准出洋。"① 从该则史料可知，福建沿海地区各府县均地处下游地带，背山面海，当地老百姓们大多以海为田，操舟为业。因此，当台湾问题解决之后，从康熙二十三年（1684）开始，清朝政府允许老百姓出海从事贸易和采捕活动。直到康熙四十年左右的时候，当地居民如果想造船出海的话，可以向地方官府申请，然后有澳甲、户族和邻保的担保以及十只船只互为甘结等手续就可以造船了。船只修造竣工之日，地方官员必须亲自前往验看，然后发给船照。此后船只就可以出海行驶、往来无间了。

康熙五十三年（1714），巡抚张伯行提出将海洋商船和渔船编号的建议，希望能达到弭盗以靖海氛的目的。② 后来，由于洋面上船只众多、匪船混杂、难以辨识等原因，雍正年间，清朝政府又增加了新的规定：

①《渔船饬令照式书写分别刊刻船户姓名字号》，载《福建省例》二三《船政例》，《台湾文献史料丛刊》第七辑第 199 种，第 624—625 页。
②［清］陈寿祺总纂《福建通志》卷八七《海防·疏议》，台湾华文书局，1968，第1751—1752 页。

"雍正年间，题定船头至鹿耳梁头与大桅上截一半，福建均用绿油漆，浙江均用白油漆，广东均用红油漆，江南均用青油漆，并于船头刊刻某省某县某字号。又内外洋大小船只，毋论布篷、篾篷，俱于篷上书写州县、船户姓名，仍于船尾刊刻姓名、州县。复因商渔书写刊刻之字号细小模糊，易资弊窦，又经题定，篷上字画，定以径尺，船头两舷刊刻字号，不许模糊缩小。"① 这些规定是清朝政府加强对出海船只管理规定的细化。其中，在船头至鹿耳梁头与大桅上截一半的位置涂上不同颜色的油漆，可以一目了然地看出船只来自何处；而船头刊刻某省某县某字号的做法，以及篷上书写州县、船户姓名，船尾刊刻州县、姓名等规定则是进一步明确船只的属性。后来，清朝政府又规定篷上的字画须定以径尺，要有一定的规制。这些规定无疑是希望在茫茫大洋之中能比较容易地分辨出船只的一些信息，从而加强清朝政府对洋面秩序的管理。

到了乾隆年间，清朝政府把这些规定扩大到沿海地区从事采捕活动以及内河通海的各色小艇，要求他们也必须遵照出海商渔船只的做法，以便稽查。② 然而，这些规定并没有被很好地执行，后来福建、浙江海面上发生的一些船只抢劫案件，存在着"船不刊书、人照不符"等现象。于是，乾隆三十七年（1772）六月，总督下令通饬各属，要求"务将船只照例刊刻书写，送辖道及附近海防丞卒查验结报，方准出口贸捕"。乾隆四十年（1775）二月，清朝政府又作了补充规定："尽管龙溪县无渔船，但该县的洋商各船也应遵照渔船新例，添补刊书油饰造册等原定章程进行办理。"③

早在乾隆二十二年（1757），清朝政府就已对从福建前往浙江捕鱼的渔船进行额带食米的限制。④ 后来，尽管清朝政府对出海经商、捕鱼船只以及小渔船的式样做了许多明确的规定，但还是发生了福建渔船到浙

①《船只如式刊刻油饰书写》，载《福建省例》二三《船政例》，第616页。
② 同上。
③《洋商各船应照原定章程办理》，载《福建省例》卷二三《船政例》，第618—619页。
④《往浙捕鱼额带食米》，载《福建省例》卷二三《船政例》，第605—606页。

江定海、镇海、象山三县洋面捕鱼并趁机抢劫的事件。① 于是，在经过布政司和按察司相关官员的详细调查之后，福建地方政府对原有的规定作了以下补充："嗣后闽省渔船，篷面已有书省县、渔户姓名之外，仍于篷面两旁，每页空隙之中，挨页递书直添姓名，并于篷背每页之中横添写某县、渔户姓名各字样。其篷面直书暨篷背横书之处，字画大小，应照原例定书以径尺，用粉用墨，按照图式所注书写。刊刻字号，无分船之大小，除两旁已有刊字，复于头尾添写某县、渔户姓名字样。如白地者以黑书写。白书便于夜间所视，黑书便于日间远观。如此则在洋行驶匪船，无可掩踪灭迹，一望了然，不特游巡舟师易于认识追击，即商渔船只亦可望风趋避，诚可肃清洋匪之道。相应照绘图式，通饬沿海各属遵照现议章程，遍行出示晓谕，将现在境内渔船，着令如式刊刻书写，毋任胥役借端需索滋扰，致干察究。"②

乾隆五十四年（1789）十一月，南澳总兵在海洋巡哨时，看到往来商渔船只中，有的船只只在两边刊号，篷上并无书写；有的船只则是字号看不清楚；这样的情况导致船只"奸良莫辨"。因此，他提出建议：此后各州县的所有商船和渔船，"无论篾篷、布篷，皆将籍、船户姓名大书篷面、篷背，两旁舨边及船之头尾，俱刊省份、府州县、号数、船户姓名，庶前后左右一望而知"。这样的话，倘若在洋面上碰到匪船即可很快地分辨出来，从而达到稳定海洋环境的目的。这一建议得到了当时总督和巡抚的认可，最终以法律的形式确立下来。③

综上所述，我们看到清朝政府对出洋船只的管理可谓是处处"有法可依"，从事出洋贸易和采捕的商船和渔船在逐渐完善的海洋管理制度中慢慢调适着，海洋社会经济也在这样的氛围中逐步地向前发展着。此外，政府也努力给出洋活动的大小船只提供各种方便，例如福建各县之

---

① 《渔船饬令照式书写分别刊刻船户姓名字号》，《福建省例》卷二三《船政例》，第622—623 页。

② 同上书，第 625—626 页。

③ 《商渔船只船篷面背及两旁头尾一律刊刻》，载《福建省例》卷二三《船政例》，第 660—662 页。

商船，每年春、冬二汛渔期生产旺季之时，可以呈请改换渔照，出洋采捕。① 另外，船只离开原籍地之后，如果碰到改换舵水等情形，可以就地禀明所在地的地方政府，由其给以官单，然后由守口官员于单上填写具体情况。② 若遇到守口员弁查得船户运载货物不符合规定的事件，可以允许留人不留船，以免耽误时间③，以及商渔船只如遇失水，一经移查，则要求随查随办，毋许搁累，等等。④ 这些便利商民的措施对海洋秩序的维护和海洋社会经济的发展起到很大的促进作用。

总之，从清朝政府对出洋船只的管理条例上看，前往外洋从事贸捕的商船和渔船是政府刚开始时关注的重点，相关规定也都是围绕着出洋商船和渔船展开，小渔船等都不用烙号。后来，随着时间的推移和形势的发展，小渔船等也开始进入到清朝政府的管理范围之内。这是由于海洋环境变化，特别是劫匪纵横海上威胁商民安全所带来的新改变，如乾隆五十年（1785）规定：出海小船应查明烙号。⑤ 福建沿海地区有底无盖的小船原本不能出洋，所以原先不用给照查验。但是，因为该地区可通外海，一些匪徒借口以采捕为名在海洋上从事犯法的活动，如贩卖私盐、行劫其他客货船等。针对这一现象，政府出台政策加以规范，要求这些小船也要给照查验，不许偷越出口，以杜绝奸匪，达到稳定海疆的目的。当然，有时候政府的规定也不一定能很好地发挥作用。事实上，每一次相关政策和措施的出台既是对上一次规定的修正和补充，也是对海洋社会实际情况的反映，从中我们也可以看到清朝政府是如何时刻因应充满变数的海洋环境的。

因此，我们还应该看到海洋管理体制以外的另一面。众所周知，出

① 《商渔船只船篷面背及两旁头尾一律刊刻》，载《福建省例》卷二三《船政例》，第 632 页。
② 《船只改换舵水，就地禀明换单查验》，载《福建省例》卷二三《船政例》，第 620—622 页。
③ 《船只缘事留人不留船》，载《福建省例》卷二三《船政例》，第 637—640 页。
④ 《商渔船只失水，一经移查，务即随查随办，毋许搁累》，载《福建省例》卷二三《船政例》，第 640—641 页。
⑤ 《出海小船查明烙号》，载《福建省例》卷二三《船政例》，第 650—654 页。

洋贸捕乃"利之所在"的事情，从船只的建造之日起到出海的一段时间内，船户们不断面临着各种各样的挑战，地方官员和守口员弁的私心都可能使船户陷入困境当中。尽管清朝政府也曾经多次明文严禁此项事件，如颁布《严禁勒索船只验烙给照陋规》等。① 另外，在实行商船和渔船刊刻书写的规定时，为了避免守口文武员弁对船户需索的弊端，着令船户自行如式刊刻书写。同时，规定到浙江省捕鱼的闽省渔船可以直接在浙江办理，分二册登记。另外允许闽省到浙省的渔船还未完成如式刊刻书写的，回闽再行完成，守口文武员弁应加以着令完竣。② 由此可见，守口文武官员是商船、渔船进出口岸的重要因素之一，地方官员和守口文武员弁都对商船、渔船负有一定的责任。这样的情形体现了清朝政府海洋管理政策的规定和弹性，但如果碰到不守法的官员时，商船和渔船正常的海洋活动就要受到相应的影响。

当然，商船的出海贸易不仅关系着普通商民的日常生计，同时也与地方社会的利益休戚相关。因此，地方政府也会积极推动有利于地方利益的相关政策的制定。乾隆四十一年（1776）正月，漳州府龙溪县向其上级打了一个报告，建议在发给商船县照的同时，给以官单，粘于船照之后，如遇舵水更替等情形，即可随时禀明填注。对于这一请求，福建布政司在经过调查之后，认为："今溪邑大小商船，均系寄泊厦港，俱由厦防厅查验出入。该厅已有添给帮梢之成案。况船至外省，舵水人等或遇疾故勤惰，必需更换，以资驾驶，此乃事起一时，并无常额，亦非每船俱须更换。若回籍改换，旷日持久。否则人照不符，即干盘诘。呈明就地衙门查验更换，给单放行，殊属便民。如籍县于船照后预粘印单，岂能逆料其中途更换？势必空单粘给，难免船户任意添注，益启私租冒顶之端，非所以昭慎重……应如该府所请，仍照浙省原议，遇有外省船只到闽，沿海各属，自应一体遵照查办。所有溪邑详请各船领给县

① 《严禁勒索船只验烙给照陋规》，载《福建省例》卷二三《船政例》，第 614—616 页。

② 《沿海各属渔船仍照议定章程着令船户自行如式刊刻书写》，载《福建省例》卷二三《船政例》，第 628—630 页。

照，预给官单之处，应毋庸议。"① 从上面的史料，我们可以看到龙溪县请求预先给予官单的建议，以及厦防厅此前已经有过添给帮梢的事件。虽然当时福建省一级政府没有通过这一提议，以维持遵照浙江省的惯例而结束，但是从某种意义上来讲，这也可以看作是地方政府为便利出海商民的积极作为。

前文已有提及，漳州月港自明代隆庆开海以来，曾经是中国老百姓出洋贸易唯一合法口岸，海洋贸易成为海澄地方社会经济不可忽视的一股力量。康熙开海之后，清朝政府在厦门设立海关对进出口船只进行管理。从此，闽南地区的老百姓们大都从厦门港出发，泛海贸易采捕。从文献记载可以看到，清朝政府考虑到地方社会的特殊性，海澄当地老百姓申请造船出洋等手续相对简单一些："海澄县地处滨海，田园稀少，民多操舟为业，是以请造船只，较多他县。西南与本府属之龙溪、漳浦接壤；东北与泉州府属之同安连界。邻封各县，均属沿海。是以凡遇商民赴澄报造船只，恐有冒混情弊，均经该县历任各令吊集查讯，悉系澄邑籍隶土著诚实良民，取具澳甲、族邻切结，通详奉准置造。竣日方行验烙给照。"② 从这则材料可以看到清朝政府对海澄当地百姓申请造船的相关规定，只要是海澄籍贯的诚实良民，同时具有澳甲、族邻的保证，就可以申请造船，船只竣成之日，地方官员验看之后就可以颁发船照以供行驶。

尽管《福建省例》中声称没有发生外县之人冒充海澄百姓混领牌照的案例，而是提到有一些船户在遇到生意失利的情况下，往往会把船只转卖给邻县民人，这在当时还是比较普遍的，但是我们也不能排除生意失利只是船户转卖船只的借口之一罢了。这一事件之所以能进入省例的范围，是由于海洋上发生了拥有海澄船照而非海澄居民的船只抢劫的案件。从这一事件中我们可以得知，通过船只的转卖，不仅海澄船户获得了利益，而且邻县居民也获得了出洋的机会。同时，我们也从另一个角

---

① 《外省船只到闽，沿海各属仍照浙省原议一体查办》，载《福建省例》卷二三《船政例》，第 627—628 页。

② 《商渔船只买卖立定章程》，载《福建省例》卷二三《船政例》，第 641—642 页。

度看到海洋社会老百姓在现实生活中是如何调适政策与具体实践之间的距离的。

　　清朝政府关于出洋船只的管理条例，可以说是在实践中一步步走向完善的。马背上打天下的清朝统治者纵横沙场，对海洋的认识经历了从完全陌生到不熟悉，再到熟悉的过程。从前面的叙述中，我们看到了清朝政府一步步加强对出海船只的管理，力图将出海船只的成造之日、离港之时以及回港之期等内容都纳入其管理的范畴之内。然而，船只一旦出港行驶到茫茫大海中，就会出现许多不可预知的情况。因此，清朝政府相关政策和措施的出台既是其海洋管理的不断完善，也是当时海洋社会实际情况的反映。面对清朝政府逐渐严密的规定，海洋社会的居民们还是屡出新招，特别是渔船方面，时刻在挑战着政府的政策权威。当然，盗贼问题一直是清朝政府关注的焦点，不论是陆地上的还是海洋上的，其中海洋上的盗贼是清朝政府不断调整政策的一个风向标。从另一方面来说，这也反映出福建沿海地区老百姓们频繁的海洋活动以及繁荣的地方社会海洋经济。

第三节　中琉贸易

　　顺治元年（1644）规定："外国朝贡，以表及方物为凭。该督抚查验的实，方准具题入贡。"清朝政府允准之后，议定其贡期、贡道和朝贡规模，双方之间正式确立朝贡关系。朝贡国国王每次遣使朝贡，皆须按照清朝政府规定的贡期、贡道和朝贡规模至京。清代朝贡国列于会典："凡四夷朝贡之国，东曰朝鲜，东南曰琉球、苏禄，南曰安南、暹罗，西南曰西洋、缅甸、南掌，皆遣陪臣为使，奉表纳贡来朝。凡敕封国王朝贡诸国遇有嗣位者，先遣使请命于朝廷。朝鲜、安南、琉球钦命正副

使，奉敕往封。其他诸国，以敕授来使赍回，乃遣使纳贡谢恩。"① 至于贡期，"朝鲜岁至，琉球间岁一至，安南六岁再至，暹罗三岁，苏禄五岁，南掌十岁一至，西洋、缅甸道远，贡无定期。"

与此同时，清朝政府还规定："凡封外国，必锡之诏敕，初内附，则锡之印，皆副以恩赍。"② 明清鼎革之后，原来明朝的朝贡国，如朝鲜、安南、琉球等国预改宗新主，须缴送故明所授封诰印敕，奉大清为正朔，凡新王嗣立，须遣使请封。因地理远近、关系疏密不同，清朝政府对朝贡国国王的册封方式也有所不同。朝鲜、安南、琉球属遣使奉敕往封之国，其他国家则象征性地将册封敕书授予来使携回而已。赏赐包括对朝贡国贡物的回赐以及对王室和朝贡使臣的赏赐等。朝贡使团在华期间的活动，包括迎送、进表、朝觐、赐宴、颁赏等方面的礼仪；而清朝遣使册封朝鲜、琉球、安南三国国王，也制定了一套固定的仪式和礼节，主要涉及封使迎送、故王谕祭、新王受封等方面的仪节。

而朝贡贸易的主体是各国使团在华朝贡期间所进行的贸易活动。每次来华，他们除了向清朝政府缴纳额定贡物之外，还携带大量货物、银两，通过合法贸易渠道销售、采购货物，兼有官方贸易和私人贸易性质。朝贡贸易有两种形式和渠道：京师会同馆贸易和过境口岸贸易。③清朝政府还规定："凡外国贸易，不许收买史书、黑黄紫皂大花西番莲缎并一应违禁兵器、焰硝、牛角等物。"同时，制定了严厉的处罚条例："私将应禁军器卖与夷人图利者，比依将军器出境因而走泄事情者律，各斩；为首者仍枭首示众。"清初诸封贡国王给印，形制为"平台方三寸五分，厚一寸九"。其中，朝鲜国王印信是金印、龟钮、芝英篆，安南、琉球、暹罗三国王印信是金饰银印、驼钮、尚方大篆。比照清朝国内规制，亲王给金印，郡王给饰金银印，朝鲜国王视为亲王，安南、琉

①《大清会典》卷五六，载［清］纪昀等纂修文渊阁《四库全书》影印本第619册，第499页。

② 同上。

③ 李云泉：《再论清代朝贡体制》，《山东师范大学学报（人文社会科学版）》2011年第5期。

球等国王视为郡王。①

在与琉球的贸易中，福建福州是清朝政府指定的琉球使臣入口处，其使团的经营贸易也在此进行。清代中琉航线在继承明代的基础上进一步得到发展。康熙六年（1667），清朝政府在福州设立柔远驿，负责接待琉球国等朝贡宾客和与琉球贸易，民间称为"琉球馆"。

许多人士为中琉关系的发展作出了杰出贡献。例如，程顺则，字庞文，号念庵，琉球国久米村人。根据《久社村系家谱·程氏家谱》记载，"程氏盖为河南夫子之后焉"。其父程泰祚曾经担任琉球贡使团通事一职，在福州居住多年，1675 年在入京朝贡返程途中因病死于苏州，葬于吴县。1708 年，程顺则根据琉球闽人三十六姓所留传的航海针簿，整理编撰为《指南广义》，并在福州刊印。《指南广义》不仅详细标明了琉球与中国的往返航路，而且还记述了有关的地理、天文、气象、海潮、礼仪、民俗等知识，成为当时中琉航海的必备之书。②

明朝末年，日本萨摩藩举兵入侵琉球，俘虏国王尚宁等人。尚宁被迫与萨摩藩签订《掟十五条》，使琉球成为中日两属之地。明朝灭亡以后，琉球国王考虑现实利益，仍然与清朝保持着宗藩关系，同时也向日本萨摩藩遣使进贡。明清鼎革，清朝政府遣使诏谕琉球，要求琉球交回前明颁给的诏敕和王印，改奉清朝为正朔。1653 年，琉球王世子尚质下定决心，派遣王舅马宗毅、正议大夫蔡祚隆，担任庆贺使，赴北京贡方物、献表文，还交出"明朝敕书贰道、印信壹颗"，请求与清朝正式建立宗藩关系，并解释琉球先前因风汛不便、冲险难行、沿海盗贼充斥等原因，才没有回复清朝的命令，现乞请顺治皇帝下赐敕印。③

1653 年 8 月 17 日，清朝接获琉球缴回前明的诏敕与印信。④ 1654 年 6 月 2 日，顺治帝赐琉球王世子尚质及其妃蟒缎、彩缎、闪缎、织锦纱

① 赵轶峰：《清前期中朝关系与"东亚"秩序格局》，《社会科学文摘》2019 年第 2 期。

② 谢必震：《古代琉球的华裔伟人》，《华侨华人历史研究》1997 年增刊。

③ 尤淑君：《明末清初琉球的朝贡贸易与其多重认同观的形成》，《世界历史》2015 年第 3 期。

④《清实录·世祖章皇帝实录》卷七六，第 2089—2097 页。

罗等物。① 1654 年 7 月 28 日，礼部同意尚质袭封国王，给予诏印，更准其"二年一贡"，不准买卖违禁货物，其余听其自由贸易。1662 年，郑成功去世，海氛稍靖，清朝政府命令张学礼等人赴琉球，册封国王。1663 年，张学礼等人奉诏敕及印一、缎币五十匹到达琉球国，谕祭尚贤，册封世子尚质为中山王，并于同年回国。尚质以王舅向国用、紫金大夫金正春等为谢恩使赴北京向康熙帝表示谢意。当时，琉球获颁的诏书乃顺治十一年（1654）所颁，敕书为康熙元年（1662）所颁，新王印为驼纽镀金银印，新印之印文为"琉球国王之印"六字，使用"左满右汉"两种文字。② 1681 年，清军平定三藩。1682 年，郑氏集团归顺清朝，同年康熙帝派遣正使翰林院检讨汪楫、副使内阁中书舍人林麟焻到琉球国，谕祭尚质，封尚贞为中山王，并御书"中山世土"赐琉球国王。自此，清琉封贡关系得以完全确立，开始进入稳定发展期。③ 根据郑梁生的统计数据可知，在清朝藩属国之中，朝鲜获赐最优，琉球所获赏赐仅次于朝鲜，远多于安南、暹罗诸国。但值得注意的是，琉球贡使团所携附载方物皆有免税优惠，而朝鲜只减免本国物品，其余附载货品都要课税。④

　　琉球对清朝政府的贸易，从清初刚开始建立宗藩关系时就表现得非常积极。康熙十七年（1678），琉球派遣陆承恩、正议大夫王明佐等入京表贡方物时，要求增加接贡船一只。康熙帝同意了琉球方面的请求。从此，琉球每次到中国的贸易贡船实数为 3 只，而且接贡船和贡船一样，每次到来时也带有大量贸易人员与货物。例如，乾隆四十二年（1777），接贡船进口后就带有铜器 49 斤、大雕漆围屏 2 架、牛皮 70 张、大酒 20 坛、海白菜 4 万斤、目鲈干 170 斤、淡鳗干 80 斤、鸡脚菜 70 斤、木耳

① 《清实录·世祖章皇帝实录》，卷八三，第 2141—2147 页。

② 尤淑君：《明末清初琉球的朝贡贸易与其多重认同观的形成》，《世界历史》2015 年第 3 期。

③ 修斌、付伟：《清琉封贡关系的确立及其影响因素探析》，《中国海洋大学学报（社会科学版）》2013 年第 4 期。

④ 郑梁生：《琉球在清代册封体制中的定位试探》，载《中日关系史研究论集》八，文史哲出版社，1998，第 159—167 页。

50 斤、海参 1000 斤、酱油 1450 斤、毛边纸 8400 张、盐鳗鲐 800 斤、刀石 600 斤、鱼翅 1500 斤、鲍鱼 3250 斤、腌鱼 700 斤、茯苓 1500 斤、纸扇 280 把。① 琉球国每年朝贡，所贡香料有乌木、降香、速香、丁香、木香、檀香、黄熟香、红花、胡椒、苏木，后俱免贡。②

　　康熙二十七年（1688），琉球国王派使节毛起龙等进京表贡，以“海阔人少，往来不便”为由，要求免除接贡船的关税，并且将原定人数增加。礼部以“贡船人数应遵会典，何必更增”加以拒绝。但康熙帝觉得“琉球来享最久，且吴三桂、耿精忠谋叛之时，安南归吴三桂，琉球则耿王遣使招之，终不肯服，而克笃忠诚”，要求顺应琉球国的请求。因此，最终决议将琉球入贡人数增加到 200 人。③ 乾隆四十五年（1780）规定：“琉球国贡船来闽，及事竣回国所带货物概免征税。”同前代一样，清代对各国贡使在会同馆的开市期限作了规定：“惟朝鲜、琉球不拘期限。”琉球的优惠特权不仅使琉球不断突破规定，增加朝贡次数、船数及朝贡人数，也吸引了很多中国私商直接投身于缺乏对外交往人员的琉球朝贡队伍，从中觅利。例如，福建南安县诗山镇坊前村《坊前黄氏族谱》中记载了其族人移民琉球的内容：“滨享公，讳绍埔，字孙海，维皇公三子。生乾隆戊戌（1778）十二月二十日寅时，卒嘉庆己巳（1809）四月初九日巳时，葬在番邦琉球。江泳公，讳绍梅，字孙柳，明德公四子。生乾隆乙巳（1785）六月初四日卯时，卒嘉庆己巳（1809），葬在番邦琉球。”④

　　乾隆二十年（1755）前后，清朝政府下令禁止“丝货出洋”。该谕旨于乾隆二十五年（1760）到达琉球，琉球对此禁令深表不便。因为有清一代，琉球主要是依靠从清朝购买大批丝货从事海外贸易而立国的。这

① 徐艺圃主编《清代中琉关系档案选编》，中华书局，1993，第 177—178 页。

② 严小青：《冲突与调适：16～19 世纪广州口岸的中外香料贸易》，《广东社会科学》2016 年第 6 期。

③ 殷梦霞、贾贵荣主编《国家图书馆藏琉球资料续编》，北京图书馆出版社，2002，第 271—272 页。

④ 白晓东：《略论琉球的中国移民问题——从谱牒资料记载移民琉球谈起》，《华侨华人历史研究》1992 年第 4 期。

项禁令对琉球经济造成了严重打击。因此，乾隆二十七年（1762），琉球派出贡使到大清申诉"不便"，称"今禁买丝货，若此，则无以如旧，足裕国用"。最终，军机处于乾隆二十八年（1763）十二月嘱礼部照英吉利国例，准琉球国购买丝斤。清朝政府允许琉球每岁买土丝五千斤，湖丝三千斤。但是琉球又因清朝政府所允许的货物仅为土丝与湖丝而无绸缎等，以"本国缘织纴之不工，无以成绸缎为冠裳、明品制"为由，要求除丝外，准许购买绸缎等货物。清朝政府又一次允许了琉球的请求。自此，琉球从清朝政府方面获得了购买丝八千斤以及购买丝绸的贸易特权。①

琉球出口清朝的货物主要是土产。第一类为食品类，如鱼、海菜、酱油、烧酒、海参、木耳、鸡脚菜等。第二类为用具类，如刀石、围屏、扇、纸、火炉、牛皮等。与出口货物相比，琉球国从中国进口的货物在种类、数量上比其出口中国时要多。以乾隆三十三年（1768）为例，琉球从中国购买的货物主要有以下几大类。第一类为丝织品，土丝、中绸、中绉纱、中绫、中缎、土绢、土绸、湖绵、缎腰带、斜纹布、粗冬布、牛筋线、粗夏布、丝布、粗毡条、虫丝、织绒、故绸衣、故布衣、棉纱带、苎线、中葛布、净棉花、兰绸等。第二类为饮食类，茶叶、白糖、冰糖、桔饼、胡椒、蜂蜜、粗香饼、蜜浸糖果、浸油香料等。第三类为药材类，粗药材、砂仁、雄黄等。第四类为文具纸张类，毛边纸、连史纸、小油纸、甲纸、川连纸、徽墨、色纸、纸裱字画等。第五类为杂用类，油伞、细瓷器、簸箕、粗扇、漆木箱、白纸扇、锡器、玳瑁、线香、银朱、广木香、黄蜡、苏木、速香、漆木盘匣、沉香、安息香、生漆、水银、蛇皮、小皮、鼓皮、小胭脂、寿山石、宜兴罐、粗瓷碗等。在这样的历史背景下，中琉贸易使得琉球得到了重要的生活物资，弥补了国内资源不足的局面，同时从清朝得到了大量的商品，然后通过海外贸易，将这些商品销往日本、暹罗、安南、朝鲜等国，从中获取经济利益。② 由于每次琉球贡船在福建的贸易额很大，贸易次数也十分频繁，

---

① 柳岳武：《康乾年间中琉宗藩贸易研究》，《江苏社会科学》2006 年第 5 期。
② 同上。

刺激了福建的经济、商品市场的发展。尤其是福建的药材市场，因输往琉球的药材数量不断增加而逐步扩大市场规模，并同国内连成网络。

有清一代，琉球船只遇风漂流到台湾的事件非常频繁。根据现有的文献资料统计，从康熙五十九年（1720）至光绪二十年（1894）间，琉球船只遇风漂台事件多达 62 起，琉球漂台人数 1300 多人次。在其统计的数据中，这些漂台难船大多属于奉公差之船，如有往中山王府纳贡的，有往各岛催运米租的。其中，还有琉球国王派往中国的进贡船。以上类型船只漂台共计 35 件，占所有漂台琉船总数的 60%。其次为民间贸易船，即琉球各岛商民贩卖米豆、粟、麦等食粮及薪柴、日用品往返商船，共有 11 件，约占 20%。再次为琉球各岛岛民出海打鱼、逃荒归岛等船，共有 4 件，约占 7%。最后为身份不明的漂流船，共有 7 件，约占 11%。①

第四节　中日贸易

清代中国执行白银、铜铸币双轨货币体制，但国内缺铜。因此，清朝政府鼓励商人前往日本贸铜，甚至拨付官银资助此种贸易，但不许日本商人来华贸易。康熙三十二年（1693），"以日本洋铜饶裕，令安徽、江苏、浙江、江西等省各商携带绸缎、丝斤、糖、药往彼处市铜，分解各省，每岁额市四百四十三万余斤"。日本发给中国赴日商人许可，清朝文献中称之为"倭照"。遇有日本船只漂流到中国，清朝政府安排接济送回。② 例如，顺治二年（1645）十一月，清朝皇帝诏示朝鲜国王李倧："前有日本国民人一十三名泛舟海中，飘泊至此，已敕有司，周给衣粮。念其父母、妻子远隔天涯，深用悯恻，兹命随使臣前往朝鲜，至

---

① 张先清、谢必震：《清代台湾与琉球关系考》，《中国社会经济史研究》1998 年第 1 期。

② 赵轶峰：《清前期中朝关系与"东亚"秩序格局》，《古代文明》2019 年第 1 期。

日本可备船只转送还乡，仍移文宣示俾彼国君民，共知朕意。"① 再如，康熙三十二年（1693）九月，"兵部议覆广东广西总督石琳奏称，风飘日本国船只至阳江县地方，计十二人，请发回伊国。应如所请。上曰：'外国之人船只被风飘至广东，情殊可悯，着该督抚量给衣食，护送浙省，令其归国。'"②

　　清朝国际关系中最紧密的国家是朝鲜，其次是琉球、越南等既封且贡的藩封国家，再次是一般"朝贡"国。无封贡、朝贡关系的贸易国，自然关系更为疏远。日本既非封贡国，也非朝贡国，属于最后一类。因而，在把晚近习用的"东亚"范围推溯到清前期的时代视角下，可以看到，当时这里处于一个和平时期，民间为主的贸易活动使之相互联通，中日无邦交，朝鲜则与中、日之间有着直接的政府间往来。③ 而清朝与朝鲜之间形成的封贡体制是当时解决双边关系事务的良好渠道，也是双边关系事务合作的重要机制。④ 清代中朝之间不仅朝贡与贸易并行，同时还有其他多种往来方式。如双方遇有对方商人船只漂流到达，皆需提供接济，护送返回；对于海上越境捕鱼船只，允许对方进行查缉。

　　康熙二十二年（1683），清朝政府收复台湾，并于次年开放海禁。其间，民间丝绸贸易取得了合法地位，对日贸易盛况空前，赴日唐船急剧增加。实行海禁的时候，平均每年赴日唐船为 37 艘，开海禁的前 5 年即增加到年平均 96 艘，约为海禁时的 3 倍。而且增长幅度甚大，开海当年为 24 艘，次年即达 73 艘，以后 3 年依次高达 102、137、144 艘，前后增长了 471%。自明代后期起，中日贸易基本上是商品与银、铜的单向流动，中国向日本输出的商品以生丝、丝绸、药材为主，而从日本输回银、铜等。

---

① 《皇朝文献通考》卷 295《四裔考三》，载［清］纪昀等纂修文渊阁《四库全书》影印本第 638 册，第 660 页。

② 《圣祖仁皇帝圣训》卷 59《柔远人三》，载［清］纪昀等纂修文渊阁《四库全书》影印本第 411 册，第 795 页。

③ 赵轶峰：《清前期中朝关系与"东亚"秩序格局》，《古代文明》2019 年第 1 期。

④ 陈尚胜：《历史上黄海海域的经贸活动与跨国合作机制》，《安徽史学》2014 年第 1 期。

在 1648 年到 1672 年这 25 年中，唐船自日本输出总额共 32 万余贯。其中，白银一项就近 20 万贯，约占总额的 61%；其余 9% 为黄金，货物仅占 30%。在 1672 年到 1685 年这 13 年中，唐船又自日本输出白银共72400 余贯，每年平均 5900 余贯。根据 1709 年长崎官方报告，在 1648年到 1708 年这 60 年中，从日本流出的黄金约达 2397600 两，白银达374220 余贯；在 1662 年到 1708 年这 46 年中，流出的铜达 114498700 余斤。进入康熙时期，唐船输日的华丝数量呈现不断下降的趋势，临近康熙开海时已达不到此前的三分之一。开海之后，唐船数量激增，输日华丝数量却大减。乾隆年间，输日华丝更是微乎其微，乾隆三十二年（1767）、三十七年（1772）、三十八年（1773）、四十二年（1777）、五十年（1785）这 5 年则全然没有输入。①

在 17 至 18 世纪，闭关锁国时期的唐船贸易给日本带来的商品，除了最大宗的纺织品和药材之外，还有砂糖、矿物、染料、涂料、皮革、唐纸、书籍等。另外，各船货物也有很大差别，所载书籍数量也不等。大量书籍通过唐船流入日本，成为闭关锁国时期日本接触中国最新学说的重要渠道。日本人将唐船载来的书籍称为"持渡书"，而这种书籍的数量早在奈良、平安时代就已经相当可观了。1815 年，漂到伊豆下田的南京永茂船载有书籍 260 部、622 套。这些书籍装在 15 只书箱里，每箱装书十七八部，40 余套。而每年大约有 5 至 8 艘唐船载来书籍，装载数量不等，进口书籍也受到严格控制。但如果从较长的时段来看，实际上输入日本的书籍并不少。据称每当大量载书的南京船、宁波船进入日本唯一的对外通商港口长崎时，场面常常热闹非凡。汉籍的输入对日本文化的影响巨大而深远，因而日本学者大庭脩认为，应将其作为一种综合性的文化影响来考察。②

清初，海南与日本的海上交易频繁。根据小叶田淳《海南岛史》的记载，从康熙二十六年（1687）到康熙四十六年（1707）20 年间，至少

① 范金民：《16～19 世纪前期海上丝绸之路的丝绸棉布贸易》，《江海学刊》2018 年第 5 期。

② 李庆新：《清代广东与越南的书籍交流》，《学术研究》2015 年第 12 期。

有 14 艘商船往来于海南和日本之间，详细记载姓名的就有 9 位船主、2 位副船主。商船除了购买沉香、黑糖、玳瑁、椰子等海南土产外，还会前往福建、浙江等地采办丝绸、布匹，或者到台湾装载砂糖、鹿皮等再到日本。例如康熙三十五年（1696），一艘商船从宁波出发到海南装载沉香等物产，返航至浙江普陀山，装好丝绸、布匹再往日本贸易。[1]

第五节　与南洋的贸易

一、中暹贸易

继朝鲜之后，琉球、安南、暹罗、缅甸、南掌、苏禄先后与清朝政府建立了朝贡关系，成为清朝的朝贡国。1644 年，清朝政府制定了一系列有关朝贡贸易的章程，其内容包括：接待海外贡使的手续、贡物的贮藏、贡船的数量、船员的规模、禁止具有战略价值的货物的输出，还包括禁止朝贡者赠送礼物给总督、巡抚和港口其他官员的条文。在接待第一个暹罗朝贡使团之后，清朝政府又制定了一系列关于朝贡贸易管理的附加规定。1653 年，规定贡船所带货物如需出售或是需要进行其他交易的话，只许在广州城外的西关区里的外国使臣住所进行，时间限三至五天。此外，暹罗贡船上以压舱物为名的货物从船上卸下后不准出售，但可以贮藏保管，直至获得北京发来的文书允许这种买卖进行时为止。不仅私人贸易受到禁止，清朝政府还制订了更加严厉的条例。[2]

康熙年间，为切实方便暹罗朝贡，清朝政府具体规定了朝贡的贡期、贡道、贡船数量、进京人数。"贡期为三年一次，贡道为经由广州入京，贡船不超三只，每只不超百人，来京官员差役二十名，其接贡探

---

① 李彩霞：《清代海南对外贸易的兴衰转变》，《兰台世界》2014 年第 22 期。

② ［泰］沙拉信·维拉福尔：《清初海禁期间的中暹朝贡贸易》，颜章炮译，《南洋资料译丛》1990 年第 4 期。

贡船只，概不能放入，补贡船为一，令六人来京"。① 乾隆时期也沿用先例，三年一贡，但是暹罗为了增加贸易次数，以"探贡""加贡""护贡""接贡"的名义，多次派遣使者、海商携带物品来粤地进行贸易。这些以朝贡为名而衍生的贸易活动，都是为了摆脱贡期的限制。由此，暹罗来清朝贡的次数大大增加，平均两年一次。

其间，暹罗国王主要利用华人来掌管朝贡的船只。他们认为华人是"最有经验的海员"，是"最好的代理商、商人和航海者"。例如，康熙六十年（1721）管驾暹罗贡船来华的郭奕逯等 156 人，俱系福建、广东人，移居暹罗已年久。雍正二年（1724）为暹罗国王载运大米、谷种、果树等物前来朝贡的徐宽等 96 人，原籍多为广东、福建、江西等省，移居暹罗已经数代，有亲属、妻、子在暹罗；雍正六年（1728）为暹罗国王押红舨船运米到厦门发卖的船主陈宇、船副柯晃等 79 人，也是早年移居暹罗或新近才往其国的华人。② 在乾隆时期，一些华人大海商继续受到暹罗朝贡贸易团的青睐。例如，乾隆十二年（1747）暹罗载驯象到广东，请船商马国宝管驾，返回时请船商方永利管驾。乾隆十四年（1749）暹罗又命方永利来广东探贡，还有乾隆十七年（1752）暹罗以施继烈、方永利为正副贡船主抵广东来贡。③

乾隆二十二年（1757），洪任辉事件发生之后，清朝政府限制外商仅能在广州一口贸易，暹罗国王利用华人掌管船只就显得更加有利，因为华人不受法令的限制，"实际可免费进入华南的各个市场，在那里他们可较欧洲商人获得更为廉价的茶、瓷器和丝，而欧洲商人

清德化窑童子观音像

---

① ［清］梁廷枏：《海国四说》，中华书局，1993，第 176 页。

② 李金明：《十八世纪中暹贸易中的华人》，《华侨华人历史研究》1995 年第 1 期。

③ 易文明：《论清代乾隆时期暹罗来华朝贡贸易的特征》，《前沿》2012 年第 24 期。

却被限制在广州行商操纵的市场上"。另外，按照清代关税征收则例规定：凡进口贸易的外国船只，无论大小，每船需缴约进口规银一千一百二十五两九钱六分（其中法国船加一百两，英国港脚船减一百两），出口规银五百三十三两。暹罗商船虽然属于外国船只，但由华人管驾，往往被作为中国船只处理，不征收进出口规银。①

因此，在这个过程中，大批华人移民暹罗。华人在暹罗对外贸易中，利用自身优势，逐渐成为中暹贸易的主要参与者和经营者。他们通过对外贸易活动，发展商业，积累了财富，同时满足了暹罗王室对海外贸易的需求，享受到国王赐予的特权，为其在暹罗事业的发展打下了基础。② 当时，从广东潮州来的华人主要集中在暹罗西南部吞武里一带，他们发展当地经济作物，栽种大面积的蔗糖、烟叶和胡椒，并从事伐木工作以发展造船业。而从福建来的华人主要集中在暹罗南部宋卡一带，他们善于经商，拥有较多的财富，是国王从事中暹贸易的主要代理人。同时，他们也从事小商贩等职业，深入山区购销当地土产。此外，他们还从事家庭手工业，如制鞋、制衣、木匠、五金匠等，但更多的是开采锡矿。18世纪中叶，在福建和广东沿海兴起一批专门与暹罗帆船贸易的小港口，如福建的龙溪、海澄、漳浦、同安、马巷，广东的樟林、澄海的东陇、饶平的隆都和南澳。这些港口常有由华人管驾的暹罗船只到达，对中暹贸易的发展起着重要作用。随着海外贸易发展的需要，华人在暹罗建造的船只急速增多。据说至19世纪初期，华人在暹罗建造的帆船已达136艘。其中有82艘从事中暹之间的贸易，另外54艘是到东南亚等其他地方贸易。所有船只的吨位共计3900多吨，船上配备的人员几乎全是华人，估计有8000～9000人之多。③

顺治十年（1653），暹罗遣舶来广州请求贸易，清朝政府"仍明市舶馆地而纳之"。康熙四十七年（1708），清朝政府恩准暹罗"如愿在广东

---

① 李金明：《十八世纪中暹贸易中的华人》，《华侨华人历史研究》1995年第1期。

② 黄素芳：《17—19世纪中叶暹罗对外贸易中的华人》，《华侨华人历史研究》2007年第2期。

③ 李金明：《十八世纪中暹贸易中的华人》，《华侨华人历史研究》1995年第1期。

地方贸易，照例免其收税"。雍正二年（1724），雍正帝念其国王"输诚向化"，且"冒险远来"，准其"压船随带货物，一概免征"。这些压船随带货物主要包括香料、象牙、珠宝等贵重物品。乾隆四十六年（1781），暹罗国王贡使到达广州，携来的贡物有"10000 担红木、3000 担胡椒、300 担锡、100 担象牙、3 只大象、孔雀等"。[①]

　　乾隆年间，由于暹罗来广东贸易活动频繁，因此在广州设有专门负责暹罗贡使及其商民贸易税饷事宜的商行，这些商行称为"本港行"。根据记载，乾隆二十七年（1762），暹罗大库派船商蔡锡望来华探贡，贡船搁浅，货物运到广州后存于顺泰行。[②] 这里的顺泰行是广州十三行之一。暹罗海商在广东贸易时将货物投于商行，这些商行具有官方准予的贸易特权，独家经营与暹罗的朝贡、探贡贸易，进行货物的专卖分销。这些商行除了为暹罗海商提供装卸、仓储、运输等配套性物流服务外，还为其安排餐饮、住宿服务，以及办理货物抵押、资金借贷、担保之类的金融服务。

清雍正景德镇官窑天蓝釉小碟　　　　清乾隆景德镇官窑松石绿地粉彩花卉唾盆

　　此外，在中暹朝贡贸易中，清朝政府允许暹罗间接获得某些禁止输

---

① 严小青：《冲突与调适：16～19 世纪广州口岸的中外香料贸易》，《广东社会科学》2016 年第 6 期。

② 中研院历史语言研究所编《明清史料·庚编》，中华书局，1966，第 529 页。

出的物品。例如，虽然清朝政府对铜器制品的输出曾经有严格的限制，但暹罗为了得到铜制品，于乾隆九年（1744）请求"从前暹罗需用铜器，因无匠作，特采本地红铜装载进广觅匠制造。嗣因铜器例禁出洋，未蒙许载回国，伏恳俯准给还"。乾隆皇帝同意了暹罗贡使的请求。① 同时，通过进贡贸易，暹罗使团还能取得铁和其他金属等物资。特别是在18世纪后半期，暹罗正处于与邻国缅甸的战争中，对武器尤为需要。②

在香料贸易上，暹罗国每三年朝贡一次，其朝贡的香料包括：龙涎香1斤、胡椒300斤、藤黄300斤、豆蔻300斤、苏木3000斤、速香300斤、乌木300斤、大枫子300斤、金银香300斤，贡给皇后的龙涎香等物同，数目减半，旧贡有安息香、紫梗香，后来都免贡。③

乾隆时期，粮食问题日益成为影响社会经济发展的重要问题之一，甚至连沿海产粮地区也不例外。④ 为了保证粮食供给和抗御自然灾害，清朝政府采取了一系列措施，如：禁止大米出口，禁止踩曲烧锅，禁止奸商放青囤积；鼓励外洋贩米来华，鼓励粮食流通买卖，开仓平粜，运丰补欠等。⑤

早在雍正六年（1728），福建巡抚常赉向清朝政府上疏，言及："暹罗国王诚心向化，遣该国夷商，运载米石货物，直达厦门，请听其在厦发卖，照例征税，委员监督。嗣后暹罗运米商船来至福建、广东、浙江者，请照此一体遵行，应如所请。"雍正帝对此表示赞同，并下达谕旨

① 易文明：《论清代乾隆时期暹罗来华朝贡贸易的特征》，《前沿》2012年第24期。

② ［泰］沙拉信·维拉福尔：《清初海禁期间的中暹朝贡贸易》，颜章炮译，《南洋资料译丛》1990年第4期。

③ 严小青：《冲突与调适：16～19世纪广州口岸的中外香料贸易》，《广东社会科学》2016年第6期。

④ 学术界关于这方面的研究成果主要有：唐文基的《乾隆时期的粮食问题及其对策》（刊载于《中国社会经济史研究》1994年第3期）、徐晓望的《试论清代东南区域的粮食生产与商品经济的关系问题——兼论清代东南区域经济发展的方向》（刊载于《中国农史》1994年第3期）等。

⑤ 中国第一历史档案馆：《乾隆朝米粮买卖史料》（上、下），《历史档案》1990年第3、4期。

言明此类米谷不必上税，著为例。①

乾隆初年，清朝政府除了不断重申禁止将国内米谷私运至外洋的政策之外，还制定了一系列鼓励海外粮食来华的措施。例如，乾隆七年（1742），批准免征外洋商人运米的船货税。乾隆八年（1743）九月甲申，乾隆帝再次下达谕旨："朕轸念民艰，以米粮为民食根本，是以各关米税，概行蠲免，其余货物，照例征收。至于外洋商人，有航海运米至内地者，尤当格外加恩，方副朕怀远之意。上年九月间，暹罗商人运米至闽，朕曾降旨，免征船货税银。闻今岁仍复带米来闽贸易，似此源源而来，其加恩之处，自当着为常例。着自乾隆八年为始，嗣后凡遇外洋货船，来闽粤等省贸易，带米一万石以上者，着免其船货税银十分之五；带米五千石以上者，免其船货税银十分之三。其米听照市价公平发粜，若民间米多，不须籴买，即着官为收买，以补常社等仓，或散给沿海各标营兵粮之用，俾外洋商人得沾实惠，不致有粜卖之艰。该部即行文该督、抚、将军，并宣谕该国王知之。"② 是故，自乾隆八年（1743）开始，如有外洋货船来闽、粤等省贸易者，其船上带米五千石以上者享受相应的货物免税优惠政策。这样的政策，在一定程度上鼓励了海外粮食的进口。

乾隆十一年（1746）九月戊午，根据福州将军兼管闽海关事务新柱奏报："本年七月内，有暹罗国商人方永利一船，载米四千三百石，又蔡文浩一船，载米三千八百石，并各带有苏木、铅、锡等货，先后进口。查该番船所载米石，皆不足五千之数，所有船货税银，未便援例宽免等语。"然而，乾隆帝认为"该番等航海运米远来，慕义可嘉，虽运米不足五千之数，着加恩免其船货税银十分之二，以示优恤"。③ 根据福建巡抚钟音的说法，乾隆三年（1738）、六年（1741）及十二年（1747），吕宋之船来厦贸易曾有三次，均系八月进口，次年四月回棹。④ 清代前

①《清实录·世宗宪皇帝实录》卷八六，第 6137—6151 页。
②《清实录·高宗纯皇帝实录》卷二〇〇，第 10753—10759 页。
③ 同上书，卷二七五，第 11771—11781 页。
④《乾隆朝外洋通商案》，载故宫博物院编《史料旬刊》（第十二期），北京图书馆出版社，2008，第 424—427 页。

期，有不少内地商船从厦门到暹罗贸易，每年至少有 40 艘大帆船从厦门前往暹罗首都曼谷。① 清朝政府除了给予番船一定的优惠政策之外，内地商船从厦门到暹罗贸易带米回国也享受相关优惠政策，甚至还有给予奖励或赏给职衔、顶带等鼓励商民从暹罗进口大米的措施。②

乾隆二十六年（1761）四月初八，两广总督李侍尧向清朝政府上呈《为海洋运米四省商民请照例议叙事》一折，奏折中写道："窃照粤东地处海滨，户口繁庶，兼山多地少，产米不敷民食，经前督臣杨应琚具奏：商民有自备资本领照赴安南国运米回粤粜济民食者，照闽省之例，查明数在二千石以内，督抚酌量奖励，数在二千石以上，按照米数分别生监、民人，奏请赏给职衔、顶戴。经部议复，奉旨俞允钦遵在案。兹据广东布政使史弈昂详称：乾隆二十五年分粤东米价平减，贩洋商船运米回粤，数在二千石以上者无多，除二千石以上者照例奖励外。惟查有澄海县商民王朝阶，自备资本，附搭商船户陈福顺船只，由安南国购运洋米二千六百四十六石回粤，陆续粜济民食，例得议叙，应请照二千石以上之例，给与九品顶戴，以示鼓励，取具册结详请核奏。等因前来。"③

乾隆二十年（1755），福建巡抚钟音在其奏折中谈到当年番商来福建贸易的情况："今次夷商郎一氏沼吧等所带米粮，共计一万余石。该国番斗，以内地市斗折算，实米七千七百八十四石，现俱交行铺公平粜卖，另存米谷二千余石。该夷商自留番众食用，又恐回棹时风水不常，多为留备，难以强其尽售所带米粮。货物之外，尚有番银一十五万圆，欲在内地置买绸缎等物。该道细加译讯，因何不赴广东采办。据称夷船赴广多货难采买，是以来至厦门交易。察其言语情形，甚属恭顺安静。业将夷商五十二名搬往番馆，舵水八十六名留船照看。其防船军火器械，悉经起贮营库，于起岸之事点验铁炮十八位，其余器械与初报相

---

① 姚贤镐：《中国近代对外贸易史资料》第一册，中华书局，1962，第 266—267 页。

② 李金明：《清代前期厦门与东南亚的贸易》，《厦门大学学报（哲学社会科学版）》1996 年第 2 期。

③ ［清］李侍尧等：《为海洋运米四省商民请照例议叙事》，载中国第一历史档案馆《乾隆朝米粮买卖史料》（下），《历史档案》1990 年第 4 期。

符。已择殷实铺户林广和、郑得林二人先领番银五万圆，带往苏广购办货物，取有连环保结不致羁误。又查乾隆八年，钦奉上谕，外洋货船来闽贸易带米五千石夷商者，免其船货税银十分之三等因钦遵在案。今次亦遵恩例，免其税银十分之三，仰副皇上怀柔远人至意。凡内地商铺与之交易者，俱系官给腰牌，方许进入，番馆一切违禁物件，严加查察，禁止夹带私售。在馆在船之夷人，密加伺察，防闲不示以疑亦不敢稍懈等情具禀。"①

除此之外，龙溪县人黄可润在《陈任港口等处载米船只严禁需索禀》一文中，也透露了当时福建沿海人民与海外地区米粮贸易的一些信息。乾隆年间，在米价不断攀升的形势下，除了宝岛台湾，安南、柬埔寨等地的港口也因"地利厚""多产米"而日渐进入中国商人的贸易视野中。而且，又因其地与两广相近，出海商船也不需太大，故在米价腾贵的年月里，许多商船借口"往台逃风"前往安南等地港口。在其回载时，吏役因为商船皆运载米粮而不敢以"透越"之名究之。但是另一方面，也因为此类行为并非依据明文而为，一切处于不稳定中。在这种情况下，黄可润主张，厦防厅应该大张告示，如果有商船愿意前往安南等港口载米者，"照往台之例，有行户保认，蠲其税，严禁出入口需索陋规"。此后，"则人皆踊跃，岁可增米数十万，而商民亦可资以疏通生计，有行户保认可无为匪之虞，十利而无一害者也"。

明清时期，福建地区的粮食供给问题一直是中央和地方政府关注的焦点。自隆万年间，明朝政府就对吕宋回程载米的商船实行鼓励政策，海外米粮源源不断地注入福建，同江浙、广东等省的米谷共同缓解福建沿海社会人地关系日益紧张的局面。入清之后，台湾日渐成为"大粮仓"，对缓解福建其他府县的粮食供给紧张问题起了很大的作用。与此同时，清朝政府也采取一系列鼓励海外粮食进口的政策。然而，尽管清代前期，特别是乾隆时期，清朝政府出台了一系列解决粮食问题的政策和措施，但是也已扭转不了粮价不断攀升的局面。学者徐晓望认为，清代东南区域的经济十分活跃，它们和东南亚产粮国，如安南、菲律宾、

①《乾隆朝外洋通商案》，载故宫博物院编《史料旬刊》第十二期，第 424—427 页。

泰国等国之间存在着广泛的贸易关系。东南区域完全可以通过贸易进口的方式从这些国家获得粮食，但是清廷的闭关政策堵塞了双边贸易渠道。论者或以为清廷在中期是鼓励商人去东南亚运米的。实际上，清廷在这方面的严厉管制措施早已使这一政策打了折扣。①

另外，在鼓励海外粮食进口的政策中，针对番商的部分很大程度上是为了"怀柔远人"，显示清朝政府对番国的优待原则。从这层意义上讲，我们也看到了清朝政府在向海洋发展过程中的局限性。除了福建、广东等地之外，潘干在《琼山最早出洋帆船的兴衰史》中记载了海口人造船出洋的情景："从 1695 年冬开始，两艘 200 担的帆船队，从琼山演海乡开往泰国。到 1735 年，这支船队发展到 73 艘，常年往返于东南亚各国之间，这便是琼山县最早的船队。"由于海南地处福建、广东、浙江与东南亚通商的航线上，地理位置十分重要，因此成为南洋各国通商的重要中转地。②

曼谷昭应庙

曼谷琼州公所

---

① 徐晓望：《试论清代东南区域的粮食生产与商品经济的关系问题——兼论清代东南区域经济发展的方向》，《中国农史》1994 年第 3 期。
② 李彩霞：《清代海南对外贸易的兴衰转变》，《兰台世界》2014 年第 22 期。

二、中越贸易

清朝前期，安南两年或三年一贡，"遣使时常往来"。康熙七年（1668），清朝政府规定"安南贡船不得过三，每船不得过百人"，使团人数最高限额三百人。康熙帝同时规定"来京员役，不得过二十人"。江宁是贡使贸易的中心市场。安南贡使常在江宁置买绸缎，除了现货采购以外，还采取来样加工订货的办法。而清朝政府对安南贡使路过江宁购买绸缎一事，"向无禁例，但听其私相交易"。①

有清一代，广东、福建两省人多地少，产米不敷民食。在这种情况下，清朝政府鼓励商人前往安南贩米，安南米大量输入广东、福建。具体情况可参见前文"中暹贸易"的相关内容。

香料是东南亚国家朝贡贸易中的重要物品。安南国每六年朝贡一次，其朝贡的香料包括：沉香960两、速香2368两。此外，曾经还贡过降真香、白木香、中黑线香，不过后来都免贡。②

在清代朝贡贸易中，清朝政府赐予越南的书籍有《康熙字典》《古文渊鉴》《佩文韵府》《渊鉴类函》等。在中越官方的交往中，书籍是越南官方十分重视的采购物品，北使使节往往负有采购中国书籍的使命。根据统计，17世纪中叶到19世纪末，越南遣使清朝的次数约80次。当时越南使臣、官差在使华路上经常结交清朝官员，从而获得赠书，并有机会在各地选购图书。在中国书籍流传越南的过程中，这些使臣扮演着极其重要的角色。

阮朝明命十三年（1832）冬，广州府水师70余人乘一艘战船出洋哨捕，被风漂到越南广南省海云山下沱灢海面茶山澳。次年二月，阮朝给予给养，派出两艘大船（"平一号""平七号"），由李文馥、黄炯、汝伯

---

① 周中坚：《绵绵不断，山远水长——古代中越贸易的发展》，《东南亚》1991年第1期。

② 严小青：《冲突与调适：16～19世纪广州口岸的中外香料贸易》，《广东社会科学》2016年第6期。

仕等官员运送清朝水师官兵回到广东。四月二十八日放洋，海行七日夜到达广东，在羊城公馆万孚行停留半年多，始返越南。在粤期间，李文馥、汝伯仕等与浙中名士缪艮、粤中名宿刘文澜等诗文唱和，在海珠寺旁珠江舟中举行"中外耆英会"。李文馥、黄炯留下诗集《粤行吟草》，汝伯仕则有诗集《粤行杂草》。汝伯仕在《联课》中说："余在公馆，主办购买官书，每出街过诸书籍笔纸等庯。"① 在《秋怀二首》"公事仅堪开卷阅"句下注云："余与健斋专办检买书籍事。"② 汝伯仕在《粤行杂草》中收录黄炯《无题二首》，也说："购书喜得黄金百。"③ 可见李文馥、汝伯仕一行赴粤公干，不仅是护送广东官兵回粤，购买图书也是重要事项。只是广州书坊可购图书甚多，以至于汝伯仕慨叹："书多欲购奈无金。"④ 嗣德二十一年（1868），阮朝翰林学士黎峻充如清正使，出使清朝。阮朝使团于该年八月出镇南关，次年正月底抵达北京，四月从北京启程回国。使团在北京期间，也安排时间购书。

清代广州寺院刊刻佛书经典风气甚浓。通过官方、民间等各种渠道，不少佛教经典流传海外。康熙二十七年（1688），广南法师元韶受命前往广东邀请石濂大汕，赴越弘法，邀请未果，返回越南后主持天姥寺。元韶禅师虽然没有邀请到石濂大汕，但是为天姥寺带来了佛教经典、佛像法器。1714 年，天姥寺再次大规模重修，约一年完工。阮主亲制御碑记之，并派人到中国购买《大藏经》与《律论》千余部，于院中收藏。⑤

明清时期，广州是华南地区的政治、经济、文化中心，也是国内著名的图书出版与交易中心。广州城内书院集中，书坊林立，为当地图书印刷、交易奠定了良好的条件与环境。广州书坊刊刻的书籍不仅在本

① ［越］汝伯仕：《联课》，载中国·复旦大学文史研究院、越南·汉喃研究院合编《越南汉文燕行文献集成》第 13 册，复旦大学出版社，2010，第 225 页。

② ［越］汝伯仕：《粤行杂草编辑》卷上，载中国·复旦大学文史研究院、越南·汉喃研究院合编《越南汉文燕行文献集成》第 13 册，第 164 页。

③ 同上书，第 161 页。

④ 李庆新：《清代广东与越南的书籍交流》，《学术研究》2015 年第 12 期。

⑤ 同上。

地、国内销售之外，还销往海外市场。当时的广州书坊除了刻书，还兼营卖书业务，所卖图书除本坊、本地图书外，还有来自国内其他地区刊刻的图书，甚至还有外国书籍。当时广东另一个刻书和图书交易中心是佛山，佛山刻书业在中越书籍交流中占有重要地位，是越南进口中国书籍的重要供应地。目前越南尚能见到的 30 多种以俗文学作品为主的中国古籍印本，都是在佛山城区及附近的陈村刊刻的。当地著名书坊有金玉堂、近文堂、英文堂、文元堂、天宝楼、宝华阁、字林书局、荣和园、盛南栈、拾介园、五云楼以及陈村永和源等，大部分书籍刊行后由越南南圻堤岸商号发售。①

　　嘉定地区地处越南南部，湄公河下游，是明清时期入越华人的主要聚居区，与中国广东、福建联系十分密切。因此大批华人不断移居越南，把中国汉字、各地汉语方言带到越南，大大拓展了越南当地汉文化与汉籍流传的社会基础。②

　　康熙初年，广东雷州人鄚玖率部族进入真腊河仙，招集流民，把该地区经营成繁荣的国际港埠，有"小广州"之称，后归顺安南阮朝，被封为都督。③ 后来，他的儿子鄚天赐继位，周旋于越南阮朝、高棉和暹罗之间，其统治的河仙地区（时称"港口国"）势力最盛时，统治范围囊括了后江以西、以南的湄公河下游大片疆土，并与中国华南地区贸易联系特别密切。鄚天赐大力倡导儒学文化，根据越南文献的记载，鄚天赐开招英阁，招致的名人儒士大部分来自中国广东、福建、浙江，也有部分来自越南本地，还有僧人、道士。④

　　清代中国典籍输入越南，越南使臣、官差，中越两国士人、僧人、道士、侨民，都是重要的桥梁。其中，华商经营的书籍交易，是中越书籍交流的主要渠道。越南官方出于政治上的统治需要和文化需求，民间

---

① 李庆新：《清代广东与越南的书籍交流》，《学术研究》2015 年第 12 期。

② 同上。

③ 李庆新：《越南明香与明乡社》，载南开大学中国社会史研究中心编《中国社会历史评论》第十卷，天津古籍出版社，2009，第 216 页。

④ 李庆新：《清代广东与越南的书籍交流》，《学术研究》2015 年第 12 期。

第五章　康雍乾时期的海洋政策与中外贸易

233

社会在文化消费、宗教传播上的多样化需求，使得中国书籍在越南拥有广阔市场和稳定需求。在中越图书交易中，华商一头在国内，一头在国外，构成跨国界的"厂—店"书籍刊印销售的协作关系。"广东刊刻，嘉定发售"的书籍生产销售网络，可以称为中越两国文化交流的"海上书籍之路"。①

除了海路交通贸易之外，中越之间还存在着民间陆路贸易。这些贸易主要在中越边境地区进行，如与越南接壤的广西南宁、太平（今崇左）、镇安（今德保）三府和龙州、宁明等州，云南临安（今建水）、开化（今文山）二府以及广东的钦州等地。而同广西边境相对的越南一侧，则形成了牧马、花山、驱驴三个边贸市场。从陆路出口的中国货物，包括烟茶、纸扎、缸碗、布匹、颜料、糖油、绸缎、药材等类；从陆路进口的安南货物，有薯莨、砂仁、大茴、交绢、竹木等土特产品。②

在东南亚贸易中，中国沿海商民在经营方式上不断进行着自发性制度创新，在资金、人力、运力资源上谋求合理配置与整合，与西方、日本等国商人展开竞争。华商在获得海外订单之后，通过与本地商行（揽头）的合作，采取预付款项、来样加工、订购海外市场所需商品等方式，由商行到各地订制购买商货，转贩到海外，形成产、供、销"一条龙"的经营机制。在越南，华商通过商业网络载货到达边和（越南南部工商业城市），与当地"行家地主"在商货定价、销售和收购"回唐"商品等环节上达成买卖协约。这种商业默契是中国商人与越南的"行主"在长时期的稳定交往中共同遵守、互相约定而成的，最终形成了一套稳定而密切的商业网络关系。③

三、与其他国家的贸易

顺治十三年（1656），苏禄国王森利遣使三人至广州，请受藩封。清

---

① 李庆新：《清代广东与越南的书籍交流》，《学术研究》2015年第12期。

② 周中坚：《绵绵不断，山远水长——古代中越贸易的发展》，《东南亚》1991年第1期。

③ 李庆新：《清代广东与越南的书籍交流》，《学术研究》2015年第12期。

朝政府"然犹只准在馆地贸易，八年一次，且以荷、暹、苏等国为限"。与此同时，在清朝初年厉行海禁、朝贡—互市一体化的格局下，西方国家为发展对华贸易，必须遵行朝贡模式，其使臣不得不以"贡使"的身份出现于京城，否则会被拒之门外。例如，顺治十年（1653），荷兰巴达维亚（今印度尼西亚雅加达）总督派遣使臣至广东请贡，兼请贸易。但因使臣没有携带表文和贡物，与朝贡体制不符，为礼部议驳。两年后，荷兰巴达维亚总督再次派遣使臣来华请贡，并按照清朝政府的规定，携带表文和贡物，经广东巡抚奏请，获准赴京朝觐。次年七月，荷使抵京，向顺治皇帝行三跪九叩之礼，并接受清朝政府的赏赐。对其请贡和贸易要求，顺治皇帝批复：让其八年一次来朝，以示体恤远人之意。[①]

16至19世纪初，中国是当时世界上最大的香料市场，东南亚大部分香料都销往中国。除了暹罗、越南之外，西洋博尔都噶尔国贡无定期，所贡香料有各品衣香。荷兰国五年朝贡一次，所贡香料包括丁香、檀香、冰片。[②] 前文已提及，到17世纪上半叶，西班牙银圆成为东南亚地区通行的国际流通货币。为了减少贵金属的使用，商人尽量采用物物交换的三角贸易形式。荷兰人循着葡萄牙人的踪迹来到东方，与中国进行三角贸易。这种贸易包括用东南亚的香料来换取中国商人的茶叶。1735年以后，荷兰人在广州销售胡椒平均每年约有50万荷磅；1740年以后，荷兰人在广州的胡椒销售额平均每年有150万～200万荷磅；1750年后，有些年份的胡椒销售额可达300万荷磅。300万荷磅胡椒约等于18万两白银，相当于荷兰人在广州购买茶叶的价值。[③] 荷兰人因成熟的三角贸易而省下了大量白银。

16至19世纪，英国在东南亚的贸易形式：以贵金属为交换物品，从印度进口棉布，从美洲和日本进口白银，从中国进口铜钱、丝绸、瓷

① 李云泉：《再论清代朝贡体制》，《山东师范大学学报（人文社会科学版）》2011年第5期。
② 严小青：《冲突与调适：16～19世纪广州口岸的中外香料贸易》，《广东社会科学》2016年第6期。
③ 庄国土：《16—18世纪白银流入中国数量估算》，《中国钱币》1995年第3期。

器及其他制成品；输出品包括胡椒、香料、香木、树脂、虫胶、玳瑁、珍珠、鹿皮、蔗糖。在这种情况下，英商对贵金属的需求增多，从英伦运出的资金主要是贵金属。为缓解贵金属稀缺的状况，伦敦商人计划用英国的羊毛、铅、铁、锡等货物换取印度的棉布，再用棉布换香料，从而建立三角贸易，减少从英国出口贵金属。就这样，英国在亚洲海域的三角贩运贸易逐渐建立起来。三角贩运贸易减少了贵金属的使用，有效换售出英毛织品，并使广州成为东南亚香料的集散中心。与此同时，中国在和东南亚的贸易中逐步建立了一套商业贸易规则。15世纪，爪哇人主宰了西起马六甲、东至马鲁古群岛的印尼海域的贸易，以马六甲为基地的船队经常穿梭于南洋和中国之间的海域。对此，马六甲地区的一些爪哇籍船主（占多数）共同起草了《马六甲海商法》。16世纪初，以马六甲为基地的一些著名船主在马六甲王国的最后10年中集体编纂了《马来海商法》。到18世纪，海上贸易商还在遵守这些海商法。①

清乾隆广彩描金徽章折枝花卉纹盘　　清乾隆广彩胭脂红描金徽章田园人物图

清初，广东商船多到南洋贸易。根据粤海关的统计，每年从广州开往越南、暹罗、爪哇、苏门答腊、新加坡、吕宋等南洋各国的商船大约有30艘。1758年到1838年来广州贸易的外国商船共5107艘，这些往来于南洋与广州之间的商船大都在海南沿海港口停泊补给，带动了海南转

———————

① 严小青：《冲突与调适：16～19世纪广州口岸的中外香料贸易》，《广东社会科学》2016年第6期。

口贸易的兴旺。清初大米是海南和越南边境贸易的重要商品，琼越之间开通了航线。每年从海南岛开往暹罗的船只约50艘，开往安南的船只约43艘。每艘船的载重量约150吨，总吨位约10000吨。①

四、程日炌与《噶喇吧纪略》

程日炌，字逊吾，福建漳浦人，出生于一个贫寒家庭。雍正八年（1730）冬天，程日炌为了偿还父亲欠下的债务，以弱冠之年漂洋过海，到噶喇吧去谋生。"宁执贱役，不为赘婿，真奇男子也"。乾隆元年（1736），程日炌离开吧城，返回故乡。程日炌侨居吧城期间，先是"为人佣力"，后"舌耕糊口"。离开吧城的时候，程日炌已经可以偿还所有的债务了。乾隆五年（1740），吧城发生了"红溪惨案"。程日炌回国后，到京城谒见翰林院编修、同乡蔡新，受命撰写《噶喇吧纪略》。蔡新阅读之后，认为"其足以裨志乘，资博闻"。乾隆六年（1741），程日炌回到漳浦老家，撰写了《噶喇吧纪略拾遗》。这一年，蔡新在读过《噶喇吧纪略》后写了《答方苞议禁南洋商贩书》。乾隆九年（1744），程日炌参加乡试，中举。乾隆十二年（1747），程日炌病逝。②

乾隆十三年（1748），《噶喇吧纪略》及其附录《噶喇吧纪略拾遗》得以出版。"纪略"与"拾遗"文字合计不到万言，但内容丰富，叙述周详。

其一，记述了噶喇吧所在爪哇岛及周边岛屿的地点和吧城的内外布局。同时，以吧城为中心，记载"上流"方向有万丹、旧港、马六甲、西垅、牛屿、阿齐，下流方向有井里汶、北胶浪、三宝垅、碣烈石、四里猫、南望、马辰、梦茭虱、知汶、里吗、龟邦、万兰、涧仔礁，总计19个城市。吧城作为港口商贸城市，港口西岸居民比较多，贸易繁荣；

---

① 李彩霞：《清代海南对外贸易的兴衰转变》，《兰台世界》2014年第22期。

② 陈自强：《华侨历史文献中的瑰宝——〈噶喇吧纪略〉》，载福建省炎黄文化研究会编《中华文化与地域文化研究——福建省炎黄文化研究会20年论文选集》第二卷，鹭江出版社，2011，第802—807页。

东岸连接王城，是荷兰的畜牧区；王城位于城北，多为荷兰人居住，也有唐人住宅区、商业区。

其二，记述了中国与噶喇吧之间的经济交流，特别是漳州、泉州、湖州、广州等地海商前往噶喇吧的贸易情况，列举了由中国出口到吧城的物产4大类16种，由吧城贩往中国的物产36种。这些内容对注重记载外国物产和进口商品，忽视记载中国出口物产商品的海外交通、中外关系典籍来说是一个重要的补充。

其三，记述了荷兰在爪哇岛的殖民统治情况，介绍了荷兰人的刑律、历法、生活习俗和社会伦理。

其四，记述了吧城的华人社会情况和荷兰殖民当局对华人的剥削。吧城的华人以"漳、泉、湖、广之人"居多，城北是华人的主要住宅区，城西是唐人的主要商业区，城南"番唐杂处"，郊外农村"有唐人土地祠""义冢"，并建有"报恩寺"，祭祀观音。

《噶喇吧纪略》中还记述了华人甲必丹制度，对甲必丹盘剥同胞的现象也有一定的揭露。此外，《噶喇吧纪略拾遗》中还记述了荷兰人的风俗、爪哇的物产和古迹。

我国古代海外交通、中外关系典籍浩如烟海，数不胜数。到了乾隆年间，随着越来越多的中国人旅居海外，出现了侨居海外多年后而落叶归根的人士撰写的侨居地闻见录，仅噶喇吧闻见录就有很多种，而《噶喇吧纪略》是其中最早的一种。《噶喇吧纪略》及其附录《噶喇吧纪略拾遗》是中国古代典籍中最早由归国华侨撰写的记录侨居地风情和华侨社会状况的著述，是中国华侨历史文献中较早由归国华侨撰写的反映侨居地华侨社会情况的文献资料，对研究17至18世纪南洋史、华侨史具有重要价值。①

---

① 陈自强：《明清时期闽南涉海著述举要》，《闽台文化交流》2012年第3期。

第六节　十三行制度、广州一口通商与中西贸易的发展

一、十三行制度

清代康熙年间，粤海关官府招募了 13 家较有实力的商行，与洋船上的外商做生意并代海关征缴关税，代理海外贸易业务，俗称"十三行"。关于广州十三行的创立时间，根据彭泽益先生的考证，是在康熙二十五年（1686），即粤海关开关的第二年。据说是由时任广东巡抚的李士桢会同两广总督吴兴祚、粤海关监督宜尔格图，于康熙二十五年（1686）四月发布《分别住行货税》文告，规定国内贸易作为"住"税，赴税课司纳税；对外贸易作为"行"税，赴海关纳税。同时，设立"金丝行"和"洋货行"，分别办理国内贸易和对外贸易业务。这一文告的颁布，标志着洋货行（即广州十三行）的成立。[1]

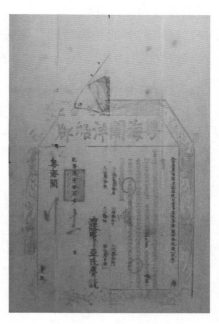

1742 年 1 月 17 日，粤海关为"哥德堡号"签发船牌的大印章

刚开始时，由于粤海关初建不久，到广州贸易的船只不多，关税也少，行商仅有数家而已。故不分国内或国外贸易船，均听其自行选择行

① 彭泽益：《清代广东洋行制度的起源》，《历史研究》1957 年第 1 期。

商。后来，因贸易船的数量不断增多，资本较为雄厚的行商则专门承办起国外商船的货税。乾隆十年（1745），两广总督策楞兼管关务时，因有些资本微薄的行商未能按时缴纳关税，故于各行商中选择家境殷实的人作为保商，专门负责缴纳关税。但是，每当外船进口时，货物系由各行商分领售卖，至纳税时却互相观望拖延，以至于保商不得不暂时挪用外商货银代为垫付，久而无力偿还，造成破产，所以保商数量越来越少。

乾隆二十年（1755），清朝政府规定主要出口商品——茶叶和生丝，一概由行商购销，其他散商不能插手。散商只能经营诸如瓷器、纺绸和一般零售商品。乾隆二十二年（1757），广州成为唯一对外通商口岸。为应付越来越多的外国商船，潘振成等 9 家洋商于乾隆二十五年（1760）呈请设立公行组织，专办外国商船来华贸易事宜。

自此之后，广州经营海外贸易的行商分为三种：一是外洋行，专办外洋各国商人载货来粤发卖输课等事务；二是本港行，专管暹罗贡使及外商贸易纳饷之事；三是福潮行，系报输本省潮州及福建商民往来买卖诸税。而在乾隆十六年（1751），广州行商并没有这样的分工，不管是外洋还是本港的一切纳饷事务，均由外洋行办理。这种公行是清朝政府为控制广州外贸所设立的一种松散的垄断组织。他们各自为政，单独与外商做生意，自负盈亏，只有在控制外商和实施贸易规章时才共同行动。①

怡和洋行伍秉鉴（1769—1843）

---

① 李金明：《广州十三行：清代封建外贸制度的牺牲品》，《广东社会科学》2010 年第 2 期。

十三行享有垄断海上对外贸易的特权，洋人在华所有进出口贸易，事无巨细都要经过行商之手。十三行本身的制度与对外商的规定即是中国的海上贸易规则。外商货船到广州后，停泊在黄埔，先由粤海关人员上船丈量船货确定交税数额。在该船交税后，再雇请通事和引水，最后进入十三行商馆区。此馆区是清朝政府特许开设的特区，允许外国商船

"十三行怡心馆"木箱

在此停泊、外商在此暂时居住并与中国商人进行贸易，是17至19世纪中叶清政府对外政治、经济、文化交流的窗口。十三行的贸易关系遍布当时的亚洲、欧洲、美洲地区，大量茶叶、丝绸、药材等物品从广州销往世界各地，香料、药材、染料、毛织品、白银等物品也从此关口输入中国。

十三行主要承办的输出品主要有：明矾、布帛、绸缎、肉桂、樟脑、棱契根、吧嘛油、生姜、雄黄、真珠贝、生丝、大黄、茴香实、砂糖、茶、白铜；行商承办的输入品主要有：琥珀、阿魏、樟脑、冰片、丁香、黑檀、人参、豆蔻花、没药、肉豆蔻、乳香、真珠贝、胡椒、青木香、白檀、苏方、鱼翅、皮、金属类、毛织物。[1]

根据不完全统计，自1757年广州一口通商后，各省出产的茶叶均须贩运到广州，然后经十三行总商转卖给外商，每年出口的茶叶价值达5000多万两白银。每年由江浙等省商民贩运到广州，卖与十三行行商转售外商的湖丝和绸缎等，20万斤至33万斤不等，价值70万两至100多

---

① 严小青：《冲突与调适：16～19世纪广州口岸的中外香料贸易》，《广东社会科学》2016年第6期。

万两白银，最少的一年也有 30 多万两。①

从 1749 年到 1838 年，进入广州港的外国商船有 5390 艘，其中英国商船数量最多，美国商船次之。经广州港合法出海到南洋贸易的船只每年大约有 30 艘。根据记载，乾隆五十六年（1791）贸易税收约 113 万两白银，嘉庆十年（1805）约 164 万两白银，道光十七年（1837）约 124 万两白银。十三行向清朝政府提供了约 40％ 的关税收入。除了贸易之外，粤海关与十三行还承担着为皇宫采办的任务，随时置办皇室所需的域外洋货。洋行每年为宫廷输送洋货，时称"采办宫物"，其中多为紫檀木、香料、象牙、珐琅、鼻烟、钟表、玻璃器、金银器、毛织品、宠物等等。②

此外，行商还负有代外商缴纳进出口关税的责任。按惯例，凡外国商船到达广州，必须先找一家行商认保，把载运来的货物卸下贮于洋行内，然后由行商代替他们购置返航时需装载的货物。所有进出口货物的关税，均由行商报验，核明税额，填单登簿，待外国商船出口后才代为缴纳。这种代缴关税的做法虽然有利于行商垄断进出口商品的购销，但他们实际上无法控制外商的关税缴纳，因此出现不少行商因拖欠税饷而受罚的现象。

1840 年，鸦片战争爆发，清朝政府战败，1842 年被迫同英国签订了《南京条约》，广州十三行的行商被清朝政府指令偿还 300 万两银圆的外债。与此同时，随着沿海五口通商的实施，广东丧失了对外贸易的垄断优势。广州十三行维续 170 多年的特权随之消失，行商们纷纷破产。十三行开始走向没落，而曾经盛况空前的中外朝贡贸易也随之结束。③

总而言之，广州十三行成为清朝政府垄断对外贸易的商业资本集团，而且承担部分外交职责，变成清朝政府管理和约束外国商人的中介

---

① 李金明：《广州十三行：清代封建外贸制度的牺牲品》，《广东社会科学》2010 年第 2 期。

② 严小青：《冲突与调适：16～19 世纪广州口岸的中外香料贸易》，《广东社会科学》2016 年第 6 期。

③ 同上。

和工具。然而，在与西方商业资本的实际交往中，十三行一直处于劣势。他们既得不到清政府的支持，又没有法制保障，反而被清政府勒索，成为摊派、捐输、报效的对象。因此，在西方商人的钳制和清朝官府的桎梏下，大多数洋行出现资金周转不灵、债台高筑，进而导致破产、抄家、下狱、充军的结局，成为清代封建外贸制度的牺牲品。①

二、广州一口通商与中西贸易大发展

康熙二十二年（1683），清朝政府收复台湾，沿海各省的禁海令逐一解除。江海关、浙海关、闽海关、粤海关的逐步设立，标志着中国重新迎来了海外贸易四口通商的新时期。后来，中西贸易逐渐集中到广东，形成了以广州—澳门为中心的贸易架构。与此同时，沿海贸易和对外贸易迅速发展，海道运输的重要地位日益凸显。海运以上海为中心，分为南洋和北洋航线。由上海向南行驶的南洋航线大多是鸟船，称南船。按定制，鸟船收泊江海关上海大关。根据地方文献记载，南船"常运糖、靛、板、果、胡椒、药材、海蜇、杉方、尺版"等货。到了乾隆年间，沿海道北上的南船，向江南输出木材、糖、烟、薯粉、靛青、纸张、胡椒、苏木、药材、笋干以及各种鲜果、海货、洋货等，向闽广地区运回丝绸、粮食、棉花、棉布、酒及各种工艺品等。福建、广东、浙江商人以上海、乍浦为终点，或以上海为中转，大规模从事华南与江南、华北、东北的商品流通。雍正初年，福建漳浦人蓝鼎元有云："春夏之交，南风盛发，扬帆北上，经闽省出，烽火流江，翱翔乎宁波、上海，然后穷尽山花岛，过黑水大洋，游奕登莱、关东、天津间，不过旬有五日耳。"② 随着运河功能的衰落和海道功能的提高，商品的流通起点或终点均逐渐转移到了上海。到乾隆后期，上海正式取代苏州，成为江南最大

① 李金明：《广州十三行：清代封建外贸制度的牺牲品》，《广东社会科学》2010 年第 2 期。

② ［清］蓝鼎元：《潮州海防图说》，载［清］贺长龄辑《皇朝经世文稿》卷八三《兵政十四·海防上》，文海出版社，1972，第 2944—2945 页。

的商品集中和转输中心。① 道光《厦门志》卷十五《俗尚》中记载："服贾者以贩海为利薮，视汪洋巨浸如衽席，北至宁波、上海、天津、锦州，南至粤东，对渡台湾，一岁往来数次。"②

根据相关数据统计，1717 年中国丝及丝织品的出口数量为 2000 担，1731 年为 1650 担。英国自成立东印度公司以来，就试图直接从中国进口丝绸等商品。根据马士《东印度公司对华贸易编年史》的记载，1678 年，公司命令所属船只在厦门购买丝织品 1.2 万匹运回英国。次年，公司命令在东京购买丝织品 1.85 万匹，生丝 40 捆。万丹有一艘船载运丝织品 9000 匹及生丝 10 箱直接运回英国。同年，他们的另外一个打算是希望在东京购得丝绒 300 匹、缎 1000 匹及其他丝织品 3.5 万匹。公司的船主在澳门听一位神父说："南京是最好的生丝和丝织品集散地。"根据马士的统计，乾隆初年，广州出口的生丝和丝绸数量有限，生丝每年数百担，最高不到 1000 担；丝绸每年一二万匹，最高不过 3 万多匹。但自乾隆中后期起，中国的生丝及丝绸出口总量基本上是不断上升的，直到鸦片战争时，平均每年为 3678 担，在 1820 年至 1837 的 18 年中，每年高达 6887 担。1757 年至 1758 年，在广州，"有一艘西班牙商船从马尼拉到此，运来西班牙银圆约 20 万元。由潘启官经手购入大批南京布、丝织品和生丝等。本月 14 日，我们获悉另一艘到埠的西班牙单桅帆船，亦带来巨款订购上述货物"。③

由于长期巨量的对外输出，中国的丝货采购事实上已经越来越困难，英、法等国商人为减低贩运成本，往往委托中国买办商人前往江南丝绸产地直接购买。1755 年，英国公司的"霍尔德内斯伯爵号"就曾被派往靠近出产优良生丝地区的宁波。④ 乾隆二十年（1755），福建巡抚钟音上奏："吕宋夷商供称广州货难采买，所带番银十五万圆要在内地置

① 范金民：《清代中期上海成为航运业中心之原因探讨》，《安徽史学》2013 年第 1 期。

② ［清］周凯：《厦门志》卷十五《俗尚》，第 644 页。

③ ［美］马士：《东印度公司对华贸易编年史》第四、五卷，区宗华译，中山大学出版社，1991，第 479 页。

④ 同上书，第 440—441 页。

买绸缎等物，已择殷实铺户林广和、郑得林二人先领银五万圆，带往苏广采办货物。"① 乾隆二十四年（1759）八月，两广总督李侍尧奏称："惟外洋各国夷船到粤，贩运出口货物，均以丝货为重。每年贩买湖丝并绸缎等货，自二十万余斤至三十二三万斤不等。统计所买丝货，一岁之中，价值七八十万两，或百余万两。至少之年，亦买价至三十余万两之多。其货均系江浙等省商民贩运来粤，卖与各行商，转售外夷载运回国。"②

大英博物馆收藏的漳州窑瓷器（漳州市博物馆供图）

乾隆二十二年（1757），英商洪任辉不顾清朝政府的禁令，擅自到宁波贸易。清朝政府为了加强防范，下令关闭宁波港，限制外商仅能在广州一口贸易。这样的对外贸易政策一直延续到道光二十二年（1842）。在近一百年的时间里，广州成为西方人唯一可以进入和从事贸易的中国口岸。③ 由此可见，从1683年至1842年近160年时间内，虽然期间有过禁南洋案的波折，但是总体来说，本时期清朝的对外贸易政策基本上是相

---

① 《福建巡抚钟音奏（乾隆二十年十一月十五日）》，载故宫博物院编《史料旬刊》第十二期《乾隆朝外洋通商案》，第427页。

② 《两广总督李侍尧奏（乾隆二十四年八月十九日）》，载中国第一历史档案馆编《明清宫藏中西商贸档案》（三），中国档案出版社，2010，第1375—1376页。

③ 李庆新：《历史视野下的广东与海上丝绸之路》，《新经济》2014年第16期。

对开放的。

众所周知，清朝立国之后，一扫明朝末年的破落景象，社会生产逐步恢复和发展。历经康熙、雍正、乾隆三朝，出现了长达 100 多年的盛世局面，传统中国再一次登上历史发展的顶峰，自给自足的自然经济仍然占据着主导地位。虽然乾隆帝曾

彩绘驻广州外国十三行纹饰象牙折扇

说"天朝物产丰盈，无所不有，原不借外夷货物以通有无"，不免有自大的成分，但是某种程度上也反映出当时中国自然经济占主导地位的社会经济结构。在中国与西方国家的贸易中，中国的茶叶、丝、棉布、瓷器等特产源源不断地运往海外。与此同时，中国也从海外进口毛织品、棉花等商品。从明朝末年开始，葡萄牙、西班牙、荷兰、英国开始向海外发展。紧接着，法国、普鲁士、瑞典、丹麦、美国等西方国家也不断地来到南中国海，请求与中国进行通商往来。一直到 18 世纪，中国海商集团还保持着在东亚水域的贸易优势。[1]

历史的车轮缓缓地进入到 18 世纪的最后 20 年，中西贸易发生了很大的变化。英国后来者居上，赶超葡萄牙、西班牙、荷兰等活跃于中国贸易的老牌资本主义国家，成为当时贸易额最大的西方国家。其所属的东印度公司也跃升为当时对华贸易最大的机构，独领一时风骚。在中国对外出口的商品方面，茶叶的地位如日中天，而印度棉花则在进口品方面开始居于领导地位。[2] 尽管如此，由于自给自足的自然经济的原因，直到乾隆晚期，中国还是一个出超的国家，大多数年份都是贸易顺差。

---

[1] 张彬村：《十六至十八世纪华人在东亚水域的贸易优势》，载黄炎宪主编《中国海洋发展史论文集》第三辑，中研院中山人文社会科学研究所，1989，第 345—368 页。

[2] 陈国栋：《东亚海域一千年》，山东画报出版社，2006，第 223—245 页。

许多外国商人都必须向中国不断地输入白银等贵金属来弥补贸易中所产生的差额，即使是 18 世纪中期占中国对外贸易比重达 50% 以上的英国也长期处在逆差之中。18 世纪 80 年代以后，来自印度的棉花，作为英国所有对华大宗出口货物中唯一能在中国获得一定销路的商品，它部分地解决了中英贸易的平衡问题[1]，但是仍然无法扭转其贸易上的逆差。据统计，乾隆四十六年（1781）至乾隆五十五年（1790）10 年间，中国输往英国的商品，仅茶叶一项就达 96267832 银圆。然而 18 世纪整整 100 年中，英国因购买中国商品而输往中国的银圆达 2 亿多。[2]

在这样的情形下，英国政府做出的反应是派出使团前往中国进行交涉；同时，不断地在广东沿海制造武力入侵的压力。于是，便有了乾隆五十八年（1793）马戛尔尼使团访华、嘉庆二十一年（1816）阿美士德使团来华，以及嘉庆七年（1802）、嘉庆十三年（1808）多次发生英国兵船袭击广东等事件。就清王朝的全国统治而言，这些事件虽然没有掀起太大的风浪，但是给刚刚经历了"落日辉煌"的清朝政府带来了新的挑战。

尽管在 18 世纪，中国为数甚少的非天主教华人通过各种途径曾经到达过欧洲，甚至有一些人还留下了文字记录，内容涉及海外国家的一些情形，但是在北京城统治广大中国的皇帝对于这些微不足道的冒险旅行家，除了樊守义之外，大都一无所知。[3] 因此，更谈不上这些 18 世纪访欧华人对清朝政府的对外了解、特别是对欧洲的了解能有所裨益了。其实，在清朝统治阶级做着"天朝上国"美梦的同时，中国社会正悄然发生着变化。"自乾隆末年以来，官吏士民，狼艰狈蹶，不士不农不工不商之人，十将五六……自京师始，概乎四方，大抵富户变贫户，贫户变饿者。四民之首，奔走下贱。各省大局，岌岌乎皆不可以支月日，奚暇

---

① 蔡美彪：《中国通史》第十册，人民出版社，1994，第 423—424 页。

② 樊树志：《国史概要》第二版，复旦大学出版社，2000，第 396 页。

③ 陈国栋：《雪爪留痕——十八世纪的访欧华人》，载《东亚海域一千年》，第 159—187 页。

问年岁!"① 可见，从乾隆末年开始，"康乾盛世"的余晖早已在不知不觉中消失殆尽了，而高居庙堂之上的清朝统治者却对此浑然未觉。

乾隆五十八年（1793），英国派遣马戛尔尼使团访华，请求与清朝政府订立通商条例。然而，清朝政府却把英国当成传统意义上有着宗藩关系的朝贡国，把英使当成贡使，要求马戛尔尼等人在觐见乾隆皇帝时必须行三跪九叩礼。不仅如此，面对英使提出的通商要求，乾隆帝说道："天朝物产丰盈，无所不有，原不借外夷货物以通有无，特因天朝所产茶叶、瓷器、丝斤为西洋各国及尔国必需之物，是以加恩体恤，在澳门开设洋行，俾得日用有资，并沾余润。"② 从这则材料可以看到，乾隆帝"天朝物产丰盈，无所不有"的看法代表了当时清朝政府大多数人的观点，认为中国所产的茶叶、瓷器和丝织物是西洋各国日常必需之物，而与英国通商是清朝政府对英国的"加恩体恤"，英国等蛮夷小国应当要感恩。这样的"天朝上国"思想，在嘉庆二十一年（1816）阿美士德使团访华的行动中再一次得以淋漓尽致地体现。更为夸张的是，这次谈判尚未开始，中英双方就在觐见嘉庆帝的礼节上发生争执，最终发生了"拒绝英国贡使纳贡"的闹剧。由此可见，一直到嘉庆年间，清朝政府根本就不知道外面的世界早已发生了翻天覆地的变化，还是在恪守祖宗之法，把以英国为首的西方国家视为传统意义上的朝贡国，以老办法来处理中外关系。

从马戛尔尼使团访华和阿美士德使团来华的两次英国使团活动中，我们可以看到，虽然英国向清朝政府提出的相关通商事宜是从本国贸易情况出发，他们的外交原则亦是为英国本国的经济利益服务，他们所要建立的是以英国为中心的近代国际关系。但是，马戛尔尼等人所提出的关于中、英双方互派公使等要求，却是近代国际关系中重要的外交原则。然而，清朝政府面对近代以来以英国为中心的国际关系的新挑战，

① ［清］龚自珍：《西域置行省议》，载《龚自珍全集》上册，上海古籍出版社，2000，第106页。
② 中国第一历史档案馆编《英使马戛尔尼访华档案史料汇编》，国际文化出版公司，1996，第83—85页。

依旧奉行所谓的"天朝体制"，从而为以后在外交上的被动局面埋下了隐患。这样的情形是乾隆帝与嘉庆帝始料未及的。

嘉庆二十一年（1816），嘉庆帝与大臣孙玉庭的一段对话，更加说明了当时清朝政府对外了解的匮乏。嘉庆帝问："英国是否富强？"孙玉庭回答道："彼国大于西洋诸国，故强。但强于富，富则由于中国。彼国贸易至广东，其货物易换茶叶回国，转卖于附近西洋小国，故富，因而能强。我若禁茶出洋，则彼穷且病，又安能强？"① 从这则材料可以了解到，孙玉庭向嘉庆帝承认了英国的富强，但同时又认为英国的富强是建立在与清朝政府的茶叶贸易之上，提出只要清朝政府禁止茶叶出口，英国的富强便无从谈起。与孙玉庭类似的思想在鸦片战争时期仍然存在。例如，顺天府尹曾望颜曾经极力主张限制出口，他说道："愚以为今日要策首在封关。无论何国夷船，概不准其互市，彼百数十船载来之货久不能售，其情必急，而禁绝大黄、茶叶，不令商民与之交易，更有以制伏其命。"② 可见，曾望颜依旧认为中外互市是英国等蛮夷小国生存的基础，其日常生活中无大黄、茶叶不行。清朝政府如若下令封关，禁止双方贸易往来，便可以"制伏其命"。

此外，差不多同时期的管同在其所著的《禁用洋货议》中说道："凡洋货之至于中国者，皆所谓奇巧而无用者也……是洋之人作奇技淫巧以坏我人心，而吾之财安坐而输于异域。……夫欲谋人国，必先取无用之物，以匮其有用之财。"③ 与孙玉庭相反，管同从外国商品进入中国的角度出发，认为洋货"奇巧而无用"，是"洋人作奇技淫巧以坏我人心"。从上面的论述可知，无论是孙玉庭、曾望颜，还是管同，他们的看法对于实际情况而言，均存在着较大的偏差。他们的观点可以看作是当时清朝政府对外了解匮乏的基本表现。

通过对史料的解读可以发现：在当时，不仅是普通知识分子的对外

① ［清］孙玉庭：《寄圃老人自记年谱》，道光间刻本，第 54 页。

② ［清］文庆等编《筹办夷务始末（道光朝）》第 9 册，中华书局，1964，第 6 页。

③ ［清］管同：《禁用洋货议》，载《因寄轩文初集》卷二，清光绪五年刻本，第 7 页。

了解存在偏差，就是有"中国近代开眼看世界第一人"之称的林则徐，在对外了解方面也存在着不符合实际的一面。例如，道光十九年（1839）正月，道光帝在给林则徐等人的上谕中提到："其茶叶、大黄果否为该夷所必需，倘欲断绝，是否堪以禁止，不至偷越之处，并着悉心访察，据实具奏。"①

福州林则徐纪念馆

同年二月二十九日，林则徐在其奏折中回答道："至茶叶、大黄两项，臣等悉心访察，实为外夷所必需，且夷商购买出洋，分售各路岛夷，获利尤厚，果能悉行断绝，固可制死命而收利权。惟现在各国夷商，业经遵谕呈缴烟土，自应仰乞天恩，准其照常互市，以示怀柔，所有断绝茶叶、大黄，似可暂缓置议。如果该夷经此次查办之后，仍敢故智复萌，希图夹带鸦片入口，彼时自当严行禁断，并设法严查偷越弊端，应请于善后章程内另行筹议具奏。"② 从上述回答中可以知道，林则徐的看法与稍早之前孙玉庭、曾望颜等人相似，依旧认为清朝政府如果单方面断绝与"外夷"之间的茶叶、大黄贸易，便"可制死命而收利权"，而当时各国夷商已遵谕呈缴烟土，清朝政府应准其照常互市，以示怀柔。可见，林则徐的对外了解仍显不足，对西方各国夷商亦存在幻想。

在乾隆晚期的中西贸易中，清朝政府长期处于贸易顺差的有利地位。自乾隆二十二年（1757）以后，伴随着广州一口通商政策的实施，

---

① 《着钦差大臣林则徐等追捕寄碇夷船并议奏可否断绝茶叶大黄外贸事上谕》，载中国第一历史档案馆编《鸦片战争档案史料》第一册，上海人民出版社，1987，第499页。

② ［清］林则徐：《钦差大臣林则徐奏复洋商已缴鸦片请暂缓断绝互市片》，载中国第一历史档案馆编《鸦片战争档案史料》第一册，第512页。

反映出清朝统治者对外贸易政策的重心经历了由"对内控制"为主向"对外控制"为主的变化过程。① 无论是"对内控制",还是"对外控制",无一不反映出王朝的稳定是清朝政府首要考虑的问题,海外贸易的发展必须基于海防的安全。于是,在这样的考量下,清朝政府不断制定出相应的措施,以限制中西贸易的发展规模来保障清王朝的稳固。这样的对外贸易政策使我们看到了贸易顺差背后潜藏的社会危机,而鸦片战争前夕商欠案的频繁发生正是这一危机的突出表现。

商欠,又称行欠或夷欠,即行商欠外商的债务,是清代前期广州中西贸易中一个比较普遍的现象。② 许多行商因商欠而走上破产的道路。格林堡认为,鸦片战争前发生过三次重大的商欠危机③,即 1810 年至 1815 年、1827 年至 1829 年和 1836 年至 1837 年。通过对中西文献的对比和分析,发现这三次商欠危机均与巴斯商人相关。④ 其实,早在嘉庆十五年(1810)以前,广东行商中就有裕源行(1780 年破产)、义丰行(1784 年破产)、丰泰行(1790 年破产)、而益行(1795 年破产)以及万成行(1809 年破产)先后因发生商欠案而宣告破产。⑤ 在随后三次比较重大的商欠危机中,广州十三行的行商因商欠乃至破产的情况更是司空见惯。如万和行行商蔡世文因赔累过多走投无路而自杀,丽泉行行商潘长耀因走私羽纱加罚税饷 100 倍而陷于困境。⑥ 嘉庆六年(1801),粤海关复勒令加征 294 种货物税饷,同年行商的备贡银由 5.5 万两增至 9.5 万两,负荷顿时加重。⑦ 据统计,嘉庆五年至六年(1800—1801),十三行

① 王日根:《明清海疆政策与中国社会发展》,福建人民出版社,2006,第 377—378 页。
② 郭德焱:《清代广州的巴斯商人》,中华书局,2005,第 80—94 页。
③ [英] 格林堡:《鸦片战争前中英通商史》,康成译,商务印书馆,1961,第 56 页。
④ 郭德焱:《清代广州的巴斯商人》,第 80—94 页。
⑤ 陈国栋:《东亚海域一千年》,第 285 页。
⑥ 梁嘉彬:《广东十三行考》,国立编译馆,1937,第 147—148 页。
⑦ [清] 王彦威纂辑、王亮编、王敬立校《清季外交史料》,国家图书馆出版社,2015,第 8 页。

商仅存 8 家。另外，到了清代中叶，从 1760 年广东行商成立"公行"开始到 1843 年行商制度被废止为止，前后 84 年，共有 47 家洋行先后营业，而这 47 家当中的 37 家在 1771 年与 1839 年间陆续停业，即平均不到两年就有一家停止营业。①

针对商欠现象，清朝政府也采取了一系列措施。早在乾隆五十五年（1790），行商吴昭平破产，欠巴斯商人棉花货款 25 万元以上。乾隆帝对此案亲作批示："行商吴昭平揭买夷商货价，久未清还，情殊可恶！应照拟发遣。"因为"拖欠夷商银两，若不即为清还，转致贻笑外夷"。该商欠案的处理，是乾隆帝的得意之作。清朝政府对"拖欠商人重治其罪"，并由官库"代为清还"所欠巴斯的债款。② 从行商吴昭平破产一案中可以看到，以乾隆帝为首的清朝政府在商欠案中表现出来的是怕"贻笑外夷"的心理，而不是积极找出商欠的根本原因，制定出相关政策。另外，乾隆帝"照拟发遣"的批示，表明了清朝政府严厉惩治商欠案的态度。类似的案例还有嘉庆十四年至十五年（1809—1810），万成行商人沐士方、会隆行商人郑崇谦、达成行商人倪秉发皆破产倒闭，被革职并查抄家产，从重发落到新疆伊犁充当苦差。可见，清朝政府在处理商欠案的问题上并没有多少新意，缺乏积极寻找根源的决心和勇气，有的仅仅是事后的惩治。因此，有学者认为清朝政府的政策措施由于未触及行商制度的根本而不见成效。同时，清朝政府对破产行商进行严厉制裁，对行商欠外商的债务积极予以偿还，但对外商欠行商的债务不闻不问，这充分说明了清朝政府对本国商民和外国商民政策的不平等。③

过去学术界对于行商经营困难以至于破产的解释偏重于强调行商的开支过大，而陈国栋认为，尽管设施及家族的维持费、炫耀性消费和官吏的剥削是广东行商的三大开支，但是这些费用并不会导致行商的经营困难。广东行商之所以经营不善，是因为他们的资本规模太小，而所需

---

① 陈国栋：《东亚海域一千年》，第 271 页。

② 郭德焱：《清代广州的巴斯商人》，第 81 页。

③ 王巨新：《清朝前期的商欠案及其解决》，《安徽史学》2007 年第 5 期。

周转的现金数额太大，加上他们又没有退出这个行业的自由。因此，他们不得不采取饮鸩止渴的手段以拖延时日。结果多数行商到后来都累积了大量的债务，终于不得不因为周转困难而失败。①

---

① 陈国栋：《东亚海域一千年》，第 282 页。

主要参考文献

一、基本史料

[1] 明实录 ［M］. 台北：中研院历史语言研究所，1962.

[2] 清实录 ［M］. 北京：中华书局，1985.

[3] 康熙起居注 ［M］. 北京：中华书局，1984.

[4] 李东阳，等. 明会典 ［M］. 扬州：广陵书社，2007.

[5] 清会典事例 ［M］. 北京：中华书局，1991.

[6] 清奏疏汇编 ［M］. 南投：台湾省文献委员会，1997.

[7] 福建省例 ［M］. 台北：台湾大通书局，1984.

[8] 张廷玉，等. 明史 ［M］. 北京：中华书局，1974.

[9] 谷应泰，等. 明史纪事本末 ［M］. 北京：中华书局，1977.

[10] 陈子龙，等. 明经世文编 ［M］. 北京：中华书局，1962.

[11] 贺长龄，等. 皇朝经世文编 ［M］. 台北：世界书局，1964.

[12] 刘锦藻. 清朝文献通考 ［M］. 杭州：浙江古籍出版社，1988.

[13] 萧崇业. 使琉球录 ［M］. 台北：台湾大通书局，1984.

[14] 林希元. 钦州志 ［M］. 据明嘉靖十八年（1539）刻本影印，1961.

[15] 谢杰. 琉球录撮要补遗 ［M］. 台北：台湾大通书局，1984.

[16] 龙文彬. 明会要 ［M］. 北京：中华书局，1956.

[17] 周煌. 琉球国志略［M］. 台湾银行经济研究室，1971.

[18] 茅元仪. 武备志［M］. 明天启元年（1621）刻清修本.

[19] 陈侃. 使琉球录［M］. 台湾银行经济研究室，1970.

[20] 杨捷. 平闽纪［M］. 南投：台湾省文献委员会出版，1995.

[21] 郑若曾，邵芳. 筹海图编［M］. 台北：台湾商务印书馆，1986.

[22] 屈大均. 广东新语［M］. 北京：中华书局，1985.

[23] 王士性. 广志绎［M］. 北京：中华书局，1981.

[24] 张燮. 西洋朝贡典录校注 东西洋考［M］. 北京：中华书局，2000.

[25] 朱纨. 甓余杂集［M］. 明嘉靖二十八年（1549）刻本.

[26] 何乔远. 镜山全集［M］. 福州：福建人民出版社，2015.

[27] 董应举. 崇相集选录［M］. 台北：台湾大通书局，1987.

[28] 洪朝选. 洪芳洲先生文集［M］. 北京：商务印书馆，2018.

[29] 诸葛元声. 两朝平攘录［M］. 济南：齐鲁书社，1996.

[30] 江日昇. 台湾外志［M］. 济南：齐鲁书社，2004.

[31] 陈衍. 台湾通纪［M］. 台北：台湾大通书局，1984.

[32] 施琅. 靖海纪事［M］. 福州：福建人民出版社，1983.

[33] 丁宗洛. 陈清端公年谱［M］. 台北：台湾省文献委员会，1994.

[34] 印光任，张汝霖. 澳门志略［M］. 北京：国家图书馆出版社，2010.

[35] 顾炎武. 天下郡国利病书［M］. 上海：上海书店，1985.

[36] 顾祖禹. 读史方舆纪要［M］. 上海：上海古籍出版社，1993.

[37] 周凯. 厦门志［M］. 台北：台湾大通书局，1984.

[38] 蓝鼎元. 鹿洲全集［M］. 厦门：厦门大学出版社，1995.

[39] 庄亨阳. 秋水堂集［M］. 福建省南靖县地方志编纂委员会，2005.

[40] 蔡新. 缉斋文集［M］. 北京：北京出版社，2000.

[41] 梁廷枬. 海国四说［M］. 北京：中华书局，1993.

[42] 黄可润. 壶溪文集［M］. 清稿本.

[43] 李国祥，杨昶. 明实录类纂·福建台湾卷［M］. 武汉：武汉出版社，1993.

[44] 巩珍. 西洋番国志［M］. 北京：中华书局，2000.

[45] 巩珍著，向达校注. 两种海道针经［M］. 北京：中华书局，2000.

［46］洪锡范，等修. 镇海县志［M］. 上海蔚文印刷局，1931.

［47］陈寿祺总纂. 福建通志［M］. 清同治十年（1871）重刊本之影印本. 台北：台湾华文书局股份有限公司，1968.

［48］陈洪谟修，周瑛纂. 大明漳州府志［M］. 北京：中华书局，2012.

［49］罗青霄修纂，福建省地方志编纂委员会整理. 漳州府志［M］. 厦门：厦门大学出版社，2010.

［50］梁兆阳修，蔡国桢等纂. 海澄县志［M］. 北京：书目文献出版社，1992.

［51］沈定均续修，吴联薰增纂，陈正统整理. 漳州府志［M］. 北京：中华书局，2011.

［52］江国栋修，陈元麟，庄亨阳，蔡汝森纂. 龙溪县志［M］. 康熙五十六年刻本.

［53］吴宜燮修，黄惠，李畴纂. 龙溪县志［M］. 台北：成文出版社有限公司，1968.

［54］陈瑛，王作霖修，叶廷推，邓来祚纂. 海澄县志［M］. 台北：成文出版社有限公司，1968.

［55］陈荫祖修，吴名世纂. 诏安县志［M］. 台北：成文出版社有限公司，1968.

［56］连横. 台湾通史［M］. 北京：商务印书馆，1983.

［57］泉州府志［M］. 泉州市编纂委员会，1985.

［58］安海志［M］. 安海志编修小组，1983.

［59］台湾史料集成编辑委员会. 明清台湾档案汇编［M］. 台北：远流出版事业股份有限公司，2004.

［60］江树生译注. 热兰遮城日志［M］. 台南：台南市政府，2011.

［61］中研院历史语言研究所. 明清史料，庚编，［M］. 北京：中华书局，1987.

［62］中国·复旦大学文史研究院，越南·汉喃研究院. 越南汉文燕行文献集成［M］. 上海：复旦大学出版社，2010.

［63］儒山李氏世谱［M］. 清乾隆三十八年编修.

［64］渐山李氏族谱［M］. 明正统始修、续修至光绪.

［65］福河李氏宗谱［M］. 清康熙三十五年续编.

［66］高氏族谱（卿山）［M］. 明永历九年修，续至嘉庆.

［67］高阳圭海许氏世谱［M］. 清雍正七年编修.

［68］流传郭氏族谱［M］. 清嘉庆年间编修.

［69］荥阳郑氏漳州谱·翠林郑氏［M］. 2004 年重修.

［70］文苑郑氏（长房四世东坡公世系）族谱［M］. 2002 年续编.

二、学术论著

［1］李庆新. 明代海外贸易制度［M］. 北京：社会科学文献出版社，2007.

［2］中国海洋发展史论文集编辑委员会. 中国海洋发展史论文集（第一、二辑）［M］. 台北：中研院三民主义研究所，1984—1986.

［3］中国海洋发展史论文集编辑委员会主编. 中国海洋发展史论文集第三辑［M］. 台北：中研院中山人文社会科学研究所，1989.

［4］傅衣凌. 傅衣凌著作集［M］. 北京：中华书局，2007.

［5］傅衣凌. 休休室治史文稿补编［M］. 北京：中华书局，2008.

［6］全汉昇. 明清经济史研究［M］. 台北：联经出版事业公司，1987.

［7］全汉昇. 中国经济史论丛［M］. 香港：新亚研究所，1972.

［8］聂德宁. 明末清初的海寇商人［M］. 上海：学村出版社，2000.

［9］王日根. 明清海疆政策与中国社会发展［M］. 福州：福建人民出版社，2006.

［10］徐晓望. 福建通史·明清［M］. 福州：福建人民出版社，2006.

［11］朱维幹. 福建史稿［M］. 福州：福建教育出版社，1986.

［12］中共龙溪地委宣传部，福建省历史学会厦门分会编. 月港研究论文集［M］. 1983.

［13］张海鹏，等. 中国十大商帮［M］. 黄山：黄山书社，1993.

［14］李金明. 漳州港［M］. 福州：福建人民出版社，2001.

［15］杨国桢. 闽在海中：追寻福建海洋发展史［M］. 南昌：江西高校出版社，1998.

［16］杨国桢. 瀛海方程——中国海洋发展理论和历史文化［M］. 北京：海洋出版社，2008.

［17］郑来发. 龙溪华侨人物与印迹［M］. 漳州芗城区文史资料委员会，2014.

［18］黄启臣. 黄启臣文集（二）——明清经济及中外关系［M］. 香港：中国评论学术出版社，2007.

［19］厦门大学历史系编. 台湾郑成功研究论文选［M］. 福州：福建人民出版社，1982.

［20］陈孔立. 台湾历史纲要［M］. 北京：九洲图书出版社，1996.

［21］朱德兰主编. 跨越海洋的交换：第四届国际汉学会议论文集［M］. 台北：中研院，2013.

［22］连心豪. 中国海关与对外贸易［M］. 长沙：岳麓书社，2004.

［23］故宫博物院编. 史料旬刊［M］. 北京：北京图书馆出版社，2008.

［24］郑广南. 中国海盗史［M］. 上海：华东理工大学出版社，1998.

［25］姚贤镐. 中国近代对外贸易史资料［M］. 北京：中华书局，1962.

［26］陈国栋：东亚海域一千年［M］. 济南：山东画报出版社，2006.

［27］蔡美彪. 中国通史［M］. 北京：人民出版社，1994.

［28］樊树志. 国史概要（第二版）［M］. 上海：复旦大学出版社，2000.

［29］梁嘉彬. 广东十三行考［M］. 上海：国立编译馆，1937.

［30］郭德焱. 清代广州的巴斯商人［M］. 北京：中华书局，2005.

［31］松浦章. 明清时代东亚海域的文化交流［M］. 南京：江苏人民出版社，2009.

［32］斯塔夫里阿诺斯. 全球通史：1500 年以前的世界［M］. 吴象婴，梁赤民，译. 上海：上海社会科学院出版社，1999.

［33］D.G.E.霍尔. 东南亚史［M］. 中山大学东南亚历史研究所译. 北京：商务印书馆，1982.

［34］木宫泰彦. 日中文化交流史［M］. 胡锡年译. 北京：商务印书馆，1980.

［35］贡德·弗兰克. 白银资本：重视经济全球化中的东方［M］. 刘北成译，北京：中央编译出版社，2000.

三、期刊论文

[1] 和洪勇. 明前期中国与东南亚国家的朝贡贸易［J］. 云南社会科学，2003（1）.

[2] 万明. 郑和下西洋与亚洲国际贸易网的建构［J］. 吉林大学社会科学学报，2004（6）.

[3] 汤开建，田渝. 万历四十五年田生金《报暹罗国进贡疏》研究——明代中暹关系史上的一份重要的中文文献［J］. 暨南学报（哲学社会科学版），2007（4）.

[4] 刘俊彤. 从《暹罗馆译语》看明清时期中泰贡赐关系［J］. 东南亚纵横，2015（5）.

[5] 晁中辰. 论明代的朝贡贸易［J］. 山东社会科学，1989（6）.

[6] 白晓东. 略论琉球的中国移民问题——从谱牒资料记载移民琉球谈起［J］. 华侨华人历史研究，1992（4）.

[7] 李金明. 明代广东三十六行新论［J］. 学术研究，1988（3）.

[8] 黄启臣. 明代广州的海外贸易［J］. 中国经济史研究，1990（4）.

[9] 张莲英. 明代中国与泰国的友好关系［J］. 世界历史，1982（3）.

[10] 张朔人. 海上丝绸之路变迁与海南社会发展［J］. 南海学刊，2015（1）.

[11] 万明. 15 世纪中国与东亚贸易关系的建构［J］. 明史研究第八辑，2003.

[12] 张雪慧. 明代海南岛的进出口贸易［J］. 中国社会经济史研究，1991（4）.

[13] 吴永宁. 略述明代福建对琉球造船发展之影响［J］. 临沂大学学报，2011（4）.

[14] 陈琦. 王景弘简论［J］. 海交史研究，1987（1）.

[15] 徐晓望. 八次下西洋的王景弘［J］. 海交史研究，1995（2）.

[16] 陈自强. 郑和下西洋与漳州——纪念郑和下西洋 600 周年［J］. 漳州师范学院学报（哲学社会科学版），2004（4）.

[17] 谢必震. 略论福州港在明代海外贸易中的历史地位［J］. 福建学刊，

1990（5）.

［18］庄国土. 论郑和下西洋对中国海外开拓事业的破坏——兼论朝贡制度的虚假性［J］. 厦门大学学报（哲学社会科学版），2005（3）.

［19］张彬村. 从经济发展的角度看郑和下西洋［J］. 中国社会经济史研究，2006（2）.

［20］陈福坡. 郑和下西洋前使日之探讨［J］. 北方论丛，1998（2）.

［21］万明. 郑和下西洋终止相关史实考辨［J］. 暨南学报（哲学社会科学版），2005（6）.

［22］梁志明. 论占城在郑和下西洋中的历史地位与作用［J］. 南洋问题研究，2004（4）.

［23］周中坚. 绵绵不断，山远水长——古代中越贸易的发展［J］. 东南亚，1991（1）.

［24］张振楠. 明代温州海洋贸易［J］. 温州职业技术学院学报，2014（4）.

［25］黄素芳. 17—19 世纪中叶暹罗对外贸易中的华人［J］. 华侨华人历史研究，2007（2）.

［26］陈文源. 明朝与安南朝贡及民间贸易问题探析［J］. 江苏商论，2005（7）.

［27］张民服. 郑和时代中国与周边国家的经贸关系［J］. 郑州大学学报（哲学社会科学版），1995（2）.

［28］李庆新. 16～17 世纪粤西"珠贼"、海盗与"西贼"［J］. 海洋史研究，2011（2）.

［29］李晓. 21 世纪以来明清中琉贸易研究回顾［J］. 海交史研究，2015（1）.

［30］万明. 明代历史叙事中的中琉关系与钓鱼岛［J］. 历史研究，2016（3）.

［31］李金明. 试论明朝对琉球的册封［J］. 历史档案，1999（4）.

［32］李金明. 明朝中琉封贡关系论析［J］. 福建论坛（人文社会科学版），2008（1）.

［33］林仁川. 明代中琉贸易的特点与福建市舶司的衰亡［J］. 海交史研究，1988（1）.

［34］王文楚. 明朝与琉球的海上航路［J］. 史林，1987（1）.

［35］傅朗，谢必震.《明实录》中确有"洪武二十五年赐琉球闽人三十六姓"的记载［J］. 海交史研究，1993（1）.

［36］谢必震. 明赐琉球闽人三十六姓考述［J］. 华侨华人历史研究，1991（1）.

［37］李未醉. 琉球华人通事与中琉经贸往来［J］. 闽商文化研究，2018（2）.

［38］林希，谢必震. 论祝女在琉球社会中的角色和作用［J］. 宗教学研究，2017（4）.

［39］周莉萍. 论明初浙江与朝鲜和南洋诸国的交往［J］. 赣南师范学院学报，2008（4）.

［40］曹周妍. 从韩国文献看15～16世纪中韩两国的瓷器交流［J］. 南方文物，2012（3）.

［41］程彩霞. 明中叶"争贡之役"透视［J］. 江苏社会科学，1992（2）.

［42］范金民. 16～19世纪前期海上丝绸之路的丝绸棉布贸易［J］. 江海学刊，2018（5）.

［43］张雪慧. 明代海南岛的进出口贸易［J］. 中国社会经济史研究，1991（4）.

［44］荆晓燕. 明朝中后期广东地区的对日走私贸易［J］. 青岛大学师范学院学报，2011（4）.

［45］林汀水. 海澄之月港港考［J］. 中国社会经济史研究，1995（3）.

［46］杨国桢. 十六世纪东南中国与东亚贸易网络［J］. 江海学刊，2002（4）.

［47］王文楚. 明朝与琉球的海上航路［J］. 史林，1987（1）.

［48］谢必震. 明清时期的中琉贸易及其影响［J］. 南洋问题研究，1997（2）.

［49］晁中辰. 论明代的私人海外贸易［J］. 东岳论丛，1991（3）.

［50］李庆新. 明代屯门地区海防与贸易［J］. 广东社会科学，2007（6）.

［51］邹建辉. 吴廷举与明中叶对外贸易制度的演变［J］. 兰台世界，2009（15）.

［52］廖大珂. 朱纨事件与东亚海上贸易体系的形成［J］. 文史哲，2009

（2）.

[53] 杨国桢. 葡萄牙人 Chincheo 贸易居留地探寻 [J]. 中国社会经济史研究，2004（1）.

[54] 张健. 论朱纨事件 [J]. 厦门：厦门大学，2007.

[55] 陈小锦. 明清时期澳门在中西贸易中的地位 [J]. 广西师范学院学报（哲学社会科学版），2001（2）.

[56] 李金明. 明代广东三十六行新论 [J]. 学术研究，1988（3）.

[57] 李庆新. 地方主导与制度转型——明中后期海外贸易管理体制演变及其区域特色 [J]. 学术月刊，2016（1）.

[58] 葛国培. 明朝宁波的私人对外贸易 [J]. 浙江学刊，1991（3）.

[59] 王慕民. 明代宁波在中日经济交往中的地位——兼论官、民贸易方式的转变与嘉靖“大倭乱”的起因 [J]. 宁波大学学报（人文科学版），2004（5）.

[60] 林仁川. 漳州月港督饷馆的功能和性质 [J]. 闽台文化交流，2010（1）.

[61] 林枫. 明代中后期的市舶税 [J]. 中国社会经济史研究，2001（2）.

[62] 崔来廷. 明代大闽江口区域海洋发展探析 [J]. 中国社会经济史研究，2005（1）.

[63] 林仁川. 明代漳州海上贸易的发展与海商反对税监高宷的斗争 [J]. 厦门大学学报（哲学社会科学版），1982（3）.

[64] 黄素芳. 明代东南沿海闽粤人移民泰国的历史考察 [J]. 八桂侨刊，2010（4）.

[65] 李未醉，李魁海. 明代海禁政策及其对中暹经贸关系的影响 [J]. 兰州学刊，2004（5）.

[66] 李金明，李魁海. 明代后期的海外贸易与海外移民 [J]. 中国社会经济史研究，2002（4）.

[67] 廖大珂. 福建与大帆船贸易时代的中拉交流 [J]. 南洋问题研究，2001（2）.

[68] 李金明. 中国古代海上丝绸之路的发展与变迁 [J]. 新东方，2015（1）.

［69］庄国土. 16～18 世纪白银流入中国数量估算［J］. 中国钱币，1995（3）.

［70］郑镛. 张燮与《东西洋考》［J］. 漳州师范学院学报（哲学社会科学版），2004（2）.

［71］谢必震. 试论明代琉球中介贸易［J］. 南洋问题，1986（1）.

［72］陈自强. 明代漳州与琉球［J］. 福建乡土，2002（1）.

［73］李金明. 十六世纪漳泉贸易港与日本的走私贸易［J］. 日本问题研究，2006（4）.

［74］罗晃潮. 试论日本华侨同乡会馆的演变［J］. 学术研究，1987（1）.

［75］李金明. 17 世纪初全球贸易在东亚海域的形成与发展［J］. 史学集刊，2007（6）.

［76］王日根. 明代东南海防中敌我力量对比的变化及其影响［J］. 中国社会经济史研究，2003（2）.

［77］徐晓望. 论 17 世纪荷兰殖民者与福建商人关于台湾海峡控制权的争夺［J］. 福建论坛（人文社会科学版），2003（2）.

［78］陈思. 明末台海官、商、盗三角关系与台海贸易［J］. 厦门大学学报（哲学社会科学版），2014（4）.

［79］林金枝. 福建华侨旅居日本史略［J］. 南洋问题，1984（4）.

［80］吴凤斌. 郑成功父子时代与日本华侨［J］. 南洋问题，1983（3）.

［81］松浦章. 明清时代的海盗［J］. 清史研究，1997（1）.

［82］朱亚非. 明代沿海城镇对日贸易浅谈［J］. 山东社会科学，1991（5）.

［83］陈荆和. 清初华舶之长崎贸易及日南航运［J］. 南洋学报（第 13 卷），1957（1）.

［84］徐恭生. 试论郑氏与日本的贸易关系［J］. 福建师大学报（哲学社会科学版），1983（2）.

［85］任鸿章. 明末清初郑氏集团与日本的贸易［J］. 日本研究，1988（4）.

［86］张彩霞，林仁川. 中国海商：17 世纪台海贸易的主导者［J］. 中国社会经济史研究，2010（4）.

［87］赵立人. 明代至清初的十三行与十字门海上贸易——以屈大均 1662

年澳门之行为中心 [J]. 海交史研究，2004（2）.

[88] 严小青. 冲突与调适：16～19 世纪广州口岸的中外香料贸易 [J]. 广东社会科学，2016（6）.

[89] 李庆新. 清代广东与越南的书籍交流 [J]. 学术研究，2015（12）.

[90] 范金民. 十六至十九世纪前期中日贸易商品结构的变化——以生丝、丝绸贸易为中心 [J]. 明清论丛，2011（00）.

[91] 全汉昇. 明代中叶后澳门的海外贸易 [J]. 中国文化研究所学报（第 5 卷），1972（1）.

[92] 徐晓望. 晚明日本市场的开拓及限制 [J]. 中共福建省委党校学报，2010（6）.

[93] 童家洲. 明末清初日本长崎福建籍华侨述略 [J]. 福建师范大学学报（哲学社会科学版），1990（4）.

[94] 尤淑君. 明末清初琉球的朝贡贸易与其多重认同观的形成 [J]. 世界历史，2015（3）.

[95] 修斌，姜秉国. 琉球亡国与东亚封贡体制功能的丧失 [J]. 日本学刊，2007（6）.

[96] 王静芳. 浅析康熙朝晚期禁海的原因 [J]. 前沿，2005（7）.

[97] 冷东. 明清海禁政策对闽广地区的影响 [J]. 人文杂志，1999（3）.

[98] 中国第一历史档案馆. 乾隆年间议禁南洋贸易案史料 [J]. 历史档案，2002（2）.

[99] 李云泉. 再论清代朝贡体制 [J]. 山东师范大学学报（人文社会科学版），2011（5）.

[100] 赵轶峰. 清前期中朝关系与“东亚”秩序格局 [J]. 社会科学文摘，2019（2）.

[101] 谢必震. 古代琉球的华裔伟人 [J]. 华侨华人历史研究，1997（S1）.

[102] 修斌，付伟. 清琉封贡关系的确立及其影响因素探析 [J]. 中国海洋大学学报（社会科学版），2013（4）.

[103] 柳岳武. 康乾年间中琉宗藩贸易研究 [J]. 江苏社会科学，2006（5）.

[104] 张先清，谢必震. 清代台湾与琉球关系考［J］. 中国社会经济史研究，1998（1）.

[105] 李彩霞. 清代海南对外贸易的兴衰转变［J］. 兰台世界，2014（22）.

[106] 沙拉信·维拉福尔. 清初海禁期间的中暹朝贡贸易［J］. 颜章炮译，南洋资料译丛，1990（4）.

[107] 李金明. 十八世纪中暹贸易中的华人［J］. 华侨华人历史研究，1995（1）.

[108] 易文明. 论清代乾隆时期暹罗来华朝贡贸易的特征［J］. 前沿，2012（24）.

[109] 唐文基. 乾隆时期的粮食问题及其对策［J］. 中国社会经济史研究，1994（3）.

[110] 徐晓望. 试论清代东南区域的粮食生产与商品经济的关系问题——兼论清代东南区域经济发展的方向［J］. 中国农史，1994（3）.

[111] 中国第一历史档案馆. 乾隆朝米粮买卖史料（上、下）［J］. 历史档案，1990（3-4）.

[112] 李金明. 清代前期厦门与东南亚的贸易［J］. 厦门大学学报（哲学社会科学版），1996（2）.

[113] 李庆新. 越南明香与明乡社［J］. 中国社会历史评论（第十卷），2009.

[114] 陈自强. 华侨历史文献中的瑰宝——《噶喇吧纪略》［J］. 中华文化与地域文化研究——福建省炎黄文化研究会20年论文选集（第二卷），2011—10.

[115] 陈自强. 明清时期闽南涉海著述举要［J］. 闽台文化交流，2012（3）.

[116] 彭泽益. 清代广东洋行制度的起源［J］. 历史研究，1957（1）.

[117] 李金明. 广州十三行：清代封建外贸制度的牺牲品［J］. 广东社会科学，2010（2）.

[118] 王巨新. 清朝前期的商欠案及其解决［J］. 安徽史学，2007（5）.

主要参考文献